Behnam T. Said

GESCHICHTE AL-QAIDAS

Bin Laden, der 11. September und
die tausend Fronten des Terrors heute

C.H.BECK

Originalausgabe
© Verlag C.H.Beck oHG, München 2018
Satz: C.H.Beck.Media.Solutions, Nördlingen
Druck und Bindung: Druckerei C.H.Beck, Nördlingen
Umschlagentwurf: Geviert, Grafik & Typografie, Ariane Folawiyo
Umschlagabbildung: Usama Bin Laden (rechts) mit seinem
Schwiegersohn Sulaiman Abu Ghaith, Afghanistan,
© picture alliance/AP Photo
Gedruckt auf säurefreiem, alterungsbeständigem Papier
(hergestellt aus chlorfrei gebleichtem Zellstoff)
Printed in Germany
ISBN 978 3 406 72585 2

www.chbeck.de

Inhalt

Abkürzungen der Organisationen 8
Vorwort 9
Einleitung: Das verlorene Kalifat 11

1. Aiman al-Zawahiri: Vom ägyptischen Arzt zum «Weisen der Umma» 15
Familie und frühe Prägung 15 | Jihadistische Zellen in Ägypten 18 | Verrat, Sühne, Exil 21

2. Usama Bin Laden: Vom saudischen Bauunternehmer zum Widerstandskämpfer 25
Kindheit im Schatten des Vaters 26 | Millionärssohn und frommer Außenseiter 30 | Religiöse und politische Prägung 32 | Nach Pakistan 34

3. Der Jihad in Afghanistan 36
Peschawar: Aufmarschgebiet der internationalen Mujahidin 36 | Die Gründung al-Qaidas 42 | Die Schlacht ist gewonnen, der Krieg beginnt 45

4. Bin Ladens Heimkehr, Exil und erneute Vertreibung (1989–1996) 48
Konflikte mit dem saudischen Regime 48 | Erfolgreiche Jahre im Sudan 51 | Dunkle Wolken über Bin Laden und al-Zawahiri 53 | Auf dem Schirm der CIA 55

5. Im Land der Taliban (1996–2001) 57
Tora Bora 57 | Das Islamische Emirat Afghanistan 59 | Neue Rekruten, neue Strukturen 64

6. Der 11. September 2001 65
Mastermind: Khalid Sheikh Muhammad 68 | Vorbereitungen: Die Hamburger Zelle 72 | Die Folgen von 9/11 in der al-Qaida-Perspektive 75 | Die US-Perspektive 77

7. War on Terror 79
Enduring Freedom (2001–2002) 79 | Die Irak-Falle (ab 2003) 82 | Obamas Drohnenkrieg 84 | Auf Kosten der Rechtsstaatlichkeit 87 | Gewinne und Verluste 89

8. Jagd auf Bin Laden 91
Das Phantom 91 | 1. Mai 2011: Operation «Neptuns Speer» 97 | «Wir alle sind Usama!» 100

9. Eine feste Säule auf der Arabischen Halbinsel 103
Al-Qaida erfindet sich neu 103 | Der Jihad im Jemen beginnt (1990er-Jahre) 104 | Terrorzellen in Saudi-Arabien (2000er-Jahre) 108 | Die USA und der Jemen 111 | AQAH alias Ansar al-Shariʿa (seit 2010) 113

10. Al-Qaida im Islamischen Maghreb 117
Jihad in Algerien, Ansätze in Libyen (1990er-Jahre) 117 | Groupe Salafiste und AQIM 120 | Kriminalität als Finanzierungsbasis 123 | Mali: Im Verbund mit den Tuareg 124 | Der Arabische Frühling 128 | Libyen, Tunesien und Ägypten nach 2011 132

11. Ostafrika und al-Shabab 135
Somalia, Kenia, Tansania 135 | Al-Shababs Aufstieg in Somalia 139 | Die zwei Gesichter von al-Shabab heute 144

12. Irak: Al-Qaidas Hoffnung, al-Qaidas Albtraum 146
Al-Zarqawi, der Straßenjihadist 146 | Das frühe Verhältnis zu Bin Laden 148 | Al-Zarqawis Inszenierung des Todes (2003–2006) 150 | Unter dem Kommando des Islamischen

Staats (2006–2010) 153 | Der Weg zum Kalifat
(2010–2014) 156

13. Syrien: Zwischen nationalem und globalem Jihad 159
Jihad von Aleppo bis Damaskus (ab 2003) 159 | Die
Nusra-Front (2012–2016) 161 | Loslösung von al-Qaida?
Jabhat Fath al-Sham (2016–2017) 163 | Die neue Rebellen-
allianz: Hay'at Tahrir al-Sham (seit 2017) 166

14. Der jüngste Ableger auf dem Indischen Subkontinent 169
Pakistan als Hochburg und Rückzugsgebiet 169 | Vor-
bereitungen für einen Regionalableger 172 | Aktivitäten
und lokale Unterstützer 173

15. Iran und al-Qaida 177
Die USA und der Erzfeind Iran 177 | Frühe Kontakte zum
Iran 178 | Hausarrest für Bin Ladens Anhänger 181 |
Ein ambivalentes Verhältnis 184

16. Al-Qaida und Europa 188
Aliens und frühe Netzwerke (1990–2001) 188 | Wenn aus
Nachbarn Terroristen werden 192 | Al-Qaidas Drohkulisse
(2002–2010) 194 | Europäische Szene nach 2001 197 |
Ausreisen in den Jihad 199 | Konkurrenz zum IS
(seit 2011) 201

Schluss: Die tausend Fronten des Terrors 204

Dank 208
Anmerkungen 209
Literaturhinweise 220
Videobotschaften 233
Zeittafel 234
Register der Personen und islamischen Organisationen 237

Abkürzungen der Organisationen

AGH	Ansar Ghazwat-ul-Hind, Unterstützer des Indien-Feldzugs
AMISOM	African Union Mission in Somalia
AQAH	al-Qaida auf der Arabischen Halbinsel
AQI	al-Qaida im Irak
AQIM	al-Qaida im Islamischen Maghreb
AQIS	al-Qaida auf dem Indischen Subkontinent
ARC	Advice and Reformation Committee (al-Qaida-Büro London)
CIA	Central Intelligence Agency
DWR	Die wahre Religion
FIS	Front Islamique du Salut
GI	Gamaʿa Islamiya, Islamische Vereinigung
GIA	Groupe Islamique Armé
GID	General Intelligence Directorate (saudischer Geheimdienst)
GIMF	Globale Islamische Medienfront
GSPC	Groupe Salafiste pour la Prédication et le Combat, Salafistische Gruppe für den Ruf zum Islam und für den Kampf
HTS	Hay'at Tahrir al-Sham, Komitee zur Befreiung Syriens
IEA	Islamisches Emirat Afghanistan
IS	Islamischer Staat
ISAF	International Security Assistance Force
ISI	Islamischer Staat im Irak
ISIS	Islamischer Staat im Irak und in Syrien
JaN	Jabhat al-Nusra li-Ahl al-Sham, Front zur Unterstützung der Einwohner Syriens
JAS	Jamaʿat Ansar al-Shariʿa Pakistan, Gruppe der Unterstützer der Scharia in Pakistan
JFS	Jabhat Fath al-Sham, Front zur Eroberung Syriens
LIFG	Libyan Islamic Fighting
MUJAO	Mouvement pour l'Unicité et le Jihad en l'Afrique de l'Ouest
NSA	National Security Agency
UIG	Union der Islamischen Gerichte

Vorwort

In den Achtzigerjahren des vergangenen Jahrhunderts, in den letzten Jahren des Kalten Kriegs, entstand ein militantes Netzwerk von Islamisten, das sich zur gefährlichsten und größten internationalen Terrororganisation entwickelte, die es je gegeben hat: al-Qaida. Der Name wurde amerikanischen Behörden erst 1996 bekannt, davor sprach man lediglich von der Gruppe oder dem Netzwerk Bin Ladens. Doch nach den Anschlägen al-Qaidas auf die US-Botschaften in Kenia und Tansania im August 1998 und spätestens mit den Flugzeugangriffen vom 11. September 2001 wurden die Organisation und ihre Führer aller Welt bekannt. Wie wohl kaum ein anderer terroristischer Akteur zuvor beeinflusste al-Qaida über Jahre hinweg die internationale Politik. Und auch wenn heute der «Islamische Staat» (IS) die Schlagzeilen beherrscht – ohne al-Qaida wäre er nicht entstanden. Anders als der IS und seine Vorläuferformen im Irak verstand sich al-Qaida nie als staatliches Gebilde und verwischt die Grenzen zwischen terroristischer Organisation und Guerilla-Truppe weniger, als es der IS tut.[1] Parallel zum allmählichen Niedergang des IS seit 2015 ist es zu einem stillen und weitgehend unbemerkten, aber hoch gefährlichen Wiedererstarken al-Qaidas in verschiedenen Ländern der arabischen Welt, Afrikas und Asiens gekommen.

Über eine terroristische Organisation zu schreiben, ist kein einfaches Unterfangen. Die Mitglieder der Organisation und ihre nicht-staatlichen und staatlichen Gegner beharren jeweils auf ihrer Version und auf ihrer Einschätzung von Personen und Ereignissen. Einzelne Informationen werden von verschiedenen Seiten gezielt an die Öffentlichkeit gebracht, andere wiederum verschwiegen. Auch Berichte von Zeitzeugen sind mit Vorsicht zu lesen, zumal diese oft mit großem zeitlichem Abstand entstehen.

Nachrichtendienste und Armeen verfügen wiederum über Informationen, die wegen ihrer Sensibilität und Geheimhaltungsvorschriften zumeist nur eingeschränkt verfügbar sind. Seit 2012 haben die USA immer mehr bisher unter Verschluss gehaltene Dokumente veröffentlicht, die entweder in Afghanistan, dem Irak oder in Bin Ladens Haus in Pakistan durch US-Truppen sichergestellt wurden. Die interessantesten Dokumente aus diesem Fundus sind sicher die Briefe aus dem Inneren al-Qaidas. Viele von ihnen bieten faszinierende Details über den Aufbau der Organisation, ihre Arbeitsweise und über die Rolle der einzelnen Protagonisten. Doch handelte es sich bislang lediglich um 571 Schriftstücke – ein Bruchteil der insgesamt über eine Million durch die US-Regierung sichergestellten Dokumente.

Am 1. November 2017 veröffentlichte die CIA dann überraschend ein Konvolut von 470 000 neuen Daten, darunter Aufzeichnungen Bin Ladens, Briefe, Bilder und Videos.[2] Da zu dem Zeitpunkt die Arbeit an diesem Buch fast abgeschlossen war, wurden diese Dokumente nur dann berücksichtigt, wenn sie bisherige Erkenntnisse infrage stellen oder substantiell ergänzen. Eine umfassende Sichtung der nun zugänglichen Quellen wird jedoch Jahre dauern und ganze Teams von Forschern beschäftigen.

Der Leser möge dieses Buch daher als den Versuch einer aktuellen, kompakten Annäherung an die komplexe Geschichte der mächtigsten terroristischen Organisation der Moderne verstehen.

Neun Jahre habe ich als Mitarbeiter des Verfassungsschutzes die Entwicklungen im internationalen jihadistischen Terrorismus miterlebt, dokumentiert und analysiert. Aus der täglichen Beschäftigung mit dem Thema entstand die Idee, einen Panoramablick auf die zurückliegenden, aktuellen und möglichen künftigen Entwicklungen zu geben, um die Fäden zusammenzuführen und aus den Erfahrungen im Umgang mit Terrorismus Lehren zu ziehen.

Hamburg, im Mai 2018 *Behnam Said*

Einleitung: Das verlorene Kalifat

Mit Napoleons Ägypten-Expedition kündigte sich 1798 eine Zeitenwende für die muslimische Welt an: Das Osmanische Reich, das auch das Kalifat, also die politische und religiöse Vertretung aller Muslime, für sich in Anspruch nahm, war nicht in der Lage, die Franzosen mit eigener Kraft aus seiner Provinz Ägypten zu vertreiben. Es war auf die Unterstützung britischer Truppen angewiesen. Mit der darauf folgenden europäischen Expansion zeigte sich die Übermacht des Westens deutlich, dem Osmanischen Reich war die Kontrolle über einige seiner wichtigsten Provinzen entglitten. Intern verschlechterte sich die wirtschaftliche Lage im Kalifat des 19. Jahrhunderts zusehends, und die politischen Freiheiten wurden weiter eingeschränkt. Angesichts des sich anbahnenden Sprungs in die Moderne und der sich zuspitzenden politischen und wirtschaftlichen Probleme gärte es in den Provinzen. Muslimische Denker sahen, dass die türkische Herrschaft ihren Zenit überschritten hatte, und die Idee eines arabischen – statt türkischen – Kalifats gewann an Bedeutung (Kennedy 2016, 346). Mit dem Ende des Ersten Weltkriegs war auch das Ende des Osmanischen Reiches besiegelt, das 1924 offiziell abgeschafft wurde. Seitdem träumten Islamisten von der Wiedererrichtung des Kalifats (Pankhurst 2013).

Die militärische, technische und wirtschaftliche Überlegenheit des Westens und die Zwänge unter der Kolonialherrschaft führten zu neuen politischen und gesellschaftlichen Ideen wie der Rückbesinnung auf die religiösen Fundamente, der Reformierung des Kalifats, der Wiederentdeckung des arabischen Kulturerbes. All dies formte einen arabischen Nationalismus, der keinerlei Fremdherrschaft – ob durch Osmanen oder Europäer – mehr dulden wollte (vgl. etwa Khalidi, Rashid et al. 1991 und für Ägypten Khouri 1971).

Der Aufstieg des Islamismus im 20. Jahrhundert und das Denken der al-Qaida-Gründerväter, die in dieser Zeit aufwuchsen, sind nicht zu verstehen ohne die Geschichte des Zerfalls des Osmanischen Kalifats und den europäischen Kolonialismus. Hier liegen die wesentlichen Bezugspunkte für die islamistische Ideologie, die später von al-Qaida weiterentwickelt wurde.[1] Aus ihrer Sicht hat der Westen seine hegemonialen Bestrebungen in der Region bis in die Gegenwart nicht eingestellt, sondern führt sie unter dem Deckmantel von Demokratisierung, Menschenrechten oder, nach dem 11. September 2001, des «Kriegs gegen den Terror» fort.

Nationalstaatlichkeit wird von Islamisten bis heute in den Kontext des Imperialismus gesetzt und als ein von Europa oktroyiertes Konzept begriffen. Es diene nicht der Einigung – was die ursprüngliche Idee einer Nation ist –, sondern im Gegenteil der Teilung der Muslime, die eigentlich in einer unteilbaren Gemeinschaft organisiert sein sollten, die sich nicht durch Ländergrenzen, Rasse oder Ethnie, sondern lediglich durch Religion definiert. Als Gegenentwurf zur modernen Nationalstaatlichkeit wurde die Idee des Kalifats ab der ersten Hälfte des 20. Jahrhunderts zu einem «machtvollen Slogan, einer Vorstellung und einem Symbol, das eine vorgestellte Vergangenheit beansprucht und bestrebt ist, diese wieder aufleben zu lassen» (al-Rasheed et al. 2015, 5).

In den keineswegs demokratischen Staaten, die nach den beiden Weltkriegen in der arabischen Welt entstanden waren, führten die Komplexität der Modernisierung und ihre Dynamik zum Entstehen neuer Machteliten. Nach außen gaben sie sich dezidiert westlich, so dass die Opposition gegen die fast immer autoritär-paternalistisch ausgeübte Herrschaft sich oft religiös artikulierte. Selbst in bürgerlichen Kreisen, die politisch nicht in Opposition zur Regierung standen, hielt ab den 1970er-Jahren ein Trend zur Frömmigkeit und demonstrativen Religiosität Einzug.

Daneben breiteten sich revolutionäre und militante religiös-politische Strömungen aus, die sowohl den Staat wie auch die ihn tragende, als «verwestlicht» wahrgenommene Gesellschaft ablehnten. Diese Zeit der «Reislamisierung» der arabischen Gesellschaften nannte die islamistische Bewegung die Ära des islamischen Wiedererwachens (*al-sahwa al-islamiya*). Sie war gekennzeichnet von einem überbordenden islamistischen Selbstbewusstsein, bestärkt von der Gewissheit, dass sich weder die wirtschaftlichen und politischen Konzepte des Westens (Liberalismus und Demokratie) noch des Ostens (Planwirtschaft und Kommunismus) als geeignete Regierungs- und Wirtschaftsformen für die muslimischen Länder erwiesen hätten. Man müsse nun die Chance ergreifen, die Fehlentwicklungen zu korrigieren und eine Herrschaft unter islamischen Vorzeichen zu errichten. Besonders in Ägypten und in Syrien kam es zu gewalttätigen Auseinandersetzungen zwischen Staat und aufständischen Islamistengruppen.

Kamal Habib, einer der Führer der militanten Islamisten in Ägypten in den 1970er-Jahren, reflektierte über diese Phase, die er als Zeit des Aufbruchs in Erinnerung hat:

Die islamische Bewegung war mit den großen Ideen wie dem Kalifat und der Wiederrichtung des Islamischen Staates beschäftigt. Antworten zu den Einzelheiten haben sie nicht geliefert und uns lediglich auf die allgemeinen Leitlinien fokussiert. Wir hatten einen Traum, eine Vision und endlose Hoffnungen. (Habib in Dravon 2018, 60).

Diese Worte spiegeln die bis heute anhaltende Strahlkraft der Vergangenheit, gemischt mit einer großen Portion Utopie, die die islamistischen Bewegungen am Leben hält und durch die sie ihre Anhänger anspricht.

Der Wunsch nach einem islamischen Staat, einer islamischen Gesellschaft oder der Wiedererrichtung des Kalifats ist bis heute die einigende Klammer aller Islamisten, ob sie sich friedlich betätigen oder Gewalt ausüben. Al-Qaidas Alleinstellungsmerkmal ab den 1990er-Jahren war die eigens entwickelte Strategie des kontinuierlichen Zermürbungskampfes gegen die nach 1989 unangefochtene Supermacht USA, den «Kopf der Schlange», wie al-Qaida-Ideologen sie nennen. Dieser Kampf wurde als Mittel erkannt, um damit die Regime in den eigenen Herkunftsländern zu schwächen, die sich oft in der Tat nur mit externer Hilfe halten konnten. Zudem kombinierte al-Qaida den militärischen Kampf mit einer medialen Kampagne zur Einflussnahme auf das Denken der Muslime. Denn, so fasst es der Stratege al-ʿAdl, in einem Papier zum Guerilla-Kampf (Zaidan 2014, 1) zusammen, «was heute Guerilla-Krieg genannt wird, ist in Wahrheit ein Kampf der Ideologien».

1. Aiman al-Zawahiri: Vom ägyptischen Arzt zum «Weisen der Umma»

Die Geschichte von Aiman al-Zawahiri ist eine Parabel für die islamistische Bewegung an sich, besonders für die ägyptische, die seit ihrer Entstehung nach dem Untergang des Osmanischen Kalifats über eine besondere Ausstrahlungskraft für den arabischen Raum verfügte. Der Weg des späteren Nachfolgers von Bin Laden in den Terrorismus war keineswegs vorgezeichnet, ihm hätten Möglichkeiten offen gestanden, ein Leben als angesehenes Mitglied der ägyptischen Gesellschaft zu führen. Doch es sollte anders kommen.

Familie und frühe Prägung

Maadi, der südliche Vorort Kairos, in dem Aiman al-Zawahiri 1951 das Licht der Welt erblickte und seine Jugend verbrachte, entstand in der ersten Hälfte des 20. Jahrhunderts.[1] Es war eine Art Gegenentwurf zur ärmlichen und chaotischen Metropole: Jüdische Familien und britische Offiziere siedelten hier, die feine Gesellschaft traf sich im örtlichen Sportklub. In den 1960er-Jahren entstand ein neues Viertel in Maadi, wo sich Angehörige der Mittelschicht, aber auch ärmere Ägypter niederließen. Hier lag auch die Wohnung, die Rabiʿ und Umaima al-Zawahiri, Aiman al-Zawahiris Eltern, bezogen.

Aiman hatte eine Zwillingsschwester, und zwei Jahre später wurde sein Bruder Muhammad geboren, der zu einem wichtigen politischen Weggefährten Aimans werden sollte und als jihadistischer Aktivist und Ideologe gilt.[2] Vater Rabiʿ al-Zawahiri lehrte als Professor an der Ain-Shams-Universität in Kairo Pharmakologie. Seine Vorfahren hatten durch ihr Wirken an der einflussreichen sunnitischen Lehranstalt der al-Azhar-Universität ebenfalls einige Bekanntheit. Auch mütterlicherseits konnte Aiman al-Zawahiri eine angesehene Familie vorweisen, darunter waren religiöse Autoritäten und auch Politiker, wie etwa der erste Generalsekretär der Arabischen Liga, ʿAbd al-Rahman ʿAzzam (1945–1952).

Aiman al-Zawahiri besuchte eine reguläre, also nicht-religiöse Schule und schrieb sich dann im Studienjahr 1968/69 in der medizinischen Fakultät an der Kairoer Universität ein (al-Zayyat 2004, 18). 1974 schloss er sein Studium mit «sehr gut» ab und absolvierte 1978 einen Master-Studiengang in Chirurgie.[3] In dieser Fachrichtung sollte er später in Pakistan promovieren. 1978 oder 1979 heiratete er Azza Ahmad Nuwair, die erfolgreich ein Philosophie-Studium beendet hatte und mit ihrem künftigen Ehemann neben der höheren sozialen Herkunft die strenge Auslegung der Religion teilte (Wright 2008, 67; al-Zayyat 2004, 17). Das Ehepaar bekam vier Töchter und einen Sohn.

Ein sozialer Hintergrund, wie ihn Aiman al-Zawahiri aufwies, war keinesfalls die Ausnahme in der ägyptischen Jihad-Bewegung, was mehrere Studien belegen.[4] Von 326 aktenkundigen Angehörigen der militanten Organisation, der auch al-Zawahiri angehörte, hatte etwa die Hälfte universitäre Ausbildungswege, davon waren 55 Prozent in modernen naturwissenschaftlichen Fächern, Ingenieurwissenschaften oder Medizin eingeschrieben. Das lässt auf ihre exzellenten Schulnoten rückschließen, da die Zugangshürden für diese Fächer in den arabischen Staaten sehr hoch waren (Sivan 1985, 118–119). Der Aufstand gegen das Establishment und das Eintreten für einen islamischen Staat waren also teilweise getragen von gebildeten Mitgliedern der urbanen Mittelschicht, erfuhren aber durchaus auch Unterstützung in den Armenvierteln der großen Städte.[5]

Bereits in früher Jugend soll Aiman al-Zawahiri ein ausgeprägtes politisches Bewusstsein gezeigt und mit fünfzehn seine erste Untergrundzelle ins Leben gerufen haben (al-Zayyat 2004, 18). Besonders die Schriften von Sayyid Qutb (1906–1966), der als wichtigster Ideengeber der modernen Jihad-Bewegung gilt, beeinflussten den jungen al-Zawahiri. Qutb[6] hatte eine revolutionäre

Befreiungstheologie entwickelt, deren erklärtes Ziel es war, die Herrschaft der Menschen über die Menschen zu beenden zugunsten der als gerecht und einzig legitim erachteten Herrschaft Gottes über seine Geschöpfe. Dies sollte durch eine politische Avantgarde geschehen, gegebenenfalls auch unter Anwendung von Gewalt. Insgesamt weisen viele Ausführungen Qutbs auffällige Ähnlichkeiten mit den Ideen der revolutionären Linken auf – freilich unter ganz anderen Vorzeichen und in Konkurrenz. Das ist nicht weiter verwunderlich, hatte doch die sozialistische und kommunistische Bewegung in der arabischen Welt bis in die 1960er-Jahre durchaus starken Zulauf. Eine wichtige Verbindung zwischen Aiman al-Zawahiri und Sayyid Qutb stellte Aimans Lieblingsonkel Mahfuz ʿAzzam aus der mütterlichen Linie dar (Wright 2008, 56–57), der einst in der Grundschule von Qutb unterrichtet worden war. Später wurde Mahfuz ʿAzzam nicht nur ein Aktivist der Muslimbruderschaft, sondern auch Anwalt von Qutb, den er gegen den Staat unter Führung von Gamal ʿAbd al-Nasir (Nasser) vertrat. Bevor Qutb hingerichtet wurde, soll Mahfuz ihn noch besucht haben. Seinem Neffen berichtete er später eindringlich von Qutbs Standhaftigkeit und seinem Leid im Gefängnis, was einen bleibenden Eindruck auf ihn hinterlassen sollte.

Al-Zawahiri selbst schrieb, dass die Verhaftungswelle gegen die islamistische Bewegung 1965 unter Nasser (vgl. Kepel 2005, 28–33) und die Hinrichtung Qutbs 1966 die «Initialzündung für die jihadistische Bewegung in Ägypten gegen die Regierung» waren (al-Zawahiri 2010, 8). Damit steht al-Zawahiri exemplarisch für den Beginn der jihadistischen Mobilisierung, die Ende der 1960er-Jahre unter Nasser begann und sich unter seinem Nachfolger Sadat in den 1970er-Jahren vollends entfaltete.

Al-Zawahiri war beseelt von der Idee einer revolutionären Avantgarde, wie Qutb sie beschrieben hatte, die handstreichartig die Macht im Staat übernehmen und so möglichst unblutig und schnell den Weg zu einem islamischen Staat ebnen würde. Die mehrheitliche Position in der Muslimbruderschaft hingegen war keineswegs revolutionär, sondern sah vor, die Volksmassen einzubinden, ihnen beharrlich ein islamisches Bewusstsein zu vermitteln und so sukzessive durch Erziehung hinter sich zu scharen.

Jihadistische Zellen in Ägypten

Anwar al-Sadat hatte 1970 das Präsidentenamt nach dem Tod von Gamal ʿAbd al-Nasir übernommen, der in der Hochphase des Kalten Krieges sein Land am Sowjet-Block orientiert hatte. Diese Phase des ägyptischen Sozialismus war zunächst – nach Jahren der noch immer unter Großbritanniens Einfluss stehenden Monarchie – von vielen als hoffnungsvoller Aufbruch in die wahre Unabhängigkeit verstanden worden. Doch der Sechstagekrieg 1967, in dem Israel Teile Ägyptens besetzen und die ägyptische Armee vernichtend schlagen konnte, war der Anfang vom Ende des arabischen Sozialismus und seiner Anführer. Er läutete zugleich das Erstarken der Islamisten ein, da die Schuld für den verlorenen Krieg hauptsächlich den säkularen Herrschern und dem Abweichen der Muslime von ihrer Religion zugeschrieben wurde.

Es war daher deutlich, dass Anwar al-Sadat nicht weitermachen konnte wie bisher, als er Nasser, die «von Holzwürmern zerfressene Ikone» (al-Zayyat 2004, 23), politisch beerbte. Sadats Herrschaft war gekennzeichnet durch den endgültigen Bruch mit der Sowjetunion und die zunehmende Orientierung an den USA sowie die damit einhergehende Liberalisierung der Wirtschaft. Al-Zawahiri spricht hier vom «russisch-nasseristischen Zeitalter» einerseits und dem «amerikanisch-sadatistischen» andererseits (al-Zawahiri 2010, 13). Ganz im Sinne des Kalten Krieges und des Blockdenkens versuchte Sadat die linke Opposition, also Nasseristen und Kommunisten, zu schwächen. Dazu bediente er sich des religiösen und rechten politischen Rands, der sich nun in Ägypten immer freier entfalten konnte (Heikal 1983, 114–118; Ibrahim 1980, 426; Gaffney 1994, 80–112). Inhaftierte Mitglieder der Muslimbruderschaft wurden entlassen, und zwei ihrer Monatsmagazine nahmen ihre Arbeit wieder auf (Sivan 1985, 120). Es entstand eine Art Symbiose zwischen der politischen Führung und den Islamisten, insbesondere der studentischen «Gamaʿa Islamiya» (Islamische Vereinigung; GI).[7] Allerdings entglitt dem Staat im Laufe der 1970er-Jahre zunehmend die Kontrolle über die sich neben den «offiziellen» Islamisten ausbreitenden militanten Untergrundzirkel, die sich nun immer mehr gegen Sadats Regierung selbst richteten (Ibrahim 1980, 426; Haikal 1983, 128–132; Gaffney 1994, 80–112[8]). Die Radikalen forderten Staat und Gesellschaft mit Entführungen, Geiselnahmen und Attentaten, aber auch durch Agitation im öffentlichen Raum, insbesondere an den Universitäten, heraus. In einem Kulturkampf setzten sie der populären Musik- und Filmkultur, die von den Islamisten als verdorben und degeneriert erachtet wurde, eine eigene, fromme Gegenkultur entgegen, durchaus mit Erfolg (Sivan 1985, 130–131; Dravon 2017, 72–73). So stieg der Anteil der religiösen Bücher am Gesamtmarkt von jahrzehntelang konstanten 8 bis 9 Prozent zum Ende der 1970er-Jahre auf 19 Prozent. Zudem trieben die Islamisten auf diese Art den Präsidenten vor sich her, der in den Wettstreit um Frömmigkeit einstieg und sich als der «gläubige Präsident» (*ar-ra'is al-mu'min*) inszenierte, etwa indem er «fast täglich beim Gebet im Fernsehen zu sehen war» (Heikal 1983, 216).

Al-Zawahiris Rolle in der Jihad-Bewegung beschränkte sich zunächst auf die eines praktischen Anführers und Organisators. Als Ideologe trat er nicht in Erscheinung. Auch gab es andere, charismatischere Anführer, die als Aushängeschild für die jihadistischen Gruppen eher geeignet waren als der introvertiert wirkende al-Zawahiri. Dessen Gruppe soll selbst zu Hochzeiten im Jahr 1974 nicht mehr als vierzig Personen umfasst haben, eine von vielen ähnlichen Zellen; al-Zawahiri war in den 1970er-Jahren noch weit davon entfernt, zu einer der wichtigsten Figuren der jihadistischen Bewegung aufzusteigen.

Trotz der zunehmenden Gewaltakte gegen Staat und Gesellschaft trieb Anwar al-Sadat seine Politik der Annäherung an die USA (und Israel) weiter voran, was außenpolitisch in seine historische Jerusalem-Reise im November 1977 und in das darauf aufbauende Friedensabkommen von Camp David 1978 mündete. In den Augen der oppositionellen Islamisten hatte Sadat damit endgültig jede Legitimation verloren, auch in anderen politischen und religiösen Lagern Ägyptens erhielt er immer weniger Zuspruch (Kepel 2005, 170). Bereits 1977 brodelte es in Ägyptens Gesellschaft, die «Frustration der unteren Klasse und der unteren Mittelklasse» über die Wirtschaftspolitik der Regierung (Ibrahim 1980, 424) war drastisch gestiegen. Subventionskürzungen bei Grundnahrungsmitteln und Treibstoff führten zu massiven Protesten in mehreren Städten, die blutig niedergeschlagen wurden.

Sadats Politik der «eisernen Faust» entfremdete ihm das Volk immer weiter und führte gleichzeitig dazu, dass die Opposition sich zunehmend in den Untergrund zurückzog (Heikal 1983, 103–118). Die wirtschaftliche Krise, Korruption sowie die grassierende Ungleichheit verschärften sich, die Hilfen aus dem Ausland, etwa aus den USA oder auch den Golfländern, flossen nur spärlich. 1981 war der Präsident isoliert im eigenen Land und hatte zugleich Ägypten vom Rest der arabischen Welt entfremdet, wie er auch in den Augen des Westens an Ansehen verloren hatte (Heikal 1983, 169 und 230–231). Dieser Situation versuchte Sadat am 3. September 1981, einen Monat, bevor er einem Attentat zum Opfer fiel, mit einer massiven Verhaftungswelle gegen alle seine politischen Gegner aus diversen Lagern zu begegnen.[9]

Bereits 1979 war es zu einem Zusammenschluss zwischen verschiedenen kleineren Jihad-Gruppen unter der Führung des Elektroingenieurs ʿAbd al-Salam Faraj (1954–1982) gekommen, was auch al-Zawahiris Gruppe betraf. Ein Jahr später schloss Faraj mit Karam Zohdi, dem Anführer der zunehmend gewaltbereiten Gamaʿa Islamiya (GI), ein Abkommen: Die freien Jihad-Gruppen, die sich im Gegensatz zu den Muslimbrüdern als jihadistisch-salafistisch begriffen, sollten in der GI aufgehen (al-Zawahiri 2010, 14; al-Zayyat 2004, 14, 21).[10] Das neue Bündnis stand unter Führung von Shaikh ʿUmar ʿAbd al-Rahman (1938–2017), einem blinden Islamgelehrten. Allerdings war dieser Beschluss höchst umstritten. Esam al-Qamari und sein langjähriger politischer Kampfgefährte al-Zawahiri galten als die vehementesten Kritiker von ʿAbd al-Rahman, dessen Führungsmöglichkeiten sie vor allem wegen seines Augenleidens für zu eingeschränkt hielten (vgl. al-Zayyat 2004, 27–30).

Zu Beginn des Jahres 1981 führte ʿAbd al-Rahman auf eine theoretische Frage zur Legitimation eines Mordes an einem ungerechten Machthaber aus, dass dies aus islamischer Sicht gerechtfertigt sei – auch wenn er dies hinsichtlich der Person Sadat relativierte (Heikal 1983, 243). Etwa zur gleichen Zeit fasste eine jihadistische Kleinstzelle um ʿAbd al-Salam Faraj den Beschluss, den Präsidenten zu ermorden. Wie das Attentat ausgeführt werden sollte und von wem, darüber gab es zunächst lediglich vage Überlegungen (Heikal 1983, 244–245). Erst ein Zufall ließ dann die Verschwörung zustande kommen: Khaled al-Islambuli (geb. 1957), ein Mitglied der Terror-Zelle, diente als Leutnant der ägyptischen Streitkräfte und war von seinem Führungsoffizier erst am 23. September dazu berufen worden, an der Militärparade anlässlich des Jahrestages des reklamierten Sieges im Oktober-Krieg 1973 («Jom-Kippur-Krieg») teilzunehmen. Al-Islambuli schaffte es, drei weitere Attentäter in die Militärparade zu schleusen. Als ihr Wagen an der Präsidententribüne vorbeifuhr, zog al-Islambuli eine Pistole und zwang den Fahrer des Lastwagens zum Halt (zum Tatablauf vgl. Heikal 1983, 251–255). Dann lief er direkt zur Tribüne, während ʿAbbas Muhammad, einer der Komplizen, vom Lastwagen aus feuerte. Vor der Tribüne stehend schoss al-Islambuli immer wieder auf Sadat. Neben dem Präsidenten starben sieben weitere Personen, 28 wurden verwundet. Heikal (1983, 255) fasste das Ergebnis dieses Attentats mit den Worten zusammen: «Zum ersten Mal hat das Volk der Ägypter seinen Pharao getötet.»

Verrat, Sühne, Exil

In den Monaten vor dem Mord an Anwar al-Sadat war al-Zawahiri viel gereist, 1980 eher zufällig auch erstmals nach Pakistan. Bereits damals, so schrieb al-Zawahiri rückblickend im Jahr 2010, habe er dies als Möglichkeit begriffen, eine sichere Basis für Jihad-Aktivitäten zu schaffen. Für vier Monate leistete er in einem Krankenhaus in Peschawar humanitäre Hilfe, im Folgejahr noch weitere zwei Monate (al-Zawahiri 2010, 59–61). Zu jener Zeit hielten sich noch äußerst wenige Araber in Peschawar auf, der afghanische Jihad hatte noch nicht jene Bedeutung, die er in den späteren Jahren erlangen sollte. Angeblich gelang es al-Zawahiri auch, über die Grenze nach Afghanistan zu gelangen, wo er Zeuge des Aufstands gegen die sowjetische Invasion wurde (Wright 2008, 67–69). Zurück in Kairo berichtete er von den Taten der Mujahidin und warb für deren Sache. In dieser Zeit machten sich sowohl Veränderungen im Auftreten als auch im Wesen al-Zawahiris bemerkbar. Der amerikanische Journalist und spätere Professor für Medienwissenschaft Sulaiman Abdallah Schleifer, der sich in den 1970er-Jahren mit al-Zawahiri angefreundet hatte, erinnert sich, dass der Ägypter mittlerweile die USA als Feindbild betrachtete und dies selbst ihm als amerikanischem Staatsbürger gegenüber offen vertrat (Wright 2008, 69). Auch trug al-Zawahiri nun pakistanische Kleidung und einen langen Bart, während er sich einige Jahren zuvor noch einen Schnurrbart hatte stehen lassen und in Anzug und Krawatte über den Campus der Universität gelaufen war (Wright 2008, 61). Im heutigen Sprachgebrauch waren die Reisen nach Pakistan wohl ein wichtiger Mosaikstein in der weiteren «Radikalisierung» al-Zawahiris.

An dem Attentat auf Sadat hatte sich al-Zawahiri vermutlich nicht beteiligt. Dennoch wurde er nach dem Anschlag im Zuge einer erneuten Verhaftungswelle interniert.[11] Ihm und weiteren 302 Angehörigen der Jihad-Bewegung, die lediglich dem Umfeld der Attentäter zuzurechnen waren, wurde im Folgenden ein Prozess gemacht, der in der ägyptischen Presse als der «Große Jihad»-Fall bekannt wurde (al-Zayyat 2004, 21–22). In ägyptischer Manier waren die Angeklagten während des Prozesses in einen großen Eisenkäfig gesperrt. Al-Zawahiri, der gut Englisch sprach, nutzte das mediale Interesse an dem Prozess, um seine Botschaft in die Welt zu bringen und sprach seine berühmt gewordenen Worte:

Wer sind wir? Warum haben sie uns hergebracht [in den Gerichtssaal]? Was haben wir mitzuteilen? Zur ersten Frage: Wir sind Muslime! Wir sind Muslime, die an ihre Religion glauben! Und diese hat zwei Bedeutungen zugleich: Ideologie und Praxis. Wir glauben, dass unsere Religion beides zugleich ist: Ideologie und Praxis. Und daher bemühen wir uns nach ganzer Kraft, einen islamischen Staat und eine islamische Gesellschaft zu gründen. ... Wir sind hier als islamische Front gegen Zionismus, Kommunismus und Imperialismus.

Al-Zawahiri machte sich zum Sprecher der Angeklagten, unter ihnen der blinde Shaikh ʿAbd al-Rahman, und berichtete auch detailliert über die Folter, denen er und die anderen Gefangenen während der Untersuchungshaft ausgesetzt waren. Von den insgesamt 302 Angeklagten bekam keiner die Todesstrafe, anders als die 24 Männer, denen als vermutliche Täter oder Planer der Prozess gemacht wurde. Aiman al-Zawahiri erhielt, wie die meisten der Angeklagten, eine Gefängnisstrafe von drei Jahren.

Unter der Folter soll al-Zawahiri seinen Peinigern schließlich den Zufluchtsort von Esam al-Qamari preisgegeben und später auch im Prozess gegen al-Qamari sowie Mitglieder seiner eigenen Jihad-Zelle ausgesagt haben (al-Zayyat 2004). Al-Qamari war ein Offizier der ägyptischen Armee, dessen Untergrundaktivitäten in Richtung Umsturz im März 1981 aufgedeckt worden waren und der daraufhin die Flucht ergriffen hatte. Er galt als charismatisch und hatte auch auf al-Zawahiri einen gewissen Einfluss ausgeübt, Montasser al-Zayyat rechnete ihn sogar zu dessen «besten Freunden» (al-Zayyat 2004, 49). Dass al-Zawahiri durch die Folter ausgerechnet al-Qamari sowie weitere Gesinnungsgenossen verraten hatte, brannte sich in seine Seele ein. Noch radikalisierter als zuvor verließ er Ägypten, nachdem er 1985 aus dem Gefängnis freigelassen worden war (al-Zayyat 2004, 31–32). Es sollte ein Abschied für immer werden. Die erste Station war das saudi-arabische Dschidda, wo al-Zawahiri in einem Krankenhaus arbeitete. Zwei Jahre später, 1986, reiste er erneut nach Peschawar in Pakistan, wo er zunächst als Chirurg in einem Krankenhaus tätig war, das dem kuwaitischen Roten Halbmond gehörte und von den Muslimbrüdern kontrolliert wurde (vgl. Wright 2008, 87 und 169).

Dieses Krankenhaus sollte dem Leben al-Zawahiris eine weitere entscheidende Wendung geben. Er kam dort mit Jihadisten aus Ägypten, aber auch aus anderen Ländern in Kontakt und tauschte sich mit diesen über ihre Ideen und Pläne aus. Etwa mit Sayyid Imam ʿAbd al-ʿAziz Sharif (alias Dr. Fadl, geb. 1950), einem der einflussreichsten jihadistischen Ideologen der 1980er-Jahre (Jones 2013, 29–39; Wright 2008, 170). Abu Muhammad al-Maqdisi (geb. 1959), wie Sharif ebenfalls ein jihadistischer Denker, berichtete, dass er al-Zawahiri zunächst in der Funktion als Arzt an eben jenem Krankenhaus kennenlernte und erst die Freundschaft mit ihm dazu führte, dass er in den Lagern al-Qaidas aufgenommen wurde (CNN 07.09.2016). Auch der pakistanische Zeitzeuge Muhammad ʿAli Saif (siehe Kapitel 3, S. 37) erinnert sich an al-Zawahiri zunächst als einen bekannten Arzt, der aus einer der respektablen Familien Kairos stammte und angeblich ein islamischer Revolutionär gewesen sei (Saif, Interview mit dem Autor am 28.02.2017). Er beschreibt ihn als einen «reservierten» Menschen, der sich gegenüber den Nicht-Arabern sehr zurückhielt und hauptsächlich Kontakte zu seinen Landsleuten pflegte. Der intensive Austausch mit diesen und weiteren Personen veränderte al-Zawahiri, so dass aus dem bisher eher bescheiden auftretenden und rational argumentierenden Arzt ein aggressiver und streitlustiger Charakter wurde (Wright 2008, 170–173). Er war im Denken und in der Welt der «Takfiristen» gefangen, also jener islamistischen Strömung, die andere Muslime zu Ungläubigen und zu legitimen Jihad-Zielen erklärte, und begann nun in dieser eine tragende Rolle einzunehmen.

Ebenfalls im Krankenhaus traf al-Zawahiri 1987 auch das erste Mal auf Bin Laden, der es seinem Mentor ʿAbdullah ʿAzzam gleichtat und in der Halle des Krankenhauses Vorträge hielt (Coll 2005, 164; Wright 2008, 175). Dies war die Keimzelle für eine Verbindung von Ideologie und Geld, die letztlich zur Gründung von al-Qaida führen sollte.

2. Usama Bin Laden: Vom saudischen Bauunternehmer zum Widerstandskämpfer

Am Ende aller hundert Jahre schickt Gott der Gemeinschaft jemanden, der ihre Religion erneuert.[1]

Dieser Ausspruch, der dem Religionsgründer Muhammad zugeschrieben wird, findet sich in einer Biographie aus dem Jahr 2003 mit dem Titel «Usama Bin Laden – Der Erneuerer der Epoche und Bezwinger der Amerikaner» aus der Feder von Abu Jandal al-Azdi[2], Mitglied von al-Qaida auf der Arabischen Halbinsel. Al-Azdi bezieht die Prophezeiung direkt auf Usama Bin Laden, der Ende 1979 oder Anfang 1980 erstmals nach Pakistan aufbrach, um von dort aus den Kampf der afghanischen Aufständischen gegen die sowjetischen Truppen zu unterstützen, die im Dezember 1979 einmarschiert waren. Der islamische Kalender wechselte zu dieser Zeit gerade von 1399 auf 1400, aus islamischer Perspektive ging also ein Jahrhundert zu Ende, was Bin Laden einigen seiner Anhänger als die Manifestierung der göttlichen Vorsehung erscheinen ließ. Diese religiöse Verklärung zeigte sich unter anderem in Bin-Laden-Postern, die in Pakistan und später auch andernorts ab den späten 1999er-Jahren auftauchten, auf denen der al-Qaida-Chef als eine Art heiliger Krieger dargestellt ist: In weißer Robe mit weißem Turban und einem geschulterten Mantel hält er mit ruhiger Miene eine Kalaschnikow in der Hand. Kleiner gemalt ist er zudem auf einem weißen Pferd reitend abgebildet. Den Hintergrund der Szenerie bilden die Berge Afghanistans, die von Kampfflugzeugen bombardiert werden.

Während Bin Laden für einige also Freiheitskämpfer und spirituelle Galionsfigur in einem zu sein scheint, sehen andere in ihm die Personifizierung des Bösen. Dementsprechend viel wurde über

Usama Bin Laden insbesondere in den Jahren nach dem 11. September 2001 geschrieben – von seinen Verehrern, seinen Freunden und seiner Familie und auch seinen Gegnern. Diese Darstellungen fallen in ihrer Bewertung entsprechend widersprüchlich aus, doch zumindest über die wichtigsten Stationen seines Lebens und dessen Umstände scheint ein gewisser Konsens zu bestehen.

Kindheit im Schatten des Vaters

Usama Bin Ladens Vater Muhammad, um das Jahr 1908 geboren, war zweifelsohne eine schillernde und einflussreiche Figur in Saudi-Arabien.[3] Aus bitterarmen Verhältnissen stammend, kam er mit seinem Bruder ʿAbdullah in den 1920er-Jahren als Zuwanderer aus der als besonders fromm geltenden jemenitischen Provinz Hadramaut ins Land. Durch harte Arbeit und Geschäftssinn schufen die beiden den Grundstock für das spätere Vermögen, das sie insbesondere im Zuge des saudi-arabischen Baubooms nach 1945 anhäufen sollten. Erst 1957 trennten sich die geschäftlichen Wege der Brüder. Muhammad Bin Ladens Unternehmensgruppe, von denen das Bauunternehmen zweifellos der bedeutendste Zweig war, führte viele private, aber auch religiöse Bauprojekte des Königshauses durch und arbeitete an der dringend benötigten Infrastruktur, denn das 1932 gegründete dritte saudi-arabische Königreich war in einer unerschlossenen und unterentwickelten Region auf der Arabischen Halbinsel entstanden. Diese Tätigkeit sicherte Muhammad schon früh ein enges Verhältnis zum saudischen Königshaus, er wurde ein anerkanntes und geschätztes Mitglied der saudischen Gesellschaft, wenn er auch stets der Zuwanderer blieb.

Die «Bin Laden Group» zählte wohl zu den bedeutendsten Unternehmen in Saudi-Arabien. Carmen Bin Laden, die frühere Ehefrau von Usamas Halbbruder Yeslam, berichtete, wie ihr ein saudischer Kommilitone in den 1970er-Jahren in Los Angeles erzählte, dass auch sein Vater für das Bauunternehmen der Bin Ladens gearbeitet habe, «wie praktisch jeder in Dschidda» (Bin Laden 2003, 46). Zahlreiche Legenden rankten sich um Muhammad Bin Laden. Aufgrund seiner Leistungen war ihm ab 1949 die Zuständigkeit für die Erweiterungs- und Modernisierungsarbeiten zunächst in Medina und anschließend auch in Mekka, den beiden heiligsten Stätten des Islams, übertragen worden – eine ehrenvolle Aufgabe. 1958 erhielt er dann den Auftrag, den Felsendom und die al-Aqsa-Moschee auf dem Tempelberg in Jerusalem, der drittheiligsten Stätte des Islams, instand zu setzen. Angeblich hatte der tiefreligiöse Muhammad Bin Laden bei seinem Angebot sogar einen Verlust einkalkuliert, nur um den Zuschlag zu erhalten, so wie er auch später auf Zahlungen verzichtet haben will, die ihm der jordanische König für das Projekt schuldete. Dass Bin Laden sich bei seiner Bewerbung der Unterstützung des saudischen Königs sicher war, der sich mit dem ägyptischen Präsidenten Nasser einen Wettlauf um die Vorherrschaft in der arabischen Welt lieferte, spielte sicherlich auch eine Rolle in dieser Episode (Coll 2008, 114–120).

Muhammad Bin Laden galt als gottesfürchtig und bescheiden und lebte trotz seines Reichtums nicht im protzigen Stil der saudischen Herrscher. Die einzige Schwäche, die ihm nachgesagt wurde, war sein Hang zu Frauen. In dieser Hinsicht imitierte er offenbar die saudischen Herrscher und schloss auch Zweckehen, um Bündnisse für politisch-wirtschaftliche Ziele zu etablieren (Coll 2009, 97–101). Muhammad Bin Laden ehelichte schließlich etwa 22 Frauen, wobei die meisten Ehen, gerade wenn sie taktischer Natur waren, bald wieder geschieden wurden. Nicht weniger als 25 Söhne und 29 Töchter hatte der Baulöwe am Ende seines Lebens. Für alle seine Frauen und deren Kinder stellte Muhammad Bin Laden Wohnraum und Lebensunterhalt zur Verfügung. Kurz vor seinem Tod 1967 hatte er am Rand der Wüste, bei Kilometer sieben der Verbindungsstraße zwischen der Küstenstadt Dschidda und Mekka, neue Häuser bauen lassen, in die seine Kinder und deren Mütter einzogen. Als Carmen Bin Laden 1974 zum ersten Mal ins Haus ihrer Schwiegerfamilie kam, war sie erstaunt von dessen Schlichtheit und «spartanischer» Einrichtung. Auch die Bungalows der Bin Ladens am Roten Meer waren provisorisch errichtete Hütten, in denen Strom durch Generatoren erzeugt werden musste (Bin Laden 2003, 64).

Seine Kindheit und Jugend verbrachte Usama im Hedschas, jener Region im Westen Saudi-Arabiens, in der sowohl Mekka und Medina liegen als auch das für saudische Maßstäbe als liberal geltende Handelszentrum Dschidda. Dort besuchte Usama die al-Thaghr-Schule, ein Prestigeprojekt moderner Bildung, auf das die lokale Elite ihre Söhne schickte. Bin Laden stach in der Klasse aufgrund seiner Größe und Höflichkeit heraus, seine schulischen Leistungen waren jedoch eher durchschnittlich, wie sich sein Englischlehrer erinnert (Bergen 2006, 8).

Usamas Mutter, Alia Ghanem[4], stammte aus Latakia in Syrien, ursprünglich war die Familie aus dem Jemen zugewandert. Usama war der einzige Sohn aus der Ehe mit Muhammad Bin Laden, die 1956 in Latakia geschlossen wurde. Die Familie zog zunächst nach Medina. Schon in den ersten Lebensjahren Usamas ließ sein Vater sich jedoch von Alia Ghanem scheiden, die dann wieder heiratete und von ihrem neuen Ehemann Muhammad al-ʿAttas weitere Kinder bekam. So wuchs Usama im Haushalt seines Stiefvaters mit Stiefgeschwistern auf, auch wenn er in die Bin Laden-Familie eingebunden war. Eine schwierige Rolle: Zum einen war er der Zugang zu den wohlhabenden Bin Ladens und auch einer der Erben des Bauunternehmers, zum anderen hatte er wohl auch eine gewisse Außenseiterrolle, was sich während der Kindheit in einer extremen Schüchternheit, aber auch auffälligen Höflichkeit ausdrückte. Muhammad sah seinen Sohn Usama nur gelegentlich, insbesondere in den großen Runden mit all seinen Söhnen, die der Patriarch immer wieder einberief, um den Werdegang seiner männlichen Nachkommen aus der Nähe zu begutachten. Die Vaterfigur Muhammad Bin Ladens prägte die Rolle Usamas in der Familie seiner Mutter, beflügelte aber auch seine Fantasie, so beeindruckend waren die vielen Geschichten und Legenden über seinen mächtigen und einflussreichen Vater.

Am 3. September 1967 kam Muhammad Bin Laden bei einem Flugzeugabsturz ums Leben. An der Trauerfeier nahmen mehrere Tausend Menschen teil, darunter auch der damalige König Faisal. Der Verlust des hochangesehenen Patriarchen war für den jungen Usama ein schockierendes und einschneidendes Ereignis. Seine

Cousine mütterlicherseits und spätere erste Ehefrau Najwa schrieb dazu:

> Mein Cousin [Usama] war damals erst zehn Jahre alt, aber er liebte und respektierte seinen Vater enorm. Usama hatte schon immer eine ungewöhnlich zurückhaltende Art, aber der Tod seines Vaters hatte ihn derart getroffen, dass er sogar noch ruhiger wurde. All die Jahre sprach er nur wenig über den tragischen Unfall. (Bin Laden et al. 2009, 9)

Nicht nur Usama, sondern alle Kinder waren geschockt von dem Verlust der Vaterfigur. Carmen Bin Laden hat das Verhältnis der Kinder zu Muhammad Bin Laden sehr eindrücklich beschrieben:

> Alle Kinder Scheich Mohammeds sollten ihr Leben lang im riesigen Schatten ihres Vaters stehen. Für sie war er ein Held – eine ferne, sagenhafte Gestalt, streng und gottesfürchtig. (Bin Laden 2003, 102)

Eine absente Vaterfigur sowie ein entscheidender Bruch in der Biographie, beides Faktoren, die auf Usama Bin Laden zutreffen, sind auch bei heutigen radikalisierten jungen Menschen immer wieder ausschlaggebende Komponenten auf ihrem Weg in den Extremismus. Sie sind deswegen eher anfällig für Verheißungen einer sie akzeptierenden Gruppe und auch für Orientierungsfiguren, die eine Art Ersatzvater darstellen können. Auch Usama war «auf der Suche nach einem Vorbild» (Coll 2008, 178). Er fand es mit etwa vierzehn oder fünfzehn Jahren in einem charismatischen syrischen Sportlehrer an seiner Schule (Coll 2008, 180–185). Dieser war vermutlich ein Anhänger der Muslimbruderschaft, wie damals so viele ägyptische und syrische Exilanten in Saudi-Arabien. Er scharte über eine Nachmittagssportgruppe einen kleinen Kreis von privilegierten Jungen um sich, in dem diese «radikalisiert» wurden – wie es im aktuellen Diskurs ausgedrückt wird. Letztlich ein typischer Vorgang, bei dem persönliche Lebensgeschichten das Einfallstor bilden, Gruppenaktivitäten eine soziale Dynamik erzeugen und Ideologie als gemeinsamer Bezugs- und Denkrahmen der Gruppe funktioniert.

Millionärssohn und frommer Außenseiter

Zwei Jahre, bevor Bin Laden die Schule abschloss, nahm er sich vor, Najwa, der Tochter seines Onkels mütterlicherseits, die in Syrien wohnte, einen Heiratsantrag zu machen. Der junge Usama besuchte mit seiner Mutter und seinen Stiefgeschwistern regelmäßig die Familie in Latakia, wo er seine Cousine kennenlernte. In ihren Erinnerungen schreibt Najwa Bin Laden, dass sie und Usama bereits in Kindertagen ein gutes, von gegenseitiger Zuneigung geprägtes Verhältnis hatten (vgl. Bin Laden et al. 2009). Die syrische Mutter Usamas hatte ihrem Sohn die Wahl seiner künftigen Ehefrau überlassen, anstatt eine Frau auszusuchen, wie es Tradition war. Najwa wiederum musste sich gegen ihre Mutter durchsetzen, die zwar keine Abneigung gegen Usama hatte, jedoch fürchtete, ihre Tochter und künftigen Enkelkinder nur noch selten sehen zu können, da mit der Eheschließung ein Umzug in Usamas Heimat Saudi-Arabien einhergehen würde. Schließlich heirateten Najwa und Usama 1974, als sie fast sechzehn und er siebzehn war. Die Hochzeit fand in Syrien statt; aus Rücksicht auf die konservative Familie aus Saudi-Arabien, und auch auf Wunsch des vom Wahhabismus geprägten Bräutigams selbst, wurden die Geschlechter während der Feierlichkeiten getrennt und auf Musik und Tanz verzichtet (Bin Laden et al. 2009, 14).

Nachdem das junge Ehepaar nach Dschidda gezogen war, besuchte der nun verheiratete Usama weiter bis zu seinem Abschluss 1976 eine von König Faisal gegründete Modellschule für Jungen mit zahlreichen aus Großbritannien stammenden Lehrern. Nach dem Unterricht arbeitete er nebenbei auch noch für die große Firma seiner Familie. Besonders faszinierte ihn das Bauwesen, von der Arbeit kehrte er oft erst spät heim. Auch für die einfachen, von den Arbeitern verrichteten Arbeitsgänge zeigte er großes Interesse und ließ sich im Umgang mit schweren Baumaschinen, aber auch mit Sprengstoffen unterweisen, die benutzt wurden, um Felsenmassive abzutragen. Bin Laden kannte offenbar nur wenig oder keinen Standesdünkel und setzte sich bei den Mahlzeiten zu den Arbeitern der «Bin Laden Group». Insgesamt war Usama ein genügsamer Charakter, der nach Aussage seiner Ehefrau Najwa ein Stück Brot mit Öl ebenso schätzte wie ein Stück besten Fleisches (Bin Laden et al. 2009, 18).

Zuweilen wurde behauptet, dass Bin Laden das Luxusleben eines Millionärssohnes führte und Reisen in die Schweiz, nach Schweden, nach Großbritannien oder auf die Philippinen unternahm. Sein jihadistischer Biograph al-Azdi schreibt jedoch, dass Bin Laden lediglich auf der Arabischen Halbinsel und nach Syrien sowie später nach Afghanistan, Pakistan und den Sudan gereist sei (al-Azdi 2003, 16). Dies mag damit zu tun haben, dass er ihn als von Gott gesandten «Erneurer der Religion» betrachtet, wozu eine Luxusreise nach London oder in die Schweiz nicht passen würde. Doch scheint die Darstellung al-Azdis im Ansatz durchaus plausibel zu sein und wird durch andere, unabhängige Autoren im Großen und Ganzen bestätigt. So hatte Usama wohl einige Länder der arabischen Welt und auch des Westens besucht, oft zu bestimmten Zwecken, weniger aus touristischem Interesse, er kannte auch London und reiste 1979 zusammen mit seiner Frau in die USA (Bin Laden et al. 2009, 25; Coll 2008 250–251). Doch seine religiös-politischen Ansichten entwickelte er in Saudi-Arabien, und auch die USA-Reise unternahm er zu einem Zeitpunkt, als sein politisches Bewusstsein bereits fest ausgebildet war, was sich auch daran zeigt, dass er in Amerika seinen Mentor ʿAbdullah ʿAzzam (s. u.) treffen wollte (Bin Laden et al. 2009, 25). Anders als einige seiner Brüder hatte Usama nicht den Ruf eines Playboys und weder ein Internat noch eine Universität im Ausland besucht, bis auf ein knappes Jahr in einem Internat in Beirut. Usama ist entgegen einigen Presseberichten auch nicht auf dem berühmten Familienfoto zu sehen, das eine Schar von jungen Mitgliedern des Bin Laden-Clans in Schweden zeigt (Bin Laden 2003, 112; Coll 2008, 250). Insofern nahm er schon immer die Rolle eines frömmlerischen Außenseiters ein.

Fast alle, die mit Usama Bin Laden in seinen jungen Jahren in Kontakt kamen, erinnerten sich an ihn als einen ruhigen und respekteinflößenden Charakter mit Führungsqualitäten – unter anderem auch wegen seiner beeindruckenden äußeren Erscheinung. Der spätere al-Qaida-Chef hatte aber bereits als junger Erwachsener eine risikofreudige Seite, die sich in seinem Hang zu schnellen Autos ausdrückte. In der saudischen Wüste genoss Usama gerne den Rausch der Geschwindigkeit, sehr zur Sorge seiner Ehefrau und seiner Großfamilie. Daneben erfreute er sich aber auch an der Natur. Oft verband er beide Interessen miteinander und machte Ausfahrten in die Wüste oder in die Berge, wo er stundenlange Wanderungen unternahm.

Religiöse und politische Prägung

Usama soll bereits als kleiner Junge gottesfürchtig gewesen sein und sich früh mit den verschiedenen «islamischen Strömungen» beschäftigt haben (al-Azdi 2003, 16). Dass dies wohl nicht bloße Legendenbildung eines al-Qaida-Mitglieds ist und Usama Bin Laden tatsächlich bereits in Saudi-Arabien äußerst fromm und strikt religiös war, belegen auch andere Quellen. So berichtete etwa Carmen Bin Laden über ihren damaligen Schwager Usama, er sei schon immer sehr gläubig gewesen und seine Frömmigkeit habe sogar «etwas Einschüchterndes an sich» gehabt (Bin Laden 2003, 15, 112–113).

Aus der Politik, so soll Vater Muhammad Bin Laden es seinen Kindern stets empfohlen haben, solle man sich besser heraushalten, insbesondere in einem Land wie Saudi-Arabien, wo er selbst stets Gefahr lief, in persönliche Machtspiele der herrschenden Familie hineingezogen zu werden (Coll 2008, 90–91). Usama galt jedoch in dieser Hinsicht als Ausnahme und war der einzige unter seinen vielen Geschwistern, der sich in besonderem Maße für Politik interessierte. Dass er schon früh über seinen Sportlehrer mit der politischen Strömung der Muslimbruderschaft in Kontakt kam, war wohl ein entscheidender Markstein in seinem Leben. Die Mischung von Religion und Politik war allerdings auch ein Element der Gesellschaft Saudi-Arabiens bis in die höchsten Ebenen. So forderte etwa der damalige König Faisal (reg. 1964–1975) nach dem Sechstagekrieg von 1967 einen Jihad zur Wiedereroberung Jerusalems und verunglimpfte Israelis als Feinde des Islams (Coll 2008, 191). Die Muslimbruderschaft spielte daher nicht wegen ihrer Frömmigkeit, sondern wegen ihrer revolutionären Ansichten und ihrer aktivistischen Haltung – was Bin Laden besonders zusagte – eine besondere Rolle in diesem Klima und wurde deswegen vom saudischen Königshaus mit Misstrauen beäugt.

An der König-Abdulaziz-Universität in Dschidda nahm Usama 1978 das Studium «Wirtschaft und Management» auf, verließ die Fakultät jedoch während des dritten oder vierten Jahres. Neben seinem eigentlichen Studium zeigte Usama ein spezielles Interesse für religiöse Vorlesungen, die unter anderem von den einflussreichen islamistischen Denkern ʿAbdullah ʿAzzam (1941–1989) und Muhammad Qutb (1919–2014), dem Bruder des 1966 in Ägypten hingerichteten islamistisch-revolutionären Vordenkers Sayyid Qutb, abgehalten wurden. Mehrere Autoren schreiben, dass Bin Laden dort direkt beeinflusst wurde, allerdings fehlen tatsächliche Beweise für diese Annahme (Scheuer 2011, 33–34). Dass Bin Laden aber unter dem geistigen Einfluss von ʿAzzam und den Brüdern Qutb stand, steht außer Frage. So soll er 1976 oder 1977 erstmals Sayyid Qutbs Manifest «Wegzeichen» gelesen haben, jene «Mao-Bibel» der Jihadisten also, die prägend für alle militant-islamistischen Gruppen der damaligen Zeit war, sowie Qutbs Koraninterpretation «Im Schatten des Korans» (Coll 2008, 245).

Bin Laden war nicht nur fromm, was ihn von seinen Geschwistern unterschied und ihm sowohl Bewunderung als auch Ablehnung in der Familie einbrachte, sondern er hatte eine dezidiert politische Weltanschauung: Amerika und Israel wurden die wichtigsten Feindbilder für ihn, die arabischen Herrscher erschienen ihm als vom wahren Glauben abgekommene und unfähige Marionetten des Westens. Er informierte sich über die Vorgänge im benachbarten Iran, wo große Teile der Bevölkerung ab 1978 ihren Unmut über das Shah-Regime auf die Straße trugen. Auch äußerte er vermehrt Unzufriedenheit und Enttäuschung über den weltweit mangelnden Respekt vor dem Islam (Bin Laden et al. 2009, 25). Ein besonders ausgeprägtes Interesse zeigte er für die sowjetische

Invasion in Afghanistan im Dezember 1979 und die sich anschließenden Entwicklungen, wie sich seine damalige Ehefrau erinnert:

> «Er suchte ständig nach Nachrichten über das, was sich in Afghanistan ereignete, ob es muslimische Quellen oder internationale Medien waren. Je mehr er darüber erfuhr, desto unruhiger wurde er. … Wegen der Geschichten von unschuldigen muslimischen Frauen und Kindern, die verhaftet oder gefoltert wurden, war er trauriger, als ich ihn je gesehen hatte. Die Darstellungen, die ihm bekannt waren, aber über die er nicht sprechen wollte, müssen schrecklich gewesen sein, denn es erschien, dass das Herz meines Ehemannes gebrochen war.» (Ebd., 27)

So beschloss Bin Laden, seinen Beitrag zu leisten, um den afghanischen Aufstand gegen die kommunistische Regierung in Kabul und ihre Hilfstruppen aus der Sowjetunion zu unterstützen. Aiman al-Zawahiri berichtete später, dass Bin Laden Mitglied der saudischen Muslimbruderschaft gewesen sei, die allerdings keine einheitliche Organisation wie in anderen Ländern war und auch keine hierarchische Anbindung an die Kairoer Zentrale hatte. Sie war ideologisch stärker durch den Salafismus beeinflusst als etwa die jordanische oder auch die ägyptische Bruderschaft (Lacroix 2012). Von den Salafisten unterschieden sich die saudischen Muslimbrüder jedoch in der Betonung der inter-muslimischen Solidarität, daher das humanitäre Engagement im Afghanistan-Konflikt. Eine aktive Beteiligung ihrer Mitglieder am Kampfgeschehen war hingegen nicht erwünscht, was dann später auch zum Ausschluss oder Austritt Bin Ladens aus der Organisation führte (ebd.).

Nach Pakistan

Die erste Reise führte Bin Laden Ende 1979 oder Anfang 1980 nach Pakistan, genauer gesagt nach Islamabad, wo er in den darauffolgenden Jahren oft im Haus von ʿAbdullah ʿAzzam zu finden war, der an der Universität von Islamabad einen Lehrauftrag wahrnahm (Randal 2005, 86; Coll 2008, 290–293). Najwa Bin

Laden beschrieb die ersten Jahre, 1980–1983, als eine Zeit des Pendelns ihres Ehemannes zwischen seinem Zuhause in Saudi-Arabien, wo sie mit ihren mittlerweile vier Kindern weiterhin wohnte, und Pakistan sowie später auch Afghanistan. Mehrere Wochen, manchmal auch mehr als einen Monat verbrachte Usama jeweils in Pakistan (Bin Laden et al. 2009, 31). Bin Ladens Bedeutung für den afghanischen Jihad sollte jedoch erst später zunehmen. Zunächst beschränkte er sich darauf, Spenden aus Saudi-Arabien, auch von Mitgliedern seiner Familie, einzuwerben und diese nach Pakistan zu bringen sowie Treffen zwischen saudischen Staatsvertretern und afghanischen Milizenführern in Saudi-Arabien zu organisieren. Afghanistan selbst blieb Bin Laden bis 1984, als er mit der Erlaubnis des mächtigen Kriegsfürsten ʿAbdul Rasul Sayyaf erstmals einreiste, zunächst verwehrt (vgl. Hamid & Farrall 2015, 76–77). Seine Unterstützung der «Mujahidin», der «Krieger auf dem Wege Gottes», brachte ihm jedoch in der Heimat bald Anerkennung und Bewunderung ein (Atwan 2006, 44; Coll 2008, 290). Immer wenn Bin Laden zu seiner Familie nach Dschidda zurückkehrte, kümmerte er sich zum einen um das Eintreiben weiterer Spenden oder er nahm wichtige Angelegenheiten des Bin-Laden-Unternehmens wahr. Er war zu jener Zeit vieles zugleich: ein Bauunternehmer, der jedoch dem Wohlstand im Dienste der Religion entsagt hatte, ein Akquisiteur von Geldern für wohltätige, aber auch für kriegerische Zwecke sowie ein risikofreudiger Logistiker des Krieges mit Kontakten zu afghanischen Warlords und saudischen Geheimdienstlern und Diplomaten. Dies alles bildete den Stoff für die spätere Legende Usama Bin Laden.

3. Der Jihad in Afghanistan

Peschawar: Aufmarschgebiet der internationalen Mujahidin

Schon vor der Invasion der UdSSR im Dezember 1979 hatte in Afghanistan ein Aufstand gegen die kommunistische Regierung begonnen. Einzelne Rebellenführer hatten bereits zu dieser Zeit Kontakte in die Golfregion geknüpft, wobei die afghanische Sache noch wenig Widerhall in der arabischen Welt fand. Als der Algerier ʿAbdullah Anas mit seinen zwei Reisegefährten, ʿAbdullah ʿAzzam und dessen Schwiegersohn, 1983 in Peschawar eintraf, stieg die Zahl der Araber vor Ort angeblich auf gerade einmal fünfzehn (Anas 2002, 19). Die große arabische Mobilisierung sollte erst gegen Ende der 1980-Jahre stattfinden, als die UdSSR bereits an Abzug dachte.[1] Das Kriegsgeschehen spielte sich zwar in Afghanistan ab, doch wesentliche Planungen, Unterstützungsleistungen für die Kämpfer vor Ort und strukturelle sowie ideologische Entwicklungen fanden im benachbarten Pakistan statt, wohin die Führer der afghanischen Islamisten nach einer Repressions- und Verhaftungswelle gegen sie in den Jahren 1974/75 geflohen waren.[2] Die meisten von ihnen hatten in Peschawar ihre Parteibüros eröffnet. Die strategische Lage der Stadt nahe der Grenze und die bereits ansässigen afghanischen Islamisten machten Peschawar zum Zentrum der als Mujahidin verklärten Milizionäre und ihrer Anführer. Die Stadt diente als Drehscheibe für Menschen und Material sowie als Rückzugs- und Erholungsraum für die Aufständischen. Da die verschiedenen, oft konkurrierenden afghanischen Bürgerkriegsmilizen dort ihren Sitz hatten, erleichterte dies auch die Absprache mit dem pakistanischen Geheimdienst Inter-Services Intelligence, der für die Unterstützung der Aufständischen zuständig war, während Saudi-Arabien diese zusammen mit den USA finanzierte und ausrüstete.[3] Im Laufe des Konflikts in den 1980er-Jahren wurde Peschawar dann auch zu einem Sammelpunkt der verschiedenen nicht-afghanischen jihadistischen Organisationen und ihrer Ideologien. «Das erste Mal, dass wir Araber sahen», so der pakistanische Parlamentsabgeordnete Muhammad ʿAli Saif, «war im Herbst 1980» (Saif, Interview mit dem Autor 28.02.2017). Diese ersten Freiwilligen waren vor allem gekommen, um humanitäre Hilfe zu leisten, erst in den Folgejahren wandelte sich dies zunehmend, und militärischer Aktivismus trat in den Vordergrund. Flugblätter, Bücher und Kassetten wurden in Peschawar produziert und anschließend in Pakistan, Afghanistan sowie in vielen Ländern der Welt verteilt. Der afghanische Kriegsfürst ʿAbdul Rasul Sayyaf, der die Zusammenarbeit mit den arabischen Freiwilligen maßgeblich koordinierte, betrieb außerhalb von Peschawar sogar eine offiziell eingetragene «Universität für Mission und Jihad» (so der Jihad-Geistliche Musa al-Qarni im Interview mit al-Dhiyabi 08.03.2006). Der jordanische Ideologe ʿAsim Tahir al-Barqawi (Abu Muhammad al-Maqdisi), der zwar stets unabhängig von Organisationen agierte, aber dennoch besonders gute Beziehungen zu al-Qaida und ihren Führern unterhielt, erinnerte sich an jene Zeit in Peschawar:

> Ich traf ihn [Aiman al-Zawahiri] in Peschawar. Er hielt sich dort auf, wie alle anwesenden Jihadisten. Es war nur natürlich, dass jemand, der nach Peschawar ging, dort auf derartige Persönlichkeiten treffen würde, das war ganz normal. Ich traf ihn und ich traf Abu ʿUbaida Banshiri [al-Qaida], Hafs al-Masri [al-Qaida] und Sayyid Imam [Ägyptischer Islamischer Jihad] – ich traf viele der sich dort befindlichen Jihadisten. (CNN 07.08.2016)

Die Stadt führte auch die unterschiedlichen Lebenswege der drei Protagonisten Bin Laden, al-Zawahiri und ʿAzzam zusammen. Jeder von ihnen verfolgte freilich eigene Projekte: Al-Zawahiri führte von dort seine Jihad-Organisation weiter, ʿAzzam, der zwischen Islamabad und Peschawar pendelte, kümmerte sich um die arabischen Freiwilligen, die ab 1984 in großer Zahl zum

Kriegseinsatz in Afghanistan kamen, und organisierte ihre Unterbringung. Zudem reiste er weltweit, um für die Sache des afghanischen Aufstands zu werben und Gelder für deren Unterstützung zu akquirieren sowie Freiwillige zu mobilisieren. Bin Laden schwärmte über ʿAzzam:

> Er war der beste Koordinator, organisierte Kundgebungen und Zusammenkünfte in der ganzen Welt, sammelte Spenden ein, rekrutierte Muslime, um sich in Afghanistan am Kampf gegen die Russen zu beteiligen. Nach der Rekrutierungsarbeit reiste ʿAbdullah dann selbst in die Kriegszone, um an vorderster Front zu kämpfen. (Bin Laden et al. 2009, 35)

In Peschawar hielt ʿAzzam regelmäßig Unterrichtssitzungen zur Bedeutung des Jihad und seinen Facetten ab. Seine Rolle war daher nicht ausschließlich praktischer, organisatorischer Art, er war auch und insbesondere der geistige Führer der jihadistischen Mobilisierung. Bin Laden sah daher in ʿAzzam die Verkörperung des Gelehrten, der nicht im Elfenbeinturm verharrt (Scheuer 2011, 52–53). Die beiden Männer kannten sich bereits vor der gemeinsamen Zeit in Pakistan. Möglicherweise hatte Bin Laden schon an der Universität von Dschidda religiöse Kurse bei ʿAzzam besucht, spätestens 1979 jedoch, während einer Reise mit seiner Familie in die USA, führten die beiden ausführliche Gespräche miteinander.[4]

Für ʿAzzam und die afghanischen Bürgerkriegsparteien bestand der wichtigste Wert Bin Ladens zunächst in seinen guten Kontakten in die oberste Gesellschaftsschicht Saudi-Arabiens. Nicht wenige wohlhabende Saudis waren nur allzu bereit, ihrer religiösen «Pflicht» zur Unterstützung des Jihad nachzukommen. Sie handelten damit auch in Einklang mit den außenpolitischen Leitlinien ihrer Regierung, die den Krieg der Mujahidin in Afghanistan in Kooperation mit den USA und Pakistan großzügig unterstützte (Bergen 2003, 79; Atwan 2006, 44). Aber Bin Laden kannte nicht nur Wege, Gelder privater Spender einzutreiben, sondern hatte auch etablierte Beziehungen zur saudischen Regierung, besonders zum saudischen Innenminister Prinz Nayif (Coll 2005, 87–88) sowie zur saudischen Botschaft in Islamabad. Anders als oft behauptet, bestanden wohl keine Kontakte zwischen Bin Laden und der CIA (vgl. Bergen 2003, 89–94; Coll 2005, 87; Burke 2007, 59).[5] Jedoch bewegte er sich in enger Absprache mit dem saudischen Geheimdienst General Intelligence Directorate (GID) – damals unter Führung von Prinz Turki al-Faisal (vgl. Scheuer 2011, 50–51) –, der ebenfalls in Pakistan aktiv war. Der GID wiederum verteilte Gelder über die CIA sowie über politisch-religiöse Netzwerke an die Aufständischen, um so politischen Einfluss zu nehmen (Coll 2005; Gutman 2013). Zu dieser Zeit handelte Bin Laden entsprechend den Leitlinien der saudischen Außenpolitik und galt als ein «guter Bürger Saudi Arabiens», wie Ahmad Badeeb, sein ehemalige Lehrer und späterer Geheimdienstagent in Pakistan, sich erinnert (Badeeb in Coll 2005, 87). Auch die USA sahen in Bin Laden damals vor allem jemanden, der ihren Interessen in Afghanistan entsprach (Coll 2004, 155). «Er investierte viel Geld in die richtigen Stellen in Afghanistan», beurteilte Milton Bearden, Chef der CIA-Basis in Islamabad ab 1986, Bin Ladens Wirken zu jener Zeit (in Coll 2004, 155). Die ersten Jahre in Pakistan nutzte Bin Laden, um sich einen Überblick über die Lage vor Ort zu verschaffen, etwa über die afghanischen Bürgerkriegsmilizen und ihre oft komplizierte Beziehung zueinander, um Kontakte zu knüpfen sowie um sein weitläufiges Netzwerk aufzubauen, das ihm bei seinen späteren Vorhaben behilflich sein sollte (Scheuer 2011, 50).

Je länger Bin Laden vor Ort war, desto umfassender und aktiver wurde seine Hilfe für die afghanischen Aufständischen und ihre arabischen Helfer. So ließ er bald schon schweres Baugerät aus Saudi-Arabien über Pakistan nach Afghanistan schaffen, womit die Infrastruktur der Rebellen, etwa in Form von Schützengräben, Verstecken und Straßen, verbessert werden konnte. Allerdings hielt Bin Laden selbst sich in den Jahren bis 1984 wohl lediglich in Islamabad und Lahore auf, nicht jedoch in Peschawar, dem Stützpunkt der afghanischen Mujahidin. Dorthin zog er erst 1986 um – im selben Jahr, als sich auch Aiman al-Zawahiri in Peschawar niederließ, der in Bin Ladens späterem Leben noch eine entscheidende Rolle spielen sollte.

Das Jahr 1984 markierte einen Wendepunkt für Bin Laden, den bis dahin «offen gesagt, niemand kannte», wie Muhammad ʿAli Saif, damals Student in Peschawar, sich erinnert (Interview mit dem Autor, 28.02.2017). Zusammen mit ʿAbdullah ʿAzzam und ʿAbdul Rasul Sayyaf gründete «Abu ʿAbdullah», wie Bin Laden von seinen Freunden nach seinem ältesten Sohn genannt wurde, im Oktober 1984 das «Dienstleistungsbüro» in Peschawar (Hamid & Farrall 2015, 75–81), mit anfangs nur einem Dutzend Mitgliedern.[6] ʿAzzam war der «Direktor» des Büros, Bin Laden der Geldgeber, mit angeblich 300 000 US-$ jährlich (Scheuer 2011, 54; Bergen 2003, 81).

Die Arbeit des «Dienstleistungsbüros» war auf Komitees für verschiedene Angelegenheiten verteilt, darunter die Weiterleitung von Geldern und logistischem Material an die afghanischen Milizen, Medienarbeit für den afghanischen Aufstand sowie die Erfassung der arabischen Freiwilligen und deren Ausbildung und Verteilung auf die Rebellengruppen. Ein weiteres Ziel war es, die pan-islamischen Ideen der Muslimbruderschaft unter den Afghanen zu verbreiten (Hamid & Farrall 2015, 78). Eines der wichtigsten Projekte ʿAzzams war die Herausgabe eines Magazins mit dem Titel «Jihad», das in Pakistan produziert wurde und Anhänger weltweit über die Geschehnisse informieren sollte (Bergen 2006, 32–37). ʿAzzam unternahm zudem Reisen in verschiedene Regionen und Länder, um für die afghanische Sache zu werben. Dabei konnte er auch auf die Unterstützung durch die USA zählen, wo das «Dienstleistungsbüro» 1986 sein erstes Büro außerhalb Pakistans eröffnete, in Tucso, Arizona (Coll 2005, 155).

Als Bin Laden 1984 mit Sayyaf erstmals nach Afghanistan reiste, wurde ihm eine Demonstration der angeblichen Waffenkraft der Afghanen vorgeführt, die Mustafa Hamid später als «Zirkus» bezeichnete, um die Geldgeber zufriedenzustellen (Hamid & Farrall 2015, 77; vgl. auch Bergen 2003, 78–79). Im Winter 1986 machte sich Bin Laden abermals auf den Weg an die Front im Osten Afghanistans, in der Gegend von Jaji/Provinz

Paktia. In Abwesenheit Sayyafs erhielt er einen Einblick in den Alltag der Kämpfer, die trotz der Kälte in Zelten wohnten, schlecht ausgerüstet und ohne Schutz vor den Luftangriffen der russischen Armee waren und nur unzureichend medizinisch versorgt wurden (Hamid & Farrall 2015, 79). Bin Laden kehrte erbost zurück, offensichtlich hatten Korruption und Misswirtschaft einen beträchtlichen Teil der Gelder verschluckt. Zudem war das Dienstleistungsbüro nun keine kleine, übersichtliche Organisationseinheit mehr, 1986 und 1987 wuchs die Mitgliederzahl beständig. 1986 war mit dem Sada-Camp in Pakistan das erste, dem «Dienstleistungsbüro» unterstellte militärische Ausbildungslager ins Leben gerufen worden (Hamid & Farrall 2015, 80–83); die militärische Leitung übernahm ab dem Sommer 1986 Abu Burhan al-Suri, ein aus Syrien geflohener Islamist (Hamid & Farrall 2015, 84–85).

Enttäuscht von den Unzulänglichkeiten stoppte Bin Laden seine Finanzierung für das «Dienstleistungsbüro». Er hatte seinen ständigen Wohnsitz nun in einen Vorort Peschawars verlegt (Bergen 2003, 81; Coll 2005, 153) und wollte ʿAzzam nicht weiter unterstützen, sondern ein eigenes Projekt realisieren. Zwischen Bin Laden und seinem alten Mentor hatte sich, über die logistischen Probleme hinaus, eine grundsätzliche Meinungsverschiedenheit geschoben, die sich 1987 verschärfte (vgl. Bergen & Cruickshank 2012, 5). Während ʿAzzam weiterhin die Meinung vertrat, dass die Araber lediglich Hilfskräfte waren, die in der Hierarchie der afghanischen Milizen eingegliedert sein sollten, wollte Bin Laden die Araber in einer eigenen Division organisieren, womit das Oberkommando ihm und seinen Leuten zufallen würde.

Im Oktober 1986 gründete Bin Laden ein eigenes militärisches Ausbildungslager in Jaji, in der ostafghanischen Provinz Paktia, das er die «Löwenhöhle der Unterstützer» (Maʾsadat al-Ansar) nannte und in dem etwa siebzig Araber aufgenommen wurden.[7] Muhammad ʿAtef («Abu Hafs», 1944–2001) und ʿAli Amin al-Rashidi («Abu ʿUbaida al-Banshiri», 1950–1996), zwei ehemalige ägyptische Polizisten, die zu zentralen Kadern al-Qaidas werden sollten, waren in dem Lager für die militärische Unterweisung der Kadetten zuständig. Die Gründung des Ausbildungslagers wurde unter anderem von ʿAzzam und Jamal Khalifa, dem engen Freund Bin Ladens, kritisiert (Hamid & Farrall 2015, 94–97; Bergen 2006, 49–51; Stenersen 16–17): Die Kriegsführung müsse den Afghanen überlassen werden und Bin Laden und seinen Kadetten fehle die militärischer Erfahrung.

Die Basis des Lagers war schwer zugänglich, hoch an einem Berg gelegen, man übersah das ganze darunter liegende Tal. Ein idealer Spähort, aber auch eine gut sichtbare Angriffsfläche. Der Ausbau der Basis blieb den in der Nähe stationierten russischen Soldaten daher nicht verborgen, die im Frühjahr 1987 die «Löwenhöhle» angriffen. Bin Laden, der aktiv an den Kampfhandlungen teilnahm, und sein kleiner Trupp konnten den ersten Angriff und auch die nachfolgende Attacke afghanischer Soldaten abwehren und eine große Zahl sowjetischer Spezialkämpfer töten. Das war der Beginn von Bin Ladens Ruf als erfolgreicher arabischer Feldherr des Jihad und begründete die «Legende al-Qaidas» (Stenersen 2017, 19; Coll 2005, 163). Bin Laden entwickelte nun auch eine eigene Medienstrategie, produzierte ein Propagandavideo, gab Interviews, hatte Radio-Auftritte und hielt öffentliche Reden, um weitere Freiwillige für den Kampf anzuwerben. Der Kampf von Jaji hatte das Blatt zugunsten Bin Ladens und seiner Mitstreiter Abu Hafs und Abu ʿUbaida gewendet und sie in den Augen der arabischen Kämpfer, aber auch der arabischen Presse zu Helden werden lassen.

Die Gründung al-Qaidas

Die Geschichte der Gründung al-Qaidas, wie sie bisher bekannt ist, stützt sich im Wesentlichen auf zwei Quellen: zum einen auf die Aussagen von Jamal al-Fadl (geb. 1963), einst ein Unterstützer Bin Ladens, der aber später Geld der Organisation veruntreute, sich in die USA absetzte und dort seine Informationen an die Behörden weitergab, zum anderen auf Dokumente, die von NATO-Truppen 2002 auf einem Rechner in Sarajevo sichergestellt werden konnten und die als Notizen über die Gründungssitzungen al-Qaidas interpretiert wurden.

Auf Grundlage dieser beiden Quellen ergab sich bislang folgendes Bild: Vom 17. bis 20. August 1988 traf sich im Haus Bin Ladens in Peschawar eine Runde, die sich als Bund unter Waffenbrüdern beschreiben lässt.[8] Die Gründungsmitglieder setzten sich insbesondere aus den Führern des «Ägyptischen Islamischen Jihad» zusammen, die somit schon früh Einfluss auf die Organisation nahmen, so dass Bin Laden später versuchte, mehr Golfaraber anzuwerben, um ein regionales Gleichgewicht innerhalb al-Qaidas zu sichern (vgl. die Aussagen von Abu Ghaith in McHugh et al. 03.06.2013, 3–4). Die Initialsitzung verabschiedete ein gemeinsames Papier, aus dem hervorgeht, dass die Gründung der «militärischen Basis» (al-qaʿida al-ʿaskariyya) im August 1988 erfolgte.

Leah Farrall hat jedoch jüngst diese Version der Gründungsgeschichte in Zweifel gezogen (Hamid & Farrall 2015, 108–112; Farrall 2017). Demnach existierte al-Qaida als Organisation im August 1988 bereits etwa seit einem Jahr. Fest scheint zu stehen, dass Bin Laden zwischen 1987 und 1988 einen eigenständigen militärischen Zusammenschluss ins Leben gerufen hatte, der jedoch noch nicht als globale Terrororganisation angelegt war (Bergen & Cruickshank 2012, 4–5). So berichtete auch Mustafa Setmariam Nasar (Abu Musʿab al-Suri), der zwischen 1988 und 1991 in den Trainingscamps al-Qaidas unterrichtete, dass Bin Laden in den Anfangsjahren zwar Gelder an jihadistische Gruppen in verschiedenen Ländern zahlte, selbst jedoch, bis auf den Jemen, keine spezifischen Ziele in anderen Ländern verfolgte (Setmariam Nasar in Tawil 2010, 27).[9]

Unterschieden wurde anfangs zwischen freiwilligen Kämpfern, die nur zeitlich begrenzt aktiv sein wollten, und jenen, die ein nachhaltiges Engagement anstrebten. Erstere sollten ausgebildet und dann an die Fronten verteilt werden, Letztere sollten als «beste Brüder» der «militärischen Basis» beitreten dürfen, die gewissermaßen Kernstück des Konzepts war (Bergen & Cruickshank 2012, 4).

Der spätere volle Name al-Qaidas, nämlich «Organisation der Basis des Jihad» (tanzim qaʿidat al-jihad), stand in dem in Sarajevo aufgefundenen Gründungspapier noch nicht (vgl. Berger

2012). Vermutlich hat sich die Gruppe um Bin Laden vor 1990 selbst auch noch nicht als al-Qaida bezeichnet (Burke 2007, 3). In Dokumenten des FBI, der CIA und auch von Staatsanwälten in den USA wurde al-Qaida als Gruppe noch Mitte der 1990er-Jahre nicht benannt. Erst in einem Anfang 1998 erstellten Bericht des US-Außenministeriums findet al-Qaida dann als eine Art «operative Zentralstelle» von Gleichgesinnten Erwähnung (Burke 2007, 4–5). Auch Bin Ladens Rolle war zunächst keineswegs so prominent und eindeutig, wie sie es noch werden sollte. Zwar war er für seine Gruppe sicherlich der oberste Orientierungspunkt, doch schworen die Mitglieder al-Qaidas zunächst noch, anders als in den 1990er-Jahren, nicht Bin Laden die Treue, sondern einem irakischen Kurden, der sich «Abu Ayyub» nannte und erster «Amir» (Befehlshaber) von al-Qaida war. Kurz darauf wurde er jedoch bei einem Attentat in den pakistanischen Stammesgebieten getötet (Miller 2015, 139; Tawil 2010, 28).

Mit der Gründung al-Qaidas war der Weg für eine von ʿAzzam unabhängige arabische Miliz geebnet. Am 24. November 1989 fiel ʿAzzam dann einem gezielten Autobombenanschlag in Peschawar zum Opfer. Da der einstige Mentor Bin Ladens im Laufe der Jahre zu einem Konkurrenten um die Führung der «Afghanischen Araber» geworden war, wie sich die Freiwilligen des Afghanistan-Krieges nannten, wurde Bin Laden zuweilen verdächtigt, er selbst habe den Auftrag für das Attentat erteilt. Allerdings weist vieles auf einen Zusammenhang mit der sich Ende der Achtzigerjahre zuspitzenden Konfliktsituation innerhalb afghanischer Rebellenfraktionen hin. Ein Motiv und auch die Mittel zur Ausführung des Attentats hatte etwa der als skrupellos geltende Führer der «Islamischen Partei» (Hezb-e Eslami) Gulbuddin Hekmatyar, der sich in einer immer heftiger werdenden Fehde mit seinem Rivalen Ahmad Shah Masud befand. Hekmatyar hatte die Araber in Peschawar schon lange gegen Masoud aufgestachelt (Coll 2005, 202–203). Doch wer immer ʿAzzam töten ließ: in der Folge wurde Bin Laden zur Galionsfigur der arabischen Jihadisten.

Die Schlacht ist gewonnen, der Krieg beginnt

Als der Abzug der Sowjets aus Afghanistan am 15. Februar 1989 endlich vollständig abgewickelt war, hinterließ die vor dem Zerfall stehende einstige Großmacht ein Land im Bürgerkrieg. Das neue Ziel der Aufständischen war die pro-sowjetische Regierung von Mohammed Najibullah, die in Kabul noch immer an der Macht war. Pakistan spornte die im Machtbereich stehenden Rebellenfraktionen an, dem Najibullah-Regime nun den Todesstoß zu versetzen, wozu eine Offensive auf die ostafghanische Stadt Jalalabad dienen sollte, die im März 1989, eher euphorisch als gut vorbereitet, begann (Stenersen 2017, 22–25). Ziel war es, einen Regierungssitz für die neu gebildete Übergangsregierung zu erobern.

Bin Laden, der zwischenzeitlich nach Saudi-Arabien zurückgekehrt war, reiste nach Beginn der Kämpfe nach Peschawar und versuchte die Schlacht um Jalalabad zunächst logistisch mit Pick-Up-Wagen sowie Waffen und Munition zu unterstützen. Anschließend begab er sich selbst an die Front, um einen Angriff auf den Flughafen zu unternehmen. Die Operation scheiterte, wie auch die gesamte Offensive nach Monaten intensiver Kämpfe zum Erliegen kam. Bin Ladens Truppen zogen im Juli 1989 geschlagen ab. Es gelang ihm zwar, die Niederlage nach außen zu überspielen und durch seinen Einsatz an Aufmerksamkeit und Ruhm zu gewinnen (Scheuer 2001, 65). Nach innen verlor al-Qaida jedoch massiv an Ansehen bei Sympathisanten und Mitgliedern, die scharenweise die Organisation verließen, so dass Bin Ladens Gruppe 1989 auf ein paar Dutzend Männer geschmolzen war (Hamid & Farrall 2015, 155–160).

Dass sich al-Qaida zunächst nicht mehr an Kämpfen in Afghanistan beteiligte, ließ die Attraktivität der Gruppe weiter schrumpfen. Diejenigen, die sich von ihr abwandten, gründeten teils eigene jihadistische Gruppen, die sich aber auf die Konflikte in ihren Heimatländern fokussierten – Algerien und Ägypten, aber auch Tschetschenien, Bosnien oder Kaschmir –, so dass die Szene zunächst fragmentiert war. Bin Laden selbst pendelte in der zweiten Jahreshälfte 1989 noch zwischen Pakistan und Saudi-Arabien, bevor er dann Anfang 1990 mit dem Krieg in Afghanistan vorübergehend abschloss (Burke 2007, 82).

Dort hatten sich die schwelenden Konflikte zwischen den islamistischen Warlords zu einem zweiten Bürgerkrieg gewandelt, der das Land in den folgenden Jahren bis zur Machtübernahme der Taliban 1996 im Griff halten sollte. Die US-Regierung hatte nach dem Ausbruch des Bruderkrieges unter den Mujahidin ab 1992 das Interesse an Afghanistan verloren (vgl. Gutman 2013). Auch einige der Araber sahen ihre Aufgabe mit der Niederlage Moskaus als erledigt an und kehrten in ihre Heimatländer zurück (Bergen 2006, 105).

Doch es gab eine neue Generation von arabischen Jihadisten, die kurz vor und nach dem sowjetischen Abzug nach Pakistan und Afghanistan strömten: insgesamt mehr als sechstausend Araber zwischen 1987 und 1993, die meisten zwischen 1989 und 1990 (Wright 2008, 189; Burke 2007, 84). Hinzu kamen Kämpfer aus Gebieten der Sowjetunion, insbesondere Usbekistan und Tadschikistan, sowie aus Südostasien. Zu Beginn der 1990er-Jahre registrierte auch die CIA diese Bewegungen vermehrt. Das Büro in Pakistan meldete nach Washington, dass ausländische Kämpfer sich in der Provinz Paktia aufhielten, also eben dort, wo Bin Laden sein erstes Lager errichtet hatte, und auch, dass Saudis Seite an Seite mit Freiwilligen aus Kaschmir vom pakistanischen Geheimdienst trainiert wurden, um indisches Territorium in Kaschmir zu infiltrieren (Coll 2005, 227).

Einige dieser internationalen Jihadisten ließen sich in neu gegründeten al-Qaida-Trainingscamps ausbilden (Stenersen 2017, 25–31). Diese Lager waren professioneller organisiert und boten eine schnelle und gründliche militärische Erstunterweisung sowie das Erlernen spezieller Fähigkeiten. L'Houssaine Kherchtou war ein al-Qaida-Mitglied der «90er-Jahre-Generation». Von Korsika kommend reiste er 1991 über Italien nach Pakistan und wurde im al-Faruq-Camp, dem Haupttrainingslager al-Qaidas, unterwiesen. Im Rahmen eines 2001 vor einem US-Gericht geführten Prozesses berichtete er über seine Ausbildung (Kherchtou in Bergen 2006, 99–103): In dem Lager wurden die Rekruten gedrillt, in leichten Waffen und in einem weiteren Schritt auch im Umgang mit Sprengstoffen und Luftabwehrwaffen unterrichtet, ausgerichtet auf den Guerilla-Kampf (Stenersen 2017, 27). In der Tat konnten die Rekruten im Anschluss an ihre Ausbildung auch an Fronteinsätzen in Afghanistan teilnehmen, etwa an der 1991 erfolgten Offensive der Mujahidin auf die von der Regierung gehaltene Stadt Gardez (Stenersen 2017, 29–30). Es gab jedoch in einigen Ausbildungsstätten auch Kurse anderer Art, in denen Themen wie konspirative Aufklärung von Zielobjekten oder gezielte Ermordungen «unterrichtet» wurden, hauptsächlich von Mitgliedern ägyptischer Terrorgruppen (Bergen 2006, 102–103; Stenersen 2017, 38–39).

Kherchtou berichtete, dass der Befehlshaber des Lagers offensiv für Mitgliedschaften bei al-Qaida warb, die Organisation sich also bereits 1991 unter diesem Namen den Rekruten vorstellte, auch wenn er erst ab 1998 in westlichen Nachrichtendienstberichten auftauchte. Den Anwärtern auf Mitgliedschaft wurde al-Qaida kurz als ein Zusammenschluss von Muslimen vorgestellt, die vereint im Kampf für den Islam weltweit «gute Dinge für den Islam und Muslime» täten. Weiterhin wurde ihnen ein Zettel mit einem Schwur ausgehändigt. Zu diesem Zeitpunkt war Bin Laden bereits der oberste Kopf der Organisation geworden, Abu ʿUbaida al-Banshiri (1950–1996) und Abu Hafs al-Masri (Muhammad ʿAtef, 1944–2001) waren Nummer zwei und drei.

Während des Krieges in Afghanistan hatten sich die Netzwerke unter den Freiwilligen aus verschiedenen arabischen Ländern sowie zwischen ihnen und den lokalen Kämpfern gebildet, die über viele Jahre, gar Jahrzehnte halten sollten. Wer in Afghanistan gekämpft hatte, war Teil einer Generation, die aus Sicht der Jihadisten die Goldene Zeit erlebt hatte. Der Rückbezug auf und die Legitimation durch Afghanistan findet sich heute noch in den Videos der diversen al-Qaida-Organisationen.

Nur wenige der in Afghanistan verbliebenen Araber unterstützten eine der Kriegsparteien, die meisten verhielten sich neutral und konzentrierten sich auf das militärische Training, das ihnen von den Warlords, insbesondere von Jalaluddin Haqqani und

Gulbuddin Hekmatyar, ermöglicht wurde (Stenersen 2017, 32–40). Bin Laden entschied sich zunächst, weiterhin Ausbildungslager in Afghanistan zu unterhalten, auch wenn er selbst zu dieser Zeit mit vielen seiner Anhänger im Sudan lebte. 1994 schloss al-Qaida dann sämtliche Trainingslager, die jedoch von unabhängigen Jihadisten, die zweifellos mit al-Qaida in Kontakt standen, weitergeführt wurden (Stenersen 2017, 50–51).

4. Bin Ladens Heimkehr, Exil und erneute Vertreibung (1989–1996)

Konflikte mit dem saudischen Regime

Bin Laden kehrte 1989 in seine Heimat Saudi-Arabien zurück. Nur ein Jahr später, am 2. August 1990, besetzten irakische Truppen den Golfstaat Kuwait, was den Beginn der folgenreichen zweiten Golfkrise – nach dem Irak-Iran-Krieg, der gerade erst zwei Jahre zuvor beendet worden war – markierte. Nach eigener Aussage hatte Bin Laden bereits ein Jahr zuvor vor einem Einmarsch Saddam Husains am Golf gewarnt (Bergen 2003, 106). Zu dieser Zeit war er noch ein Teil des saudischen Establishments und ein loyaler Untertan des Königreiches, der in Übereinstimmung mit den außenpolitischen Leitlinien der Regierung handelte. Bin Laden präsentierte dem saudischen Königshaus einen Plan, der von der Siegesgewissheit zeugte, die er aufgrund der Niederlage der Sowjetunion in Afghanistan erlangt hatte: Er selbst wolle mit seiner Miliz das Königreich verteidigen. Ein Vorschlag, der dankend abgelehnt wurde. Statt auf die «Gotteskrieger» zu vertrauen, setzten die außenpolitisch realistisch denkenden Saudis auf die USA als Schutzmacht. Nur wenige Tage nach dem Überfall Husains auf Kuwait erlaubten sie die Stationierung einer halben Million US-Soldaten in Saudi-Arabien, dem Land, das die beiden heiligsten Stätten des Islams beherbergt, die vor Nichtmuslimen abgeschirmt werden.

Die Regenten des Hedschas galten in der islamischen Geschichte stets als Schutzherren des Islams und Verteidiger der beiden Heiligtümer aus eigener Kraft. So ist es erklärbar, dass der Stationierung von US-Truppen in den religiösen Zirkeln Saudi-Arabiens mit ablehnender Skepsis bis hin zu offener Feindschaft und Wut begegnet wurde, zumal der Wahhabismus selbst ein Theorem beinhaltet, welches es untersagt, dass Muslime sich in einer Auseinandersetzung mit anderen Muslimen mit Ungläubigen verbünden. Dieses betonten besonders jene Anhänger einer durch die Muslimbruderschaft inspirierten Bewegung, die in den 1960er-Jahren in Saudi-Arabien wie auch in anderen Ländern der arabischen Welt unter dem Namen *sahwa islamiya* (Islamisches Wiedererwachen) bekannt geworden war.[1] Wirkliche Bedeutung in Saudi-Arabien erhielt sie jedoch erst in den 1980er-Jahren, als die Einnahmen aus dem Ölgeschäft stetig sanken (Lacroix 2011, 129–133). Hatte das Öl 1981 noch 109 Milliarden Dollar in die saudische Staatskasse gespült, so waren es 1986 nur noch 16 Milliarden Dollar. Ein dramatischer Rückgang, der die staatlichen Handlungsmöglichkeiten einschränkte, etwa die Förderung von Beschäftigung.

Zur gleichen Zeit drängten mehr Universitätsabsolventen auf den Arbeitsmarkt als je zuvor. Die gesunkenen Chancen auf eine Beschäftigung im staatlichen wie im privaten Sektor führten zu Frustrationen unter der jüngeren Generation und auch zu einer zunehmenden Entfremdung zwischen ihr und den Älteren. So kam es, dass eine Generation heranwuchs, die das Verhalten der Herrscherfamilie und des Establishments, letztlich also das Gesellschaftsgefüge, zunehmend kritisch hinterfragte und sich dagegen mit einer Identität abgrenzte, die das Religiöse immer stärker betonte. Die *sahwa*-Bewegung in Saudi-Arabien kombinierte Einflüsse der Muslimbruderschaft mit Traditionen des Wahhabismus zu einem gefährlichen Elixier, das sie mit der damals zur Verfügung stehenden modernen Technik, der Tonbandkassette, in Umlauf brachte (Lacroix 2011, 143–144).

Es waren vor allem die Vertreter der *sahwa*, die gegen die Stationierung der US-Truppen im Königreich am vehementesten agitierten. Aber auch Liberale, die die vermeintliche Chance erkannten, offen für Reformen im Königreich einzutreten, wagten sich nun hervor. Sie forderten nicht nur den Abzug der Amerikaner, sondern auch die Einführung von Konsultativräten, eine Art von Verfassung sowie Bürgerrechte. Sowohl Liberale als auch Geistliche sprachen vermehrt Verfehlungen der Königsfamilie an, wie den verschwenderischen Umgang mit den Ressourcen des Landes oder das dekadente Luxusleben der Prinzen. Allerdings gingen sie nicht mit den Islamisten der *sahwa* konform, die eine stärkere Position der Religion im Staatswesen als Lösung präsentierten, etwa eine Stärkung der Scharia-Gerichte und der Geistlichkeit. Den *'ulama'*, den Religionsgelehrten war es zwar nach der Tradition gestattet, den Herrscher zu kritisieren, dies jedoch nicht in der Öffentlichkeit und lediglich bis zu gewissen roten Linien, die nun deutlich überschritten waren. Als Liberale und Religiöse das Königshaus immer vehementer angriffen und die Zeichen auf Rebellion standen, reagierte die Regierung mit Verhaftungen und Drohungen.

Bin Laden sympathisierte mit den Protagonisten der *sahwa* und setzte sich für die gleichen Ziele ein wie sie. Aus dem Exil im Sudan heraus sollte er später sogar ein «Ratschlags- und Reformkomitee» mit Sitz in London gründen, das als Plattform der islamistischen Opposition Saudi-Arabiens dienen und ihr eine Stimme verleihen sollte.[2]

Es kam zum offenen Konflikt, wenn auch noch nicht zum Bruch zwischen dem saudischen Staat und Bin Laden, der ab 1991 unter Hausarrest gestellt wurde. Dennoch gelang es ihm, im Frühjahr 1992 eine Ausreisegenehmigung zu erwirken.[3]

Bin Laden traf im Frühjahr 1991 in Peschawar ein, hielt sich dann teilweise in Pakistan, teilweise in Afghanistan auf und versuchte vergeblich zwischen verfeindeten afghanischen Mujahidin-Parteien zu vermitteln (Gutman 2008, 36–37; Wright 2008, 220–221; Bergen 2006, 104–105). Der einzige Faktor, der Bin Laden bei den afghanischen Kriegsparteien Gehör verschaffte, war sein Geld: «Um ehrlich zu sein, kümmerte uns Bin Laden nicht. Wir nahmen ihn nicht allzu sehr wahr. Das einzige, was er hatte, war Geld. Er war lediglich reich. Als Usama in Peschawar war, dachten die Leute, dass die Amerikaner ihn unterstützten», erinnert sich ein ehemaliger Mujahidin-Kommandeur (in Bergen 2006, 105). Doch Bin Ladens Pläne und Bemühungen, etwa die Investition von 1,5 Millionen Dollar für einen Angriff auf Kabul, das vom kommunistischen Regime Präsident Najibullahs gehalten wurde, schlugen fehl.

Im April 1991 teilte Bin Laden seiner Familie mit, dass er nicht nach Saudi-Arabien zurückkehren werde. Es ist noch immer nicht eindeutig, ob er sich freiwillig dazu entschloss oder ob er mehr oder weniger dazu gezwungen war. Am 5. März 1994 wurde ihm jedoch die saudi-arabische Staatsbürgerschaft entzogen. Anfang 1992 siedelte Bin Laden dann zusammen mit seiner Familie in den Sudan über.

Erfolgreiche Jahre im Sudan

1989 hatten die Islamisten der «Nationalen Islamischen Front», eine von Hasan al-Turabi 1985 gegründete Partei, mit Hilfe von General Omar al-Bashir im Sudan die Macht erlangt. Al-Turabi und Bin Laden standen schon seit längerem in Kontakt miteinander, und zwischen 1989 und 1993 verließen etwa 1000 bis 1500 al-Qaida-Mitglieder Afghanistan und Pakistan, um sich im Sudan niederzulassen.[4] Insbesondere jene in Pakistan lebenden Araber, die aufgrund der politischen Situation in ihren Ländern nicht in die Heimat zurückkehren konnten – vor allem also Ägypter, Algerier, Libyer, Syrer und Iraker –, schlossen sich Bin Laden nach 1993 an, nachdem Pakistan begonnen hatte, Druck auf die arabischen Ausländer auszuüben.

Bin Laden investierte im Sudan rund 200 Millionen Dollar, so wie al-Turabi es sich gewünscht hatte und wie es wohl Teil einer Abmachung war (Shinn 2011, 56). Er steckte viel Geld in den Straßenbau, gründete eine islamische Bank und initiierte diverse landwirtschaftliche Projekte (Bergen 2003, 108–109, 137). Es entwickelte sich ein seltsames Geflecht aus neuen und alten Firmen, die Bin Laden ins Leben rief – an die dreißig Unternehmen sollen es gewesen sein. In der Hauptstadt Khartum unterhielt Bin Laden sein Hauptquartier. Von hier aus lenkte er die Geschäfte, es fanden aber auch Treffen mit Kadern seines jihadistischen Netzwerkes statt, das weiter fortbestand. Der Außenwelt präsentierte Bin Laden sich als erfolgreicher Geschäftsmann (Bergen 2003, 109–11). In einem Artikel des «Independent» aus dem Jahr 1993 mit der Überschrift «Anti-sowjetischer Kämpfer setzt seine Armee auf die Straße des Friedens» entgegnete Bin Laden auf die Frage des Journalisten nach möglichen Verbindungen zum Terrorismus mit den Worten: «Ich bin ein Bauingenieur und ein Landwirt. Hätte ich Trainingslager hier im Sudan, könnte ich diese Arbeit wohl nicht machen.» (Fisk 06.12.1993)

Trotz seiner Erfolge und der Hochachtung, die ihm deswegen im Sudan entgegengebracht wurde, pflegte er – wie er es immer getan hatte – einen einfachen, unprätentiösen Lebensstil, obwohl er mittlerweile Großgrundbesitzer im Sudan geworden war (Bergen 2003, 109; Wright 2008, 229). Bin Laden baute ein großes Agrarunternehmen auf, er beschäftigte sich mit seiner Leidenschaft, der Pferdezucht, besuchte Pferderennen in Khartum und führte ein recht freies und unbeschwertes Leben (Wright 2008, 226–228). Die Regierung hatte zweihundert seiner Anhänger zudem mit neuen Pässen versorgt, so dass diese nun frei und mit einer neuen Identität versehen reisen konnten (Bergen 2003, 108). Auch wenn Bin Laden den Schein eines friedlichen Geschäftsmannes zu wahren suchte, wurden in jenen Jahren im Sudan aber auch entscheidende Weichen für die transnational agierende Terrororganisation gestellt, zu der al-Qaida im Laufe der kommenden Jahre werden sollte (Bergen 2003, 111–114).

Bin Laden hatte vom Sudan aus einen ersten Anschlag gegen US-Soldaten im Jemen in Auftrag gegeben, der im Dezember 1992 stattfand, kurz nachdem die US-Regierung Truppen nach Somalia entsandt hatte, wofür der Jemen als Brückenkopf diente (vgl. Kapitel 11, S. 136). Ein zweiter Anschlag auf der Arabischen Halbinsel ereignete sich im November 1995, als in Riad eine Autobombe in der Nähe eines USA-geführten militärischen Trainingslagers fünf Amerikaner und zwei indische Staatsangehörige tötete. Bin Laden wurde nun durch die US-Ermittler immer eindeutiger als Finanzier des internationalen Terrorismus erkannt (Gutman 2008, 87). Auch die ersten Sondierungen und Pläne für die Anschläge von 1998 gegen US-Botschaften in Nairobi (Kenia) und Daressalam (Tansania) fanden vom Sudan aus statt, unter anderem wurde ein al-Qaida-Aufklärer 1993 nach Kenia geschickt.

Dank der generellen Offenheit des Sudans gegenüber islamistischen Gruppen jeglicher Couleur (Atwan 2006, 48) konnte al-Qaida hier Kontakte zu anderen Islamisten aus verschiedenen muslimischen Ländern auf- und ausbauen. Dazu bot unter anderem der von Hasan al-Turabi 1995 veranstaltete «Islamische Volkskongress» Gelegenheit.[5] Die algerische GIA unterhielt ebenso wie die libysche LIFG ein Büro in Khartum, die Verbindungen zu Bin Ladens al-Qaida sowie zu al-Zawahiris Ägyptischem Islamischem Jihad waren zu dieser Zeit recht eng (Tawil 2010, 93–97; siehe auch Kapitel 10, S. 117 ff.). Neben der inter-jihadistischen Diplomatie wurde außerdem auf einer zehn Kilometer südlich von Khartum gelegenen Farm, die im Besitz von Bin Laden war, der Umgang mit Explosivstoffen und Schusswaffen geübt (Wright 2008, 254). Kurzum: Die erste Zeit im Sudan war für die bis dato stets verfolgten Jihadisten und Islamisten ein wahres Paradies.

Dunkle Wolken über Bin Laden und al-Zawahiri

Doch ab der zweiten Jahreshälfte 1993 wurde es eng für Bin Laden und die Jihadisten im Sudan: Saudi-Arabien hatte bereits ab 1993 Druck auf die Familie Bin Ladens ausgeübt und versucht, Usama die Geldhähne zuzudrehen (Coll 2008, 449–454). Im Februar 1994 distanzierte sich die Bin Laden-Familie von ihrem Spross, und im März 1994 entzog die saudische Regierung ihrem ehemaligen Musterbürger Bin Laden die Staatsbürgerschaft. Anschließend wurden seine Gelder eingefroren, was, einhergehend mit Fehlinvestitionen und Missmanagement der von Bin Laden gegründeten Unternehmen, zu erheblichen finanziellen Schwierigkeiten für ihn und seine Miliz führte (Wright 2008, 266–267; Coll 2008, 458–459). Mit dieser repressiven Politik stellte die saudische Regierung unbeabsichtigt eine entscheidende Weiche zu Bin Ladens weiterer Radikalisierung: In die Ecke gedrängt, fühlte er sich endgültig darin bestärkt, von nun an eine gewalttätige Kampagne gegen die USA, Israel und die Herrscher der arabischen Welt zu führen (Atwan 2006, 49). Ab dem Sommer 1994 verhielt sich Bin Laden «wie ein Mann, der in Bezug auf das saudische Königshaus nichts mehr zu verlieren hatte» (Coll 2008, 260–262). Auch die sudanesische Regierung merkte, dass die Jihadisten für sie zu einer Belastung wurden, nachdem der Druck aus den USA zugenommen hatte. Man suchte Wege, sich ihrer zu entledigen.

Die Sicherheit Bin Ladens im Sudan war von nun an in Frage gestellt: Im Februar 1994 ereignete sich eine Serie von Schießereien in Khartum, die offenbar Bin Ladens Ermordung zum Ziel hatten (Wright 2008, 260–262). Dahinter steckte ein Libyer, der bereits 1988 in Peschawar Kontakte zu den Mujahidin aufgebaut hatte und beseelt war von einer sektiererischen Doktrin, deren Hauptziel die Exkommunikation anderer Muslime war. Während Bin Laden vermutete, dass der Attentäter durch den ägyptischen Geheimdienst instrumentalisiert worden war, ging die CIA von einem saudisch geleiteten Versuch aus, sich des unliebsam gewordenen Bürgers zu entledigen (Wright 2008, 262). Welche Version auch stimmen mag – die sorgenfreien Tage waren vorüber, und Aiman al-Zawahiri musste fortan für die persönliche Sicherheit Bin Ladens sorgen.

Aber nicht nur Bin Laden steckte in Schwierigkeiten, noch miserabler war mittlerweile der Zustand des Ägyptischen Islamischen Jihad von Aiman al-Zawahiri geworden. Die Organisation war so gut wie pleite, die Auseinandersetzung mit dem ägyptischen Regime war keinen Schritt vorangekommen, Husni Mubarak war weiterhin Präsident und jagte seine Gegner in Ägypten sowie außerhalb der Landesgrenzen, auch in Pakistan. Hunderte tatsächliche oder mutmaßliche Mitglieder des Islamischen Jihad wurden dort festgenommen. Die ägyptischen Militanten drehten ihrerseits weiter an der Gewaltspirale und versuchten im Juni 1995 Mubarak, der in Äthiopien an einem politischen Treffen afrikanischer Staaten teilnehmen wollte, zu ermorden (Wright

2008, 288–290; Tawil 2010, 107). Wenige Monate danach, am 18. November, riss ein Selbstmordattentäter aus ihren Reihen in der ägyptischen Botschaft in Islamabad 15 Menschen mit in den Tod, weitere 80 wurden verletzt (Bergen 2003, 122; Wright 2008, 293–294; Tawil 2010, 107–108). In der Folge wurden 200 arabische Jihadisten in Peschawar festgenommen, die Bin Laden dann in den Sudan kommen ließ, um ihnen die Abschiebung in ihre Heimatländer zu ersparen und sich auf diese Weise zugleich loyale Kämpfer an seiner Seite zu sichern (Wright 2008, 294).

In Ägypten kam es zu weiteren Razzien und Verhaftungen. Dabei wurden die Grenzen der Rechtsstaatlichkeit, wie so oft zuvor, weit überschritten, was neben der Gewalt der Islamisten ebenfalls ein Aspekt ist, der die Eskalation der 1980er- und 1990er-Jahre erklärt (Wright 2008, 290–291). Al-Zawahiri als Kopf der Verschwörung sollte ermordet werden, so der Entschluss Mubaraks. Dazu fuhr der ägyptische Geheimdienst seine perfidesten Methoden auf, die bis heute kennzeichnend für die Sicherheitsdienste Ägyptens sind: sexuelle Gewalt und Erpressung. Die Söhne zweier Mitglieder des Ägyptischen Islamischen Jihad wurden von Agenten vergewaltigt und mit Videos der Taten dazu gepresst, als Informanten und später als potenzielle Attentäter zu arbeiten, die al-Zawahiri ermorden sollten (Wright 2008, 291). Die Jungen wurden jedoch enttarnt und auf Geheiß al-Zawahiris als Verräter hingerichtet, nicht ohne dass zuvor ihre Geständnisse auf Video aufgenommen wurden. Mit der Exekution war jedoch für die sudanesische Regierung eine rote Linie überschritten, die al-Zawahiri und seiner Jihad-Gruppe nun vorwarf, das Gewaltmonopol des Staates zu missachten. Kurzerhand verwies man sie des Landes, womit die Organisation auf einem Tiefpunkt ihrer Existenz angekommen war (Tawil 2010, 109–110). Ihre Mitglieder verstreuten sich in unterschiedliche Länder oder verließen die Gruppe, die nun nur noch etwa hundert Mann zählte (Wright 2008, 293).

Auf dem Schirm der CIA

Bin Laden war nun ohne al-Zawahiri und seine überzeugten und erfahrenen Kämpfer auf sich allein gestellt. Zugleich geriet sein

Gastgeber, die sudanesische Regierung, immer mehr unter Druck, nicht zuletzt wegen ihrer möglichen Verstrickung in den Anschlagsversuch auf Mubarak, aufgrund derer UN-Sanktionen gegen Khartum im April 1996 in Kraft traten (Wright 2008, 296–297). Ab 1996 hatte zudem die CIA Bin Laden auf dem Schirm, es gab eine eigene Ermittlungseinheit zu ihm, die durch einen Überläufer auch erstmals den Namen «al-Qaida» erfuhr und aktenkundig machte (Coll 2008, 515). Die Aktivitäten des Netzwerkes beunruhigten die USA und ihre Sicherheitsbehörden zunehmend, doch für ein Gerichtsverfahren gegen Bin Laden reichten die Beweise nicht (Wright 2008, 298–299). Daher übte die US-Regierung, wohl in Kooperation mit Saudi-Arabien, nun Druck auf Khartum aus, den Gast des Landes zu verweisen, was auch geschah. Bin Ladens Ausreise war mit einem immensen Verlust von Vermögen und Material, etwa Baumaschinen, verbunden, wie unter anderem Aiman al-Zawahiri später berichtete (Video, *Ayyam maʿa al-Imam*, Teil 2). Bin Laden selbst bezifferte die Summe, die er im Sudan verloren hatte, auf etwa 165 Millionen Dollar (Atwan 2006, 52; Wright 2008, 301; vgl. auch Bergen 2003, 137; vgl. auch Kean & Hamilton 2004, 170). In der Tat hatte er durch den Bruch mit den Saudis seine Anteile am Familienunternehmen der Bin Ladens in Höhe von geschätzten 300 Millionen US-$ mittlerweile verloren (Kean & Hamilton 2004, 170). Die finanzielle Lage seiner Organisation sah so düster aus, dass sogar geringfügige Beträge für al-Qaida-Mitglieder, etwa Arztkosten oder Gelder für Familienbesuche, eingefroren wurden (Bergen 2003, 137).

Andererseits soll Bin Laden in den folgenden Jahren mit Millionenbeträgen Strukturprojekte der Taliban, etwa für eine Moschee und einen Staudamm, gefördert haben (Bergen 2003, 137). Die US-Regierung vermutet, dass er ab Mitte der neunziger Jahre durch Spenden wohlhabender Gönner finanziert wurde, die zum Teil wohl aber im Unklaren über die tatsächliche Verwendung der Gelder waren. Zudem machte al-Qaida ausgiebig von Schein-Hilfsorganisationen Gebrauch, um Gelder zu akquirieren und zu bewegen. Eine Unterstützung al-Qaidas durch einzelne Staaten konnte in den erschöpfenden Untersuchungen der von George

W. Bush eingesetzten 9/11-Kommission dagegen nicht festgestellt werden (Kean & Hamilton 2004, 170–172).

Al-Zawahiri ging zunächst nicht mit Bin Laden nach Afghanistan. Er verschwand in den Untergrund und wurde zu einem Phantom, das mal in Bulgarien, mal in einer Schweizer Villa nahe der französischen Grenze, dann wieder in den Niederlanden gesichtet worden sein soll, wobei all diese Berichte vermutlich nicht zutreffend sind (Wright 2008, 335). Belegbar scheint hingegen, dass al-Zawahiri zunächst in Ostasien – Malaysia, Taiwan, Singapur und Hongkong – herumreiste und sich auch im Jemen aufhielt. In der Hoffnung, mit Hilfe der tschetschenischen Mujahidin-Bewegung einen Korridor des Jihad vom Süden Russlands über Zentralasien bis ins westliche Pakistan zu bilden, versuchte er schließlich nach Tschetschenien zu gelangen. Mit gefälschten Ausweisdokumenten und ohne Visa wollte er zusammen mit einigen Gefährten die Grenze überqueren, wobei die Gruppe allerdings von russischen Grenzern verhaftet und wegen illegalen Grenzübertritts zu sechs Monaten Gefängnis verurteilt wurde (Wright 2008, 336). Nach der Entlassung hatte al-Zawahiri, ohne Geld und mit nur wenigen Gefolgsleuten, kaum noch Optionen. Er beschloss, Bin Laden nach Afghanistan zu folgen, wo er im Mai 1997, also etwa ein Jahr nach ihm, ankam.

5. Im Land der Taliban (1996–2001)

Tora Bora

Am 18. Mai 1996 landeten Gäste der besonderen Art auf dem Flughafen der ostafghanischen Stadt Jalalabad: Bin Laden mit seiner Entourage, bestehend aus seiner eigenen Familie sowie den etwa fünfzig verbliebenen al-Qaida-Mitgliedern und deren Familien, darunter die wichtigsten Kader wie Saif al-ʿAdel, der Sicherheitschef, und Muhammad ʿAtef (geb. 1944), der Militärchef und «beste Freund» Bin Ladens, wie dessen Sohn Omar sich erinnert (Bin Laden 2009, 139). Es war der Beginn der wichtigsten Etappe al-Qaidas bis zu den Anschlägen vom 11. September 2001, in der die Strukturen sich zu einer erkennbaren Organisation formten, die Verantwortung für ihre Aktionen übernahm, die ihre Absichten nach außen kommunizierte, in der andere jihadistische Gruppen aufgingen und der sich immer mehr Freiwillige anschlossen. Über die erzwungene Rückkehr nach Afghanistan waren jedoch zunächst nicht alle al-Qaida-Mitglieder glücklich; die meisten, auch Bin Laden, wären gerne im Sudan geblieben (Hamid & Farrall 2015, 207–211). Auch die Kriegsherren Afghanistans, die Taliban und die mit ihnen verbündeten Kräfte, waren unterschiedlich eingestellt gegenüber den nun wieder im Land befindlichen Arabern. Doch Bin Laden hatte mächtige Verbündete unter den Milizen der afghanischen Warlords, insbesondere Yunus Khalis, Gulbuddin Hekmatyar und ʿAbdul Rasul Sayyaf, die ihn schützten und ihm ermöglichten, sich niederzulassen.

Die erste Zeit in Afghanistan war für die al-Qaida-Leute und ihre Familien – insgesamt etwa zweihundertfünfzig Personen – äußerst entbehrungsreich. Sie siedelten zunächst in einem Camp in Jalalabad und bald darauf auf dem heruntergekommenen Gelände einer russischen Kolchose (Wright 2008, 308). Bin Laden gab dem neuen Lager, das zunächst nicht mehr war als ein von Stacheldraht umgebenes Zeltlager, den hochtrabenden Namen «Stern des Jihad». In den darauf folgenden Jahren sollte Bin Laden seine Aufenthaltsorte noch diverse Male wechseln. Die Verpflegung in dieser zweiten Phase in Afghanistan war bescheiden, und Bin Laden konnte seinen Männern nur noch etwa 100 Dollar monatlich zahlen, was der Hälfte des Solds entsprach, den sie im Sudan erhalten hatten (Wright 2008, 337). Die nahen Berge und das Höhlensystem von Tora Bora im Grenzgebiet zu Pakistan boten Versteck- und Rückzugsmöglichkeiten für die Kämpfer. Bin Laden, stur wie eh und je, hatte sich gegen den Rat eines afghanischen Freundes dazu entschieden, diese karge, bergige Landschaft, fernab jeglicher Zivilisation, als ersten Wohnort für sich, seine Familie und seine Mitstreiter zu wählen (Hamid & Farrall 2015, 2010).

Von dort aus erklärte er den USA kurz nach seiner Ankunft in Afghanistan schließlich am 23. August 1996 den Krieg.[1] In der berühmt gewordenen «Deklaration des Jihad gegen die Amerikaner» warf er den USA vor, zusammen mit «den Juden» einen neuen Kreuzzug gegen die Muslime zu unternehmen, der sich insbesondere an der Stationierung von US-Truppen in Saudi-Arabien zeige, die einer «Besetzung des Landes mit den beiden heiligen Moscheen» gleichkomme. Damit war diese Deklaration auch eine vernichtende Kritik am saudischen Königshaus und knüpfte an die Argumente der *sahwa*-Bewegung in den frühen 1990er-Jahren an. Sie war zudem ein Aufruf an «die Muslime», sich gegen Amerika und seine Verbündeten, insbesondere Israel, zur Wehr zu setzen und Palästina «zu befreien». Und ein Wendepunkt in der Geschichte al-Qaidas, die nun nicht mehr nur revolutionär-jihadistische Strömungen in der muslimischen Welt unterstützte, sondern den Angriff auf den «fernen Feind» oder auch den «Kopf der Schlange», wie es in der al-Qaida-Terminologie heißt, zum Ziel erklärt hatte.

Eigentlich ein schlechter Scherz, könnte man meinen: Ein isolierter Mann, mit einem Gefolge von wenigen Hundert Menschen, darunter Frauen und Kinder, erklärt von einem der entlegensten Winkel der Welt aus einer Supermacht den Krieg. Doch dank der internationalen medialen Aufmerksamkeit erlangte Bin Laden tatsächlich Aufmerksamkeit – auch die seiner Gastgeber. Die Taliban befanden sich gerade in der entscheidenden Phase ihres Siegeszuges in Afghanistan, der mit der Einnahme Kabuls am 26. September 1996 ein vorläufiges Ende fand.

Das Islamische Emirat Afghanistan

Wenn von «den» Taliban gesprochen wird, so suggeriert dies, dass es sich dabei um eine geschlossene Organisation handelt, was dem Charakter der Bewegung aber nicht ganz entspricht.[2] In der Tat verfügen die Taliban über eine hierarchische Struktur, in der lange Zeit Mullah Omar als «Befehlshaber der Gläubigen» die oberste Instanz war. Diese Struktur verdichtete sich während der Herrschaftsjahre der Taliban 1996–2001 als «Islamisches Emirat Afghanistan» (IEA), da Regierungshandeln Befehlsketten und Meldewege erfordert, also eine Systematik von Verantwortlichkeit. Nach dem Zerfall ihres Emirats ist der Netzwerkcharakter der Bewegung wieder stärker in den Vordergrund getreten, wenn auch die Bezeichnung IEA geblieben ist. Verschiedene Taliban-Anführer verfügen heute über eigene Territorien, Milizen, Machtstrukturen und Loyalitäten, kämpfen aber nominell unter einer Flagge.

Die Gründungsväter der Taliban einte zum einen die ethnisch paschtunische Herkunft, zum andern eine gemeinsame ideologische Ausrichtung. Die meisten von ihnen hatten in der als «Jihad-Universität» bekannten *Dar al-Ulum Haqqaniya* gelernt, einer pakistanischen Religionsschule, in der die Lehren der Deobandi-Bewegung vermittelt werden (Rashid 2001, 165; Strick van Linschoten & Kuehn 2012, 23). Der sunnitische Islam lässt sich grob in vier große Rechtsschulen (Hanafiya, Hanbaliya, Malikiya, Schafi'iya) unterteilen. In Afghanistan herrscht, wie in ganz Zentralasien und auch der Türkei, die hanafitische Lehre vor, die gemeinhin als liberalste Schule angesehen wird. Doch die 1867 im nordindischen Deoband entstandene gleichnamige religiöse Strömung ist zwar ein relativ junger Nebenzweig der hanafitischen Schule, gehört aber wie der Wahhabismus aus Saudi-Arabien zu den strengsten Glaubensausrichtungen innerhalb des Islams. Dennoch sind Deobandis keine Wahhabiten und auch keine Salafisten, die ihre Wurzeln wiederum im Wahhabismus haben und in ihrer jihadistischen Ausprägung zudem durch radikale Denker der Muslimbruderschaft beeinflusst sind.

Bin Laden, der einerseits vom Wahhabismus, andererseits von der Ideologie der Muslimbruderschaft beeinflusst war, entstammte also einer anderen Denkschule als die Taliban. Was verband also die Taliban mit Bin Laden, und weshalb erlaubten sie dem Saudi, mit seinen Anhängern auf ihrem Territorium zu verbleiben, und gewährten ihm sogar Schutz? Häufig wurde angeführt, die Taliban spekulierten auf die Reichtümer Bin Ladens. Zwar sollen nach Recherchen der 9/11-Kommission geschätzte 10 bis 20 Millionen Dollar an die Taliban im Gegenzug für deren «Gastfreundschaft» gezahlt worden sein (Kean & Hamilton 2004, 171; Coll 2005, 536). Auch soll Bin Laden den Taliban die Umsetzung von Infrastrukturprojekten, etwa die Ausbesserung von Straßen, angeboten haben. Doch scheint das Argument materieller Anreize fragwürdig, da Bin Laden, wie gesehen, bereits in den 1990er-Jahren, insbesondere ab 1998, erhebliche finanzielle Probleme hatte. Zudem hatten die Taliban in Saudi-Arabien, Pakistan und den Vereinigten Arabischen Emiraten wohlhabende und großzügige Gönner und waren auf die Unterstützung einer Einzelperson nicht angewiesen (Stenersen 2017, 60–62). Letztlich mag eine Mischung verschiedener Faktoren – wie Bin Ladens Bekanntschaft mit den afghanischen Mujahidin und sein guter Ruf aus Zeiten des Krieges gegen die Sowjetunion, seine Neutralität im afghanischen Bürgerkrieg und seine von Beginn an positive Haltung zu den Taliban – dazu geführt haben, dass diese Bin Laden gewähren ließen und ihm Schutz boten. Freilich nicht, ohne ihm mitzuteilen, dass sie auf ihrem Territorium das Gewaltmonopol hätten und dass eigenmächtiges Handeln, vor allem kriegerische Handlungen gegen andere Staaten, nicht erwünscht seien (Stenersen 2017, 62; Wright 2008, 309).

Erst zu Beginn des Jahres 1997 lässt sich von einem offiziellen Kontakt zwischen Bin Laden und der Taliban-Führung sprechen. Im März 1997 gab er dem amerikanischen Sender CNN ein Interview und erhielt damit die Möglichkeit, ausführlich und weltweit seine politischen Ansichten darzulegen und seine «Kriegserklärung» an die USA zu begründen. Ohne Staat und ohne jegliche militärische Macht im Hintergrund gab Bin Laden staatsmännische Botschaften ab und forderte die USA auf, ihre «aggressive Politik» gegenüber der «gesamten muslimischen Welt» einzustellen (Wright 2008, 332–333). Erst nach diesem Interview griff die Taliban-Führung um Mullah Muhammad Omar ein und ließ Bin Laden im April nach Kandahar, zum Hauptsitz der Taliban, kommen, offiziell aus Gründen der Sicherheit. Auch wenn die Taliban nun tatsächlich bemüht waren, ihn vor Nachstellungen durch ausländische Nachrichtendienste zu schützen, so liegt es nahe, dass sie darüber hinaus ihren Gast zu seinem und ihrem Wohl an die sprichwörtliche «kurze Leine» nehmen wollten, um seine Medienarbeit besser kontrollieren zu können. Schließlich wurden die Taliban von den USA und Saudi-Arabien für die Umtriebe Bin Ladens in Verantwortung genommen.

Ein Jahr lang ging diese Strategie auf, bis Bin Laden 1998 ein weiteres Mal medial zuschlug. Im Februar 1998 hatte er die Gründung der «Internationalen Islamischen Front für den Jihad gegen die Juden und Kreuzfahrer» schriftlich bekanntgegeben, worauf dann im Mai 1998 eine Pressekonferenz folgte (Bergen 2003, 128–136; Burke 2007, 174–176; Wright 2008, 348–352; Stenersen 2017, 69–76). Zu jener Zeit war es nicht nur Bin Laden, der den Amerikanern vorwarf, ständig gegen die Interessen der Muslime zu agieren – sei es durch die Stationierung von Truppen im Irak oder die Sanktionen gegen den Irak, infolge derer Hunderttausende Iraker, insbesondere Kinder und ältere Menschen, starben, sei es durch die Unterstützung Israels im Nahostkonflikt. Bin Laden knüpfte mit seiner anti-amerikanischen Rhetorik an diese Stimmungslage an, und es gelang ihm, militante Gruppierungen aus verschiedenen Ländern zumindest auf dem Papier zu einen und sich selbst als Führer dieses Spektrums zu inszenieren. Darunter befanden sich der Ägyptische Islamische Jihad von Aiman al-Zawahiri, der die Erklärung der Internationalen Islamischen Front mit vorbereitet hatte, und die ägyptische Gamaʿa Islamiya (Islamische Vereinigung) sowie Jihadisten aus Pakistan und Bangladesch.

Die Pressekonferenz vom Mai 1998 verärgerte Mullah Omar erheblich, weniger wegen der Inhalte oder der strategischen Ausrichtung, sondern weil Bin Laden ohne Absprache Interviews mit ausländischen Journalisten auf afghanischem Boden gegeben hatte (Stenersen 2017, 71–72). Doch Bin Laden hatte seit 1987 seine Botschaften und seine Sicht der Dinge mehrfach über Interviews kundgetan, was ihm und seinem Projekt al-Qaida verstärkte Aufmerksamkeit brachte (Wright 2008, 353–357). Er versuchte auch Mullah Omar von der Wirkkraft der Medien zu überzeugen. Einen Brief an ihn, vermutlich aus den Jahren vor 2002, schloss Bin Laden mit folgender Bemerkung:

> Es ist Euch sicher nicht verborgen geblieben, dass der Medienkrieg in diesem Jahrhundert eines der stärksten Mittel darstellt. Ihr Anteil kann in den Kriegen bis zu 90% der Vorbereitungen für die Schlacht betragen.[3]

Wegen der al-Qaida-Frage verschlechterten sich die Beziehungen zwischen den USA und dem Taliban-Regime zusehends, insbesondere durch die Anschläge auf die US-Botschaften in Kenia und Tansania am 7. August 1998, in deren Folge die Clinton-Administration Ziele in Afghanistan bombardieren ließ (siehe Kapitel 11, S. 137 f.; zu den Auswirkungen siehe Stenersen 2017, 76–85, 99–100). Das Weiße Haus sah in den Taliban nun eine bedrohliche Kraft, die Terroristen Zuflucht und eine Operationsbasis bot. Mullah Omar wiederum, der eine Verstrickung Bin Ladens in die Anschläge offiziell abstritt, war verärgert über die Verletzung der afghanischen Souveränität, und seine Rhetorik wurde zusehends anti-amerikanischer. Eine Mehrheit von einflussreichen Persönlichkeiten in Afghanistan und Pakistan sprach sich dafür aus, Bin Laden Schutz zu gewähren, denn sie sahen in dem Wunsch der Amerikaner nach Ausweisung Bin Ladens nur ein Einfallstor, dem dann weitere Forderungen folgen würden, und einen «Vorwand für sie, ein ungläubiges Regime zu errichten» (in: Stenersen 2017, 90–91).

Bin Laden seinerseits erkannte Mullah Omar bereits früh als legitimen islamischen Herrscher an, als «Befehlshaber der Gläubigen» (*amir al-muʾminin*), dem zu gehorchen er gemäß islamischer Gesetzgebung verpflichtet sei (in: Stenersen 2017, 87). Man kann dies als bloßen Opportunismus eines Mannes abtun, dem keine weiteren Optionen offenstanden, als sich einer Schutzmacht zu unterstellen. Doch Bin Ladens idealistische und tief religiöse Persönlichkeit lassen eher vermuten, dass er tatsächlich von der auch spirituellen Autorität des Talibanführers überzeugt war, was er im Frühjahr 2001 durch einen Treueeid (*baiʿa*) bestätigte. Bin Laden war es gewohnt, dass ihm gegenüber Treue und Loyalität geschworen wurde. Doch sah er sich nie als Führer eines Staates, sondern nur einer Organisation, und hatte nun in dem von Mullah Omar geführten «Islamischen Emirat Afghanistan» einen Staat gefunden, der seinen Ansprüchen rigider Religiosität genügte. Bezeichnenderweise sollte nach Bin Ladens Tod auch Aiman al-Zawahiri den Treueschwur sowohl auf Mullah Omar als auch auf dessen Nachfolger leisten.

Neue Rekruten, neue Strukturen

In der Folgezeit erhielten die Trainingscamps in Afghanistan neuen Zulauf, insbesondere nach der Erklärung über die globale Jihad-Front und die Anschläge in Ostafrika 1998.[4] Der Name Bin Laden war nun bekannt, und junge Männer aus allen Teilen der arabischen Welt, teilweise auch aus Europa, Amerika und Asien, trafen ein, um sich ausbilden zu lassen, an der Seite der Taliban zu kämpfen oder nach Tschetschenien, in den Krieg mit Russland, weiterzuziehen. Einige Autoren gehen davon aus, dass die zweite Welle an al-Qaida-Neuzugängen weniger gebildet war als die ersten Rekruten (Burke 2007, 171; Wright 2008, 404). In der Tat stammten viele neue Kämpfer aus sozial schwächeren Verhältnissen, waren teilweise auch gewöhnliche Kleinkriminelle, bevor sie sich al-Qaida anschlossen. Doch fühlten sich weiterhin auch junge Männer mit Bildung und aus höheren sozialen Schichten von Bin Ladens Organisation angezogen, wofür der 9/11-Flugzeugentführer Mohammed ʿAtta oder auch der Attentäter von Nairobi 1998, Muhammad al-Owhali exemplarisch stehen.

Die al-Qaida-Camps in Afghanistan waren somit soziale und ethnische Schmelztiegel. Unter den schwarzen Bannern des Jihad sammelten sich Männer aus der arabischen Welt – von Nordafrika über die Levante bis hin zum Golf – wie auch Kurden, Türken und andere turksprachige Ethnien aus Zentralasien, dazu Kaukasier, Süd- und Südostasiaten sowie Europäer und auch Amerikaner. Einige hatten bereits Erfahrungen in Kampfgebieten, etwa in Bosnien oder Tschetschenien, andere kamen ohne jegliche militärische Erfahrung. Nicht jeder war körperlich und psychisch geeignet für das Training und nicht jeder brachte hierfür die nötige Disziplin und Willenskraft auf – eine Tatsache, die bereits in den 1980er-Jahren von Jihadisten beklagt wurde und sich bis in die Gegenwart hält. Einen Treueeid auf al-Qaida und Bin Laden mussten die Rekruten nicht gleich zu Beginn ihrer Ausbildung leisten, dies wurde ihnen erst bei entsprechender Befähigung nahegelegt (Burke 2007, 173).

Al-Qaida entwickelte sich zwischen 1996 und 2001 vollständig zu der terroristischen Gruppe, als die sie nach 2001 beschrieben wurde: Ihre Ideologie war nun ganz und gar ausgeprägt, sie organisierte Anschläge, machte eine eigene Presse- und Öffentlichkeitsarbeit, baute ein Netz von Mitgliedern und Unterstützern in verschiedenen Ländern auf und versuchte sich so an die Spitze der jihadistischen Bewegung zu setzen. Der Kampf gegen die USA sollte das Markenzeichen al-Qaidas werden, was sie von den lokal ausgerichteten Jihad-Gruppen, die gegen Ende der 2000er-Jahre allesamt gescheitert waren, abhob und ihr Zuspruch sicherte. Nach bereits längerer Zusammenarbeit schloss sich der Ägyptische Islamische Jihad unter al-Zawahiri im Juni 2001, kurz vor dem 11. September 2001, formal al-Qaida an und erhielt sechs der neun Sitze im Beschlussgremium der Organisation (Soufan 2017, 177–179). Dies signalisierte endgültig, dass al-Qaida nunmehr die führende und relevanteste Jihad-Gruppe war.

6. Der 11. September 2001

Bereits in den Jahren vor dem 11. September 2001 war es zu einer Verdichtung von verhinderten oder durchgeführten al-Qaida-Anschlägen gekommen. Drei dieser «Millennium-Angriffe» scheiterten: der Versuch einer 16-köpfigen Terrorzelle im jordanischen Amman, ein westliches Hotel zu attackieren, ein Anschlag auf den

Flughafen von Los Angeles und einer auf die USS *The Sullivans* im Golf von Aden. Doch die Anschläge auf die Zwillingstürme in New York und das Pentagon bei Washington sollten mit fast dreitausend Toten und mehr als doppelt so vielen Verletzten alle bisherigen Terrorpläne in den Schatten stellen.[1]

In den Morgenstunden des 11. September sammelten sich am Bostoner Logan International Airport zehn Männer unterschiedlicher arabischer Herkunft, die sich auf zwei Flüge verteilten: American Airlines 11 und United Airlines 175. In der Luft brachten die beiden Gruppen die Flugzeuge in ihre Gewalt. AA 11 startete um 7:59 Uhr, gegen 8:14 begann die Aktion: Die Entführer setzten Messer gegen die Flugbegleiter ein und drohten mit angeblichen Bomben, die jedoch nicht existierten. Um 8:19 Uhr berichtete die Flugbegleiterin Betty Ong, dass das Cockpit nicht mehr antworte, wobei bis heute ungeklärt ist, wie genau die Entführer in das Cockpit gelangten. Um 8:46 schlug die Maschine, gesteuert von Muhammad Atta, in den Nordturm der «Zwillingstürme» des World Trade Center-Komplexes ein. UAL 175 startete etwas verspätet um 8:14. Die Entführergruppe ging hier genauso vor wie ihre Mitverschwörer in der AA 11. Um 8:52 erhielt United Airlines von einem Flugbegleiter an Bord die Information, dass das Flugzeug entführt werde. Um 9:03 Uhr flog Marwan al-Shehhi die Maschine in den zweiten Zwillingsturm. Doch dies war nicht das Ende der Gesamtaktion. Nur eine knappe Stunde später, um 9:37 Uhr, schlug eine weitere entführte Maschine von American Airlines in das nahe Washington gelegene US-Verteidigungsministerium ein. Ein weiteres Flugzeug stürzte kurz darauf auf ein leeres Feld in Shanksville, Pennsylvania, ebenfalls nahe Washington. Einige der Passagiere hatten in einer gemeinsamen Aktion die Entführer angegriffen. Sie kamen dabei ums Leben, verhinderten aber weitere Opfer, die ein erfolgreicher Anschlag mit Sicherheit gebracht hätte.

Die gesamte Aktion hatte al-Qaida etwa 400000 bis 500000 US-$ gekostet, es war der teuerste Terroranschlag in der Geschichte (Kean & Hamilton 2004, 169, 172). Zum Vergleich: Die Bomben in Kenia und Tansania 1998 hatten die Organisation etwa 10000 Dollar gekostet (ebd., Fußnote 127, 498). Mit den Anschlägen vom 11. September gelang es al-Qaida, sämtliche Sicherheitsmaßnahmen der USA mit einer Operation zu unterlaufen, die nur einen Bruchteil dessen kostete, was die USA für Terrorismusbekämpfung ausgaben, damals etwa 10 Millionen Dollar pro Jahr (Randal 2005, 23). Die direkten Schäden und die Folgeschäden waren beträchtlich und sollen sich auf etwa eine Billion Dollar belaufen (Gartenstein-Ross 2011, 14).

Auch wenn es bis heute Stimmen gibt, die Zweifel an der Urheberschaft al-Qaidas hegen, und auch wenn Verschwörungstheoretiker nie aufgehört haben, an einen «*inside job*» zu glauben, so sprechen alle heute zur Verfügung stehenden Quellen aus dem inneren Kreis al-Qaidas eindeutig dafür, dass Bin Laden der Hauptverantwortliche war. Kurz nach den Anschlägen bat dieser seinen neu ernannten Sprecher Sulaiman Abu Ghaith (geb. 1965) zu sich nach Hause, um ihn über die Ereignisse zu unterrichten. Er forderte ihn auf, für al-Qaida eine von ihm vorbereitete Botschaft zu sprechen, und bestätigte, dass «wir diese Operation» durchgeführt hätten (McHugh et al. 03.06.2013, 5). Bin Laden lobte die Anschläge in einem Video, das drei Monate nach dem 11. September aufgezeichnet wurde, als «großartige» Tat und bat Gott, die Attentäter zu belohnen. Auch meldete er sich zuverlässig an den Jahrestagen der 9/11-Anschläge und bezeichnete sie mehrfach als «gesegnete Operationen», was in den Sprachgebrauch al-Qaidas übergegangen ist. In seiner Ansprache zum sechsten Jahrestag führte er aus:

> Obwohl Amerika die größte Wirtschaftsmacht ist und das mächtigste und modernste Waffenarsenal besitzt, und obwohl es für diesen Krieg [«Krieg gegen den Terrorismus»] und für seine Armee mehr ausgibt, als die gesamte Welt für ihre Armeen aufwendet, und obwohl Amerika der Staat ist, der die Politik der Welt bestimmt, wie es auch über das ungerechte Monopol auf das Vetorecht[2] verfügt – trotz alldem waren 19 junge Männer mit der Gnade Gottes, dem Höchsten, in der Lage, die Richtung seines Kompasses zu ändern. ... Seit den Anschlägen vom 11. September

stehen viele politische Entscheidungen Amerikas unter dem Einfluss der Mujahidin. (Videobotschaft *al-Hall,* 2007).

Wie Bin Laden machte auch Aiman al-Zawahiri diverse Male deutlich, dass die Anschläge ein Werk al-Qaidas waren; so etwa in seinen Erinnerungen an Bin Laden, die er nach dessen Tod auf Video aufzeichnete (Tage mit dem Imam, Teil 2). Er beklagt darin auch, dass die kollektive Erinnerung an den 11. September 2001 fast ausschließlich mit den einstürzenden Zwillingstürmen verbunden ist, nicht jedoch mit dem Angriff auf das Pentagon.

Mastermind: Khalid Sheikh Muhammad

Die Idee zu den Anschlägen vom 11. September stammte von Khalid Sheikh Muhammad (geb. 1965), kurz KSM, wie er in amerikanischen Berichten oft genannt wird.[3] Seine Biographie weist wie die anderer Radikalisierter die typischen Brüche auf: Migrationserfahrung, familiäre Schwierigkeiten, absente Vaterfigur, soziale Bindung an radikale Milieus.[4] Allesamt Faktoren, die Khalid Sheikh Muhammad empfänglich machen sollten für eine Ideologie, die sich in Verbindung mit seiner Aggressivität, seiner rebellischen Ader und seiner Geltungssucht wie ein Gift entfalten sollte.

Die Familie stammt aus Belutschistan, jener Region, die sich auf die Territorien Irans, Afghanistans und Pakistans verteilt und in der das Volk der Belutschen ohne eigenen Staat lebt, ähnlich wie die Kurden der Türkei, Iraks und Irans. In den 1950er-Jahren war Khalids Vater nach Kuwait ausgewandert, wo er als Gastarbeiter in der Metallindustrie versuchte, seiner sechsköpfigen Familie ein besseres Zuhause zu bieten. Fünf weitere Kinder, darunter auch Khalid, sollten folgen, als der Vater bereits eine bescheidene wirtschaftliche Existenz als Lebensmittelhändler aufgebaut hatte. Zudem verfügte er über Ansehen als religiöse Instanz. Doch trotz der Besserung der sozialen Lage blieb die Familie Teil der armen Einwanderergemeinschaft, bestehend aus Afghanen, Pakistanis, Indern und anderen Nationalitäten aus dem asiatischen

Raum, ohne Aussicht auf die kuwaitische Staatsbürgerschaft und stets Bürger «zweiter Klasse» (Miniter 2011, 15). Bereits wenige Jahre nach Khalids Geburt starb der Vater 1969, was die Familie in wirtschaftliche Schwierigkeiten brachte und zum sozialen Abstieg führte.

Khalid wuchs eng befreundet mit seinem nur drei Jahre jüngeren Neffen Ramzi Yousef (Abdul Basit Karim, geb. 1967) auf, dessen Vater ebenfalls aus Belutschistan eingewandert war und sowohl einem starken Balutschi-Nationalismus anhing wie auch von der puritanischen und anti-schiitischen wahhabitischen Religionslehre beeinflusst war. Nach dem Tod von Khalids Vater sollte Ramzis Vater die Söhne der Familie am stärksten prägen. In den 1970er-Jahren hatten sich bereits zwei ältere Brüder Khalids der kuwaitischen Muslimbruderschaft angeschlossen, so wie es auch Bin Laden zu dieser Zeit im benachbarten Saudi-Arabien tat und wie es dem Zeitgeist jener Tage in der arabischen Welt entsprach, wenn man jung, religiös und unangepasst war. Auch Khalid und Ramzi wurden Mitglieder der Bruderschaft, sozialisierten sich dort politisch, unter anderem mit den Ideen Sayyid Qutbs, des legendären Vordenkers des modernen Jihadismus. Zudem lebten und arbeiteten in Kuwait auch viele Palästinenser, so dass Khalid bereits in jungen Jahren unter dem Eindruck des Konflikts um das «Heilige Land» stand. Seine Identifikation mit der Sache Palästinas ging so weit, dass er zuweilen sogar vorgab, selbst palästinensischer Abkunft zu sein (Miniter 2011, 26). 1983 reiste Khalid in die USA, wo er in North Carolina zunächst ein Baptistencollege besuchte und danach an der staatlichen Universität Agrarwissenschaft studierte. Da seine Familie zu arm war, um sich die Ausbildung in den USA zu leisten, vermutet Khalids Biograph Richard Miniter eine Wohltätigkeitseinrichtung der Muslimbruderschaft als Geldgeber (Miniter 2011, 38–39).

Khalid besuchte Peschawar erstmals in den Sommerferien 1988. Drei seiner Brüder hielten sich zu diesem Zeitpunkt bereits vor Ort zur Unterstützung des Jihad in Afghanistan auf, und einer von ihnen machte Khalid mit dem radikalen Warlord ʿAbdul Rasul Sayyaf bekannt, von dem er anschließend eine militärische

Ausbildung erhielt. Nach einem Fronteinsatz gegen die sowjetischen Truppen arbeitete Khalid für ʿAbdullah ʿAzzam. Khalid entwickelte sich zu einem reisenden Global-Jihadisten, getrieben von einer enormen destruktiven Energie und Hass auf Israel und die USA. 1992 reiste er nach Bosnien, um dort an der Seite der Mujahidin zu kämpfen. Mit seinem Neffen Ramzi Youssef, der den ersten missglückten Autobombenanschlag auf das World Trade Center 1993 plante und durchführte, stand KSM in engem Kontakt und war auch über dessen Vorhaben informiert. Es scheint, dass er von Ramzi die Inspiration erhielt, ebenfalls einen Anschlag gegen die USA durchzuführen (Kean & Hamilton 2004, 147, 153; Riedel 2008, 5).

1994 hielt Khalid sich mit Ramzi auf den Philippinen auf, wo sie an einem Plan feilten, zwölf US-Flugzeuge über dem Pazifik mittels Bomben zum Absturz zu bringen und zudem den amerikanischen Präsidenten Bill Clinton während eines Besuches auf den Philippinen zu ermorden. Die Planungen ließen sich nicht realisieren, und Khalid Sheikh Muhammad versteckte sich hinter der bürgerlichen Fassade eines Projektmanagers für das qatarische Ministerium für Elektrizität und Wasser, ein Job, den er mittlerweile angenommen hatte.

Im Januar 1996, also wenige Monate bevor Bin Laden wieder in Afghanistan eintreffen sollte, setzte Khalid sich jedoch nach Afghanistan ab, da ihm klar war, dass die US-Behörden mittlerweile gegen ihn ermittelten; sein Neffe war ein Jahr zuvor bereits festgenommen worden. Über Muhammad ʿAtef (Abu Hafs al-Masri) ließ KSM dann den Kontakt zu Bin Laden herstellen. Während der Unterredung präsentierte er dem Führer al-Qaidas seine Anschlagspläne, wollte aber der Organisation zunächst noch nicht beitreten. Doch ab 1998 wurden die Kontakte zwischen ihm und al-Qaida enger, er half Bin Ladens Gruppe bei der Einführung moderner Computer-Technologie sowie bei Medienprojekten. ʿAtef war offenbar sehr angetan von Sheikh Muhammad und hatte zudem Einfluss auf Bin Laden, der schließlich – Ende 1998 oder Anfang 1999 – seine Zustimmung zu den 9/11-Plänen gab. Erst zu dieser Zeit trat KSM offiziell al-Qaida bei und verlegte seinen Wohnsitz nach Kandahar, wo Bin Laden sich zu dieser Zeit aufhielt.

Der ursprüngliche Anschlagsplan war noch weitaus spektakulärer und apokalyptischer als jener, der schließlich in die Tat umgesetzt werden sollte: Sheikh Muhammad hatte die Vision, zehn Flugzeuge gleichzeitig zu entführen und neun von ihnen in verschiedene Ziele in den USA zu steuern, neben dem World Trade Center etwa auch die Zentralen von FBI und CIA sowie in ein Atomkraftwerk. Das zehnte würde er selbst fliegen und auf einem Flughafen landen. Dort würde er die männlichen Passagiere töten und vor den versammelten Medien eine Rede über die Politik der USA im Nahostkonflikt und ihre Unterstützung für repressive arabische Regime halten. KSM diskutierte seine Pläne im Frühling 1999 bei diversen Treffen mit ʿAtef und Bin Laden, der den weitreichenderen Plan auf eine Auswahl von wenigen Zielen reduzierte.

Nur der engste Führungskreis kannte die Anschlagspläne, und auch dort gab es bereits im Planungsstadium Dissens über den möglichen Nutzen oder Schaden der angedachten Großanschläge. Während sich ein Kreis um Bin Laden bildete, der ihn in seiner Entscheidung zum Angriff unterstützte, waren es keineswegs Außenseiter oder illoyale Mitglieder al-Qaidas, sondern «einflussreiche Figuren in der Organisation», wie es im Untersuchungsbericht der offiziellen 9/11-Kommission heißt (Kean & Hamilton 2004, 251–252), die Bedenken anmeldeten. So hatte die Mehrheit der al-Qaida-Schura gegen die Pläne von Khalid Sheikh Muhammad gestimmt (Soufan 2017, 90). Von einem religiösen Standpunkt aus argumentierte Mahfuz Ould al-Walid (al-Qaida-Name: Abu Hafs al-Mauretani) gegen die Anschlagsplanungen, er stand seit der Zeit im Sudan bis zu den September-Attentaten 2001 dem religiösen Beratungsgremium der Organisation, dem «Scharia-Ausschuss», vor. Seine Bedenken galten – laut al-Jazeera-Interview vom 17.10.2012 – zum einen der zu erwartenden hohen Anzahl getöteter Zivilisten, zum anderen müssten die Attentäter die USA mit einem Visum betreten, was aus islamischer Sicht einem beiderseitigen Sicherheitsvertrag, also sowohl für den Reisenden als auch das Einreiseland, entspreche und damit zu friedlichem Verhalten verpflichte. Die spätere Vernehmung von Sulaiman Abu Ghaith, Schwiegersohn und ehemaliger Sprecher Bin Ladens, bestätigte, dass nur ein sehr kleiner Zirkel eingeweiht gewesen sei, während im erweiterten Führungskreis al-Qaidas lediglich über Angriffe gegen die USA in allgemeiner Form kontrovers gesprochen wurde (McHugh et al. 03.06.2013, S. 4). Mullah Omar, der Anführer der Taliban, sprach sich gänzlich gegen die Anschlagspläne aus, ebenso der langjährige Weggefährte Bin Ladens und Sicherheitschef al-Qaidas, Saif al-ʿAdel (Soufan 2017, 88–90), wobei seine Einwände, im Gegensatz zu Ould al-Walid, eher strategischer Natur waren.

Bin Laden hielt trotz aller Warnungen an den Anschlagsplanungen fest, auch religiöse Argumente liefen ins Leere. So entsprach es seinem Charakter, den viele Zeitzeugen einerseits zwar als offen und gesprächsbereit beschrieben, andererseits aber auch als starrsinnig, wenn er von einer Sache überzeugt war.

Vorbereitungen: Die Hamburger Zelle

In einer ersten Auslese hatte Bin Laden zunächst einige der zuverlässigsten und fähigsten al-Qaida-Veteranen für Anschläge gegen die USA ausgewählt. Nachdem diese in Afghanistan und anschließend in Karatschi (Pakistan) verschiedene Trainingskurse durchlaufen hatten, begann im Dezember 1999 eine weitere, etwa einmonatige Phase der Ausbildung in Asien. Wichtigster Stützpunkt der Gruppe, zu der mit Nawaf al-Hazmi (1976–2001) und Khalid al-Mihdhar (1975–2001) zwei der künftigen Flugzeugentführer gehörten, war Malaysia. Vor Ort kümmerten sich asiatische Unterstützer des al-Qaida-Netzwerkes um die Araber, die anschließend per Flugzeug nach Hong Kong, Singapur und Bangkok flogen. Zum einen waren zu dieser Zeit noch parallele Anschläge in Asien angedacht, eine Idee, die von Khalid Sheikh Muhammad stammte und von der Bin Laden im Frühjahr 2000 Abstand nahm, da die Operationen in zwei Kontinenten zu komplex erschienen. Zum anderen wurde Asien auch zu Zwecken der Tarnung genutzt, ein Stempel aus Thailand sollte beispielsweise den Anschein eines typischen Touristen erwecken, und al-Hazmi und al-Mihdhar sollten direkt aus Asien in die USA einreisen.

Ende 1999 tauchte unvermittelt eine Gruppe junger Männer aus Deutschland kommend in Kandahar auf, die für al-Qaidas Pläne ideal erschienen: Muhammad ʿAtta (1968–2001), Ramzi Bin al-Shibh (geb. 1972), Ziad Jarrah (1975–2001) und Marwan al-Shehhi (1978–2001), die aus Ägypten, dem Jemen, Libanon und den Vereinigten Arabischen Emiraten stammten.[5] Kennengelernt hatten sich die vier und weitere Angehörige der Zelle in einer Studiengruppe in der damaligen Hamburger al-Quds-Moschee, einer Anlaufstelle für Gleichgesinnte. Atta war zweifellos der erfolgreichste Student der Gruppe und auch der Führer und Entscheider, wenngleich Bin al-Shibh als ebenfalls charismatisch, religiös belesen und rigide beschrieben wird (Sageman 2004, 104). Ziad Jarrah dagegen, der aus dem relativ liberalen Libanon stammte, war eigentlich ein dem Alkohol und den Frauen zugeneigter Lebemann gewesen, der erst gegen Ende der neunziger Jahre zunehmend religiöser, politischer und ernster wurde. Gemeinsam waren allen ihr Feindbild Amerika und ein ausgeprägter Antisemitismus, der sich aus dem Nahostkonflikt speiste. Aber keiner der späteren Terroristen war als solcher aufgewachsen oder als solcher nach Deutschland gekommen. Die entscheidende Radikalisierung fand erst während ihrer Zeit in Hamburg statt, nach einem typischen Muster: Die Mitglieder der Gruppe rückten immer enger zusammen und bildeten eine verschworene Gemeinschaft, innerhalb derer Selbstbestätigungsprozesse der eigenen Weltsicht ablaufen und es zudem für den Einzelnen zunehmend schwieriger wird, sich der Gruppendynamik zu entziehen, insbesondere, da Kontakte in die Außenwelt sukzessive abnehmen.

Oft kommt bei der Radikalisierung noch eine charismatische Führungspersönlichkeit hinzu, an der sich die Gruppenmitglieder orientieren. Im Fall der Hamburger Gruppe war dies möglicherweise, wenngleich nicht unumstritten, der Syrer Muhammad Haidar Zammar (geb. 1961), etwas älter als die Zellenmitglieder und Teil des syrischen Jihadisten-Netzwerkes in Europa (Sageman 2004, 110). Er hatte in Bosnien gekämpft und in einem al-Qaida-Lager in Afghanistan trainiert. Insofern muss er über ein gewisses Ansehen bei der Gruppe verfügt haben und war vermutlich auch in der Lage, Kontakte zu vermitteln, die jeder benötigte, der sich zu Zwecken der jihadistischen Unterweisung nach Afghanistan begeben wollte.[6] Zammar traf sich ab 1998 intensiver mit der Viergruppe um ʿAtta und bestärkte sie in ihrem Entschluss, nach Afghanistan zu reisen.

Die erste Station der Reise führte sie nach Pakistan. In Quetta meldeten sie sich in einem Büro der Taliban, woraufhin sie nach Kandahar verbracht wurden. Die Zellenmitglieder leisteten ihren Treueeid auf Bin Laden und trafen ihn wohl auch persönlich. Der al-Qaida-Chef und sein militärischer Planer Muhammad ʿAtef erkannten die Chance, die sich ihnen für den großen Schlag gegen die USA bot: Vier Männer mit technischem Verstand, Willen und Kenntnissen des Westens standen vor ihnen. Unverzüglich boten sie den Aspiranten die Teilnahme an der Operation an, wahrscheinlich noch ohne nähere Details zu nennen. Die vier sagten zu. Nur wenige Wochen später reiste die Zelle zurück: ʿAtta, Bin al-Shibh und Jarrah nach Hamburg, al-Shehhi in die Vereinigten Arabischen Emirate, um sich dort einen neuen Pass und ein Visum für die USA zu besorgen. Sie begannen sich um die Flugausbildung zu kümmern, wobei sich das Land des Anschlagsziels aufgrund der geringeren Kosten und der schnelleren Ausbildung als ideal erwies. Bis auf Bin al-Shibh, der zurückbleiben musste, gelang es allen, Visa für die Einreise zu erhalten.

Bis Mitte Juli 2001 waren alle der insgesamt neunzehn Attentäter in den Vereinigten Staaten eingetroffen. Die Gruppe setzte sich zusammen aus Piloten und «Fußsoldaten», die keine weitere Aufgabe hatten, als die Crew und die Passagiere in Schach zu halten. Die meisten von ihnen stammten aus Saudi-Arabien und hatten sich zwischen 1999 und 2000 in Afghanistan aufgehalten (Coll 2005, 570). Damit war die wichtigste Voraussetzung geschaffen, die alle künftigen Täter benötigten, um den Plan zur Zerstörung Amerikas einzuleiten, die am 11. September mit den parallelen Anschlägen auf die Gebäude des World Trade Centers und auf das Pentagon beginnen sollte.

Die Folgen von 9/11 in der al-Qaida-Perspektive

Die Anschläge vom 11. September 2001 in den USA wurden für al-Qaida beides: triumphales Symbol und gefährlicher Wendepunkt. 9/11 machte die Organisation in den Augen der eigenen Anhänger zu einem Leuchtturm der jihadistischen Bewegung und stieß auch bei vielen Menschen in der muslimischen Welt, die nicht unbedingt al-Qaida-Sympathisanten waren, auf zumindest verhaltene oder auch offen zur Schau gestellte Freude und ein Gefühl der Genugtuung darüber, dass die als Interventionsmacht empfundenen USA in ihrem eigenen Kernland Opfer eines derart spektakulären Angriffs mit relativ einfachen Mitteln geworden waren (Bergen 20003, 167). Darüber hinaus gelang es al-Qaida durch die Erzeugung wirkmächtiger Bilder, kurzfristig etwa zweitausend neue Rekruten zu gewinnen, die nach Afghanistan strömten, wenn auch die Qualität der neuen Freiwilligen durchaus fragwürdig war (Soufan 2017, 93).

Zugleich drohten die Anschläge jedoch auch al-Qaida in eine existenzielle Krise zu stürzen. In einer Studie über das Management in terroristischen Organisationen und die Frage, wie Gewalt eingesetzt wird, heißt es: «Die schwierige Aufgabe ist es, Gewalt in einem kontrollierten Maß als Mittel einzusetzen, um bestimmte politische Ziele zu erreichen. Der Einsatz von zu viel Gewalt, oder gegen die falschen Ziele, kann ebenso schädigend [für die Organisation] sein, wie zu wenig [Gewalt] anzuwenden.» (Shapiro 2013, 3)

Eine Art Gewalt-Overkill erlebte zum Beispiel die ägyptische Gamaʿa Islamiya (Islamische Gruppierung) nach ihrem Attentat auf Touristen in Luxor 1997. Der Angriff führte zu einem kurzfristigen Einbruch des Tourismus in der Region, also dem wichtigsten Standbein der lokalen Wirtschaft, und entfremdete die Terroristen schlagartig von einem Großteil der Bevölkerung, die nun um ihre Existenz fürchteten. Insofern hatte al-Qaida aus den Lektionen der 1990er-Jahre in Ägypten gelernt, ebenso aus der Entwicklung in Algerien, wo sich die Jihadisten durch ihre Brutalität gegenüber der einheimischen Bevölkerung deren Hass zugezogen hatten. Al-Qaida hatte mit den USA ihre Zielauswahl so angepasst, dass der Solidarisierungseffekt mit den Opfern in den für al-Qaida wichtigen Regionen Afrikas, der arabischen Welt sowie Asiens gering genug ausfiel, um die Organisation nicht von ihren Sympathisanten zu isolieren, sondern ihr sogar Zustimmung zu verschaffen.

Andererseits war der Einsatz von Gewalt insofern falsch kalkuliert, als die Antwort der USA und der nach 9/11 gebildeten internationalen Allianz derart drastisch und langfristig ausfiel, dass al-Qaida in ernsthafte, bedrohliche Nöte geriet – insbesondere dadurch, dass ihnen der Rückzugsraum Afghanistan unter der Herrschaft der Taliban abhanden kam (vgl. Kapitel 7). Dies war auch einer der drei Kritikpunkte, die der jihadistische Ideologe Mustafa Setmariam Nasar, bekannt als «Abu Musʿab al-Suri», in der Retrospektive in seinem Ende 2004 erschienenen Buch «Der Ruf zum globalen islamischen Widerstand» beschrieb. Setmariam hielt sich bis 2001 im Umfeld von al-Qaida auf, war dabei aber stets auf Unabhängigkeit bedacht. Nach 2001 sollte er zum Vordenker der Neuaufstellung von Bin Ladens Netzwerk avancieren (Lia 2009; Cruickshank & Ali 2007). Setmariams Kosten-Nutzen-Analyse der Anschläge vom 11. September zählt die Negativa auf:

> 1) Die Zerstörung des Emirats in Afghanistan. 2) Die amerikanischen Angriffe gegen den Islam und die Muslime im Namen der Terrorismusbekämpfung nach dem 11. September. 3) Die Besetzung des Irak … Der Jihad erlangte Ruhm in den 1960er-Jahren, wurde in den 1970er- und 1980er-Jahren fortgesetzt und hatte das Islamische Emirat von Afghanistan zur Folge, aber er wurde nach 9/11 zerstört. (in: Cruickshank & Ali 2007, 6)

Und auch die Befürchtungen von Bin Ladens Sicherheitschef al-ʿAdel hatten sich schnell bestätigt, wie er in einem Brief vom Juni 2002 schrieb, in dem er das Bild einer getriebenen, orientierungslosen Organisation am Tiefpunkt zeichnete, deren Mitglieder in großer Anzahl verhaftet wurden (al-ʿAdel, Brief im Harmony Programm, 13. Juni 2002; ohne ID). Ein Satz illustriert die hoffnungslose Lage zum damaligen Zeitpunkt besonders eindrücklich: «Aber heute erleben wir einen Rückschlag nach dem nächsten und sind vom Pech in die Katastrophe gekommen.» (ebd.)

Die US-Perspektive

«Vor 9/11 hatten die meisten Amerikaner nie von al-Qaida gehört», schrieb George W. Bush (Bush 2010, 134). Obwohl es 1998 und 2000 bereits Anschläge al-Qaidas auf amerikanische Ziele in Afrika und im Jemen gegeben hatte, war die Organisation im Bewusstsein vieler Amerikaner noch nicht angekommen. Das änderte sich nach dem 11. September 2001. Die USA waren ins Mark getroffen. «Wir haben den verheerendsten Überraschungsangriff seit Pearl Harbor erlitten. Ein Feind hat unsere Hauptstadt das erste Mal seit dem Krieg von 1812[7] getroffen», so erinnert sich George W. Bush an die ersten Gefühle nach der Attacke (Bush 2010, 129).

Wie konnte es den Terroristen überhaupt gelingen, einen derart spektakulären Anschlag innerhalb der USA durchzuführen? Jacob N. Shapiro, Professor für Politik und Internationale Beziehungen an der Universität Princeton, kam zu dem Urteil, dass «diverse Fehler der für Terrorismusabwehr zuständigen Stellen 9/11 ermöglicht» hätten. Die Nachrichtendienste hätten im Vorfeld auffällig große Spuren al-Qaidas wahrnehmen müssen, etwa die Trainingslager in Afghanistan oder eben die identifizierten al-Qaida-Mitglieder, die unbehelligt in die USA ein- und ausreisen durften (Shapiro 2013, 14–15). Andere Autoren betonen, dass der Mangel an Kooperationsbereitschaft und Informationsfluss zwischen der Polizeibehörde FBI und dem Auslandsnachrichtendienst CIA den Rahmen für das Desaster vom 11. September boten (Wright 2008, 362, 416–427; Burke 2011, 31–36). So hatte die CIA etwa die malaysischen Behörden über das al-Qaida-Treffen im Winter 1999/2000 informiert und in Amtshilfe um Observation gebeten. Tatsächlich konnten die Zellen-Mitglieder, darunter mit al-Hazmi und al-Mihdhar auch zwei der künftigen 9/11-Entführer, fotografiert werden, doch eine Weitergabe an das FBI fand nicht statt. Ein ähnliches institutionelles Misstrauen galt auch für die National Security Agency (NSA), die zwar bereits 1998 Telefonate von al-Qaida überwachte, die Protokolle jedoch weder mit CIA noch mit FBI zu teilen bereit war (Wright 2008, 382).

Die Hinweise auf eine erhöhte Aktivität al-Qaidas, die auf deren stärkere Fokussierung auf die USA deuteten, verdichteten sich im Laufe des Jahres 2001. Das «System blinkte rot», wie es der damalige CIA-Direktor George Tenet ausdrückte (Kean & Hamilton 2004, 259; Coll 2005, 566–570). In der Sprache der Nachrichtendienste wird diese Situation als erhöhtes «Grundrauschen» beschrieben. Die tägliche Berichterstattung der CIA für den Präsidenten enthielt zwischen dem 20. Januar und 10. September mehr als vierzig Artikel, die Bin Laden und seine Organisation zum Gegenstand hatten (Kean & Hamilton 2004, 254). Je näher der 11. September heranrückte, umso dichter wurden die Informationen. In einem Briefing vom 12. Juni 2001 wurde Khalid Sheikh Muhammad benannt, der angeblich Männer rekrutiere, die bereits in den USA befindliche al-Qaida-Terroristen für Anschlagsplanungen treffen sollten, und das CIA-Briefing des 6. August 2001 trug den Titel «Bin Laden entschlossen, die Vereinigten Staaten anzugreifen» (Kean & Hamilton 2004, 256 und 260). Doch konkrete Informationen zu Plänen, Personen und Zielen gab es nicht (Bush 2010, 135). Offensichtlich hatte man keinen Zugang zu den wirklich relevanten Quellen innerhalb al-Qaidas. Entscheidende Mosaiksteinchen für ein Gesamtbild fehlten.

Nach 9/11 rückte die Frage der Zuständigkeiten aber zunächst in den Hintergrund. Es mussten die Täter zur Rechenschaft gezogen werden. Ein derartiger Angriff auf das amerikanische Kernland durfte aus Sicht der Amerikaner nicht ungesühnt bleiben. Dementsprechend erfolgte die Reaktion der US-Regierung auf 9/11 entschieden, hart und mit dem sicheren Wissen, die Unterstützung der amerikanischen Bevölkerung sowie die Solidarität der Weltgemeinschaft hinter sich zu haben. Man würde sich an vorderster Front in den Kampf gegen den Terror einbringen (Tenet 2008, 173). Die Taliban sollten fallen, so wollte es das Weiße Haus. Die CIA aktivierte nun ihre Kontakte zu den verbliebenen Kräften der sogenannten Nordallianz, einem Anti-Taliban-Bündnis mehrerer afghanischer Mujahidin-Kommandeure.[8] Die Zeit war gekommen, mit deren Hilfe den «Vorhang zu lüften», hinter dem sich «Bin Ladens Schatten-Armee» versteckt hielt (Tenet 2008, 171).

7. War on Terror

Enduring Freedom (2001–2002)

1998, als al-Qaida-Männer die Sprengsätze gegen die US-Botschaften in Kenia und Tansania zündeten, waren die USA erstmals mit einem massiven und erfolgreichen Angriff der Organisation Bin Ladens konfrontiert worden. Nur wenige Tage nach diesem Ereignis griff das US-Militär Ziele im Sudan und in Afghanistan an. Während die 66 auf Afghanistan abgefeuerten Raketen tatsächlich in al-Qaida-Camps einschlugen – in denen sich freilich keine Kader aufhielten und die nach zwei Wochen wieder aufgebaut oder verlegt waren –, trafen die Marschflugkörper im Sudan eine Arzneimittelfabrik, die fälschlicherweise als Anlage zur Herstellung chemischer Kampfstoffe von Bin Laden identifiziert worden war (Bergen 2003, 163–167; Wright 379–389). Die militärischen Schläge waren insofern außergewöhnlich, als dass sie nicht einer feindlichen Nation, sondern Einzelpersonen und deren Strukturen galten (Bergen 2003, 159). Sie führten jedoch nicht dazu, dass al-Qaida ausgeschaltet wurde, im Gegenteil, Bin Laden wurde nun von einer «marginalen Persönlichkeit» zu einer «weltweiten Berühmtheit» (Bergen 2003, 167; Wright 2008, 385). Durch das militärische Vorgehen gerieten andere Optionen, etwa Diplomatie oder Ermittlungen der Polizeibehörde FBI, in den Hintergrund. Mit dieser Entscheidung gab Bill Clinton bereits den Weg vor, den auch seine Nachfolger beschreiten würden.

Nach den Anschlägen von 2001 gab es innerhalb der Regierung durchaus unterschiedliche Vorstellungen von einer angemessenen Reaktion. Michael Morell, damals für die tägliche CIA-Berichterstattung beim Präsidenten zuständig, berichtet in seinen Memoiren, wie ein Vertreter des Außenministeriums dem Präsidenten eine diplomatische Antwort an die Taliban vorschlug, mit einem offiziellen Auslieferungsersuchen (Morell 2015, 63). George W. Bush jedoch entschied sich wiederum für die militärische Option und erklärte den Anwesenden CIA-Vertretern: «Fuck diplomacy. We are going to war.» (Morell 2015, 63) In der Folge begann am 7. Oktober 2001 die US-geführte Mission «Enduring Freedom» (Dauerhafte Freiheit), worunter sowohl der Krieg gegen die Taliban in Afghanistan als auch Antiteroroperationen in anderen Regionen gefasst wurden. Erst dreizehn Jahre später, im Dezember 2014, sollte Präsident Barack Obama «Enduring Freedom» für beendet erklären.

Auf starken Druck der US-Regierung setzten sich im Herbst 2001 die Verbände der Nordallianz in Bewegung, unterstützt von amerikanischen Spezialkräften und CIA-Agenten, die die entscheidenden Koordinaten für die US-Luftwaffe weitergaben (Morell 2015, 70). Am 12. November 2001 zogen die Kämpfer der Nordallianz in Kabul ein, und die Taliban zogen sich zurück.

Die USA stießen mit ihrer Luftwaffe in Angriffswellen unterdessen auch in die Gebiete Afghanistans vor, in denen die Nordallianz noch nicht präsent war, insbesondere im Osten des Landes, an der Grenze zu Pakistan. Die dortigen internationalen Jihadisten brachten sich in Sicherheit, ihre Familien wurden von Saif al-ʿAdel nach Iran geschickt, einige al-Qaida-Kader folgten ihnen.[1] Al-ʿAdel selbst hielt zunächst mit wenigen Hundert Arabern, von denen einige erst unter dem Eindruck der Bombardements al-Qaida die Treue geschworen hatten, zusammen mit den Taliban in Kandahar die Stellung, bis die Stadt am 9. Dezember 2001 fiel. Anschließend zog er zusammen mit anderen al-Qaida-Mitgliedern nach Pakistan weiter, von wo er jedoch schon bald wieder fliehen musste und sich über Belutschistan in den Iran absetzte. Bin Laden hatte sich zusammen mit al-Zawahiri und etwa dreihundert Kämpfern in die Höhlen von Tora Bora geflüchtet (al-Zawahiri, *Aiyam maʿa al-Imam*, Folge 1; Soufan 2017, 99–

100). Ein strenger Winter und heftige Bombardements aus der Luft ließen sie um ihr Leben fürchten. Als Tora Bora am 17. Dezember fiel, gelang es Bin Laden und seinen Getreuen, sich über die hohen Gebirge nach Pakistan abzusetzen. In der Region Wasiristan bot sich ihnen ein ideales Versteck, ein unzugängliches Stammesgebiet, fernab staatlicher Kontrolle und beherrscht von jihadistischen Netzwerken und Stammesmilizen.[2] Dies sollte der Anfang einer neuen Phase für al-Qaida werden, die in den nächsten fünfzehn Jahren aus den pakistanischen Stammesgebieten heraus operieren und die Organisation neu aufstellen sollten.

Doch zunächst war al-Qaidas Lage desolat: Die Führung wie auch die Mitglieder waren versprengt oder getötet. Mehr als fünfhundert Araber, darunter viele al-Qaida-Mitglieder, sollen damals laut Saif al-ʿAdel ums Leben gekommen sein (Soufan 2017, 103). Besonders getroffen hatte die Organisation der Tod ihres militärischen Führers Muhammad ʿAtef (Abu Hafs al-Masri), der damaligen Nummer zwei in der Kommandostruktur. Viele der Überlebenden wurden in Pakistan verhaftet und in die Geheimgefängnisse der USA verbracht. Al-Qaidas Infrastrukturen und Camps waren von den Bombardements komplett zerstört, der sichere Rückzugsort Afghanistan für immer verloren.

Für Saif al-ʿAdel, der nach dem Tod von Abu Hafs al-Masri neuer Militärchef der Organisation geworden war und offene Kritik nicht scheute, war Khalid Sheikh Muhammad (KSM) der Verantwortliche für die katastrophale Lage. Al-ʿAdel schrieb ihm direkt:

> Ich sage heute, dass wir alle externen Operationen so lange stoppen müssen, bis wir uns zusammengesetzt und das Desaster, das wir angerichtet haben, erörtert haben. ... Mein Bruder [Khalid], leider wirst du, wenn du nun zurückschaust, erkennen, dass du derjenige bist, der die alleinige Verantwortung trägt, denn du hast die Mission [9/11] unternommen. In sechs Monaten haben wir all das verloren, was wir in Jahren aufgebaut haben. (13.06.2002, HDB)[3]

Al-ʿAdel sparte bei seiner Kritik auch Bin Laden nicht aus und warf ihm vor, mit Sheikh Muhammad (KSM) an anderen Kadern vorbei zu kommunizieren, keine abweichenden Meinungen zu akzeptieren und so weiterzumachen, als ob er «die Nachrichten nicht gehört» habe. Offenbar hatte Bin Laden Order an KSM ausgegeben, weitere Anschläge im Ausland vorzubereiten, was angesichts der äußerst gefährlichen Lage einem Lauf ins offene Messer gleichkam. Weniger als ein Jahr nach diesem Brief wurde KSM in Pakistan festgenommen und später ins US-Gefangenenlager auf Guantanamo überstellt, wo er bis heute inhaftiert ist.

US-Präsident Bush hatte die Losung ausgegeben, Bin Laden «tot oder lebendig» zu fassen. In den Worten Leon Panettas, der von 2009–2011 als CIA-Direktor und von 2011–2013 als US-Verteidigungsminister diente, begannen nun die «aggressivsten Operationen der CIA in diesem Teil der Welt» (Date 27.06.2010). Doch Bin Laden war entkommen und verschwand zunächst spurlos. Auch im Rahmen der Folgeoperation «Anaconda», die im März 2002 startete, konnte er nicht gefunden werden. Die US-Administration änderte daher ihre Kommunikation nach außen und betonte nun stärker den globalen Charakter des «War on Terror», in dem Bin Laden nicht mehr die zentrale Rolle einnahm (Randal 2005, 32). Stattdessen wurden neue Regionen und Länder als Ziele im Kampf gegen den Terrorismus genannt, etwa Somalia und Jemen. Im Januar 2002 wurde durch George W. Bush die «Achse des Bösen» ausgerufen, zu der der Irak unter Saddam Husain, Iran und Nord-Korea zählten.

Die Irak-Falle (ab 2003)

Die Entscheidung der USA, bereits kurz nach dem Afghanistan-Krieg ein neues militärisches Abenteuer zu wagen und Saddam Husains Herrschaft im Irak zu beenden, gilt als kapitaler Fehler in der Antiterrorismusstrategie der Bush-Administration (Burke 2011, 380; Riedel 2008, 8). Wichtige nachrichtendienstliche, militärische und finanzielle Ressourcen zur weiteren Bekämpfung al-Qaidas in Afghanistan und Pakistan wurden nun für den Irak-Krieg in Anspruch genommen. Zwar wurde das Taliban-Regime zu Fall gebracht, aber gleichzeitig konnten sich die Milizen ebenso wie al-Qaida zurückziehen und neu strukturieren, was dann auch das Wiedererstarken der Taliban ermöglichte, ebenso wie es die Suche nach Bin Laden und weiteren al-Qaida-Mitgliedern erschwerte.

Zwischen Ende 2001 und Februar 2003 hatte die US-Regierung eine Medienkampagne durchgeführt, in der zum einen Saddam Husains angebliche Massenvernichtungswaffen eine Rolle spielten wie auch mögliche Verbindungen zwischen der irakischen Regierung und al-Qaida. Weder das eine noch das andere war wahr, stellte sich später heraus (Burke 2011, 100–114).

Die amerikanische Invasion ab März 2003 bot al-Qaida jedoch genau das, was die desolate Organisation so dringend benötigte: Bodentruppen der USA in einem Kernland der arabischen Welt, das bereits seit den 1990er-Jahren unter den Sanktionen Amerikas litt und in dem daher anti-amerikanische Ressentiments ohnehin stark verbreitet waren. Es war die ideale Chance al-Qaidas, wie Phönix aus der Asche zu erstehen. Und der aggressiv voranpreschende Abu Musʿab al-Zarqawi (mehr zu ihm in Kapitel 12) setzte diese mit der Ausrufung al-Qaidas im Irak 2004 und dem folgenden gnadenlosen Kampf gegen die irakische Übergangsregierung, die sie stützenden US-Streitkräfte und die schiitische Mehrheit im Lande um. Viele der richtungsweisenden Schriften des modernen Jihadismus wurden daher auch erst nach der Irak-Invasion 2003 verfasst.[4] Der äußere Feind wurde dabei ihre wichtigste Projektionsfläche, der Endkampf gegen die «Mächte des Bösen» hatte endlich begonnen. Im Juli 2003 erschien die äußerst populäre Schrift «39 Wege, dem Jihad zu dienen und an ihm teilzuhaben». Der Autor beschwört eine Zeit der Heimsuchung für den Islam herauf, denn es

> «… hat die gesamte Welt ohne Ausnahme dem Terror – womit der Jihad gemeint ist – den Krieg … erklärt … Der Jihad in heutiger Zeit ist die einzig richtige Wahl für die Umma, denn der Feind hat die Länder der Muslime eines nach dem anderen besetzt. … Der

Jihad ist daher die einzige Option für die muslimische Gemeinschaft.» (al-Salim 2003, 2)

Der «Krieg gegen den Islam» durch eine internationale Allianz, angeführt durch die USA, bot somit die Gelegenheit, Anhänger zu mobilisieren und für den Jihad zu gewinnen. Nicht wenige Muslime sahen im Widerstand gegen die Amerikaner im Irak einen gerechten Krieg, dazu mussten sie nicht einmal Jihadisten oder Sunniten sein. Unter dem Strich war der Irak-Krieg eine Tankfüllung für den fast schon leeren Motor al-Qaidas. Zwar wurden weiterhin sporadisch Mitglieder und Kader der Organisation in Pakistan oder anderswo festgenommen, doch zugleich entstand ein neuer Nährboden für den Jihadismus, und al-Qaida leitete die Verlagerung auf lokale Ableger ein.

Obamas Drohnenkrieg

Die neue US-Regierung unter Obama ab 2009 unterschied sich in ihrer Strategie deutlich von der Vorgängeradministration. War für Präsident Bush «regime change» durch konventionelle Kriege und anschließende Demokratisierung die wesentliche Doktrin des Handelns, so gab Obama nun die Losung «Disrupt, dismantle, and defeat» (stören, niederreißen, besiegen) aus, wobei der geographische Fokus auf Afghanistan und Pakistan liegen sollte (White House 01.12.2009). In Afghanistan wurde eine kurzfristige Truppenverstärkung um 33 000 Männer und Frauen angeordnet, bereits im September 2012 war jedoch der letzte Soldat wieder abgezogen (Chandrasekaran 25.09.2012). Zudem war ein sprunghafter Anstieg der Spezialoperationen, vornehmlich im Norden und Osten des Landes, zu verzeichnen: Während die «International Security and Assistance Force» (ISAF) im Jahr 2007 lediglich drei Razzien gegen al-Qaida und ihre Alliierten verzeichnet hatte, stieg diese Zahl im Jahr darauf bereits auf 28, im Jahr 2011 dann auf insgesamt 90 ISAF-Operationen (Roggio & Megahan 30.05.2014).

Eine weitere wichtige Komponente der Obama-Strategie gegen al-Qaida stellte die gezielte Tötung von vermuteten oder tatsächlichen Terroristen dar, vor allem mittels Kampfdrohnen, die von Nevada aus gesteuert werden.[5] Während unter Bush in Pakistan 48 tödliche Drohneneinsätze und im Jemen lediglich einer befohlen wurden, waren es in der Regierungszeit Obamas insgesamt 536, davon 353 in Pakistan und 183 im Jemen. Diese bildeten das «Kernstück» von Obamas Antiterrostrategie (Byman 17.06. 2013), aber es dauerte lange, bis man dies öffentlich zugab.[6] Die USA hatten jedoch für die Drohnenschläge in Pakistan und im Jemen die generelle Zustimmung der Regierungen, die in den ersten Jahren sogar ihre amerikanischen Partner deckten, indem sie selbst die Verantwortung für die gezielten Tötungen übernahmen (Williams 2013, 48–49; 51).

Die Wahrheit über den Drohnenkrieg zu schreiben, konnte mitunter lebensgefährlich werden, wie der Fall des Journalisten Hayatullah Khan zeigt. Khan hatte für den November 2005 einen gezielten Drohnenschlag der USA auf pakistanischem Territorium beweisen können und damit der offiziellen Darstellung des pakistanischen Geheimdienstes widersprochen. Kurz nach seinem Bericht wurde er entführt und später ermordet aufgefunden. Seine Hände waren mit Handschellen, wie sie von den lokalen Sicherheitskräften verwendet werden, gefesselt (Williams 2013, 51–52).

Hunderte Mitglieder al-Qaidas und mit al-Qaida alliierter Gruppen wurden seit dem ersten Einsatz von Drohnen im November 2002 getötet.[7] Zumeist stammten diese aus der unteren oder mittleren Hierarchieebene, teilweise wurden auch hochrangige Führer getötet (Bergen & Rowland 2015, 15).[8] David Rohde, ein Journalist, den das Haqqani-Netzwerk der Taliban vom November 2008 bis Juni 2009 im pakistanischen Wasiristan gefangen hielt, berichtete, dass die Drohnenangriffe die Militanten derart in Furcht versetzten, dass sie geradezu paranoid wurden, ständig auf der Suche nach «Spionen» und «Verrätern», die vermeintlich Koordinaten an die Amerikaner gaben (Rohde 2015). Brian Glyn Williams, der Verfasser einer Monographie über das CIA-Drohnenprogramm gegen al-Qaida, spricht von einer «Hexenjagd» der Taliban auf vermeintliche oder tatsächliche Spione (Williams 2013, 107).

Bis 2017 starben viele hundert Terroristen aus unterschiedlichen Verantwortungsebenen al-Qaidas durch drohnengestützte Raketen der USA in verschiedenen Ländern. Es gehört aber ebenso zur Wahrheit, dass mit der Zunahme der Angriffe ab 2011 auch Hunderte unbeteiligte Zivilisten umkamen. In Pakistan waren es deutlich mehr zivile Opfer als im Jemen, am wenigsten in Somalia; die Zahlen schwanken je nach Quelle stark.[9]

Befürworter des Drohnenkriegs führen an, dass die Zahl der getöteten Zivilisten im Vergleich zu konventionellen Kriegen gering ausfalle, der Einsatz der Drohnen sei nicht nur ein verhältnismäßig präzises, sondern vor allem alternativloses Mittel. Denn zum Zwecke von Verhaftungen Bodentruppen einzusetzen, sei oft aufgrund lokaler Gegebenheiten nicht möglich und verletze zudem die Souveränität der betroffenen Staaten stärker als Drohnenschläge (Byman 17.06.2017). Gegner dieses Mittels sind davon nur bedingt zu überzeugen, zumal sich gezeigt hat, dass Terrormilizen weiterhin auf dem Vormarsch sind und die gezielte Tötung von Führungspersonen zum Teil unvorhersehbare Dynamiken entfalten kann. Dies zeigt unter anderem auch die Tötung von Abu Musʿab al-Zarqawi (siehe Kapitel 12, S. 153), dessen Organisation nach seinem Tod so erfolgreich wurde wie nie zuvor. Und selbst Verfechter militärischer Lösungen geben zu bedenken, dass Drohnen lediglich kurzfristige Resultate bringen, aber nicht zu einer veränderten Machtsituation auf dem Boden führen, wofür letztlich doch konventionelle Truppen eingesetzt werden müssten (Rohde 2015, 11).

Aus Bushs «Global War on Terror» wurde unter Obama ein «Countering Violent Extremism» (Jenkins 24.09.2017). Al-Qaida wurde als zwar reale, aber dennoch begrenzte Bedrohung dargestellt, die zudem über keinen nennenswerten Rückhalt bei den Muslimen verfüge (Gerges 2012, 203–207). Auf der Weltbühne versuchte Obama das Handeln der USA gegen al-Qaida diplomatisch und kooperativ mit internationalen Partnern abzustimmen und rechtsstaatlichen Prinzipien wieder Geltung zu verschaffen, die während der Bush-Zeit beschnitten worden waren (s.u.). Allerdings, so sind sich die meisten Autoren einig, scheiterte Obama an diesen sich selbst gestellten Ansprüchen. So war es ihm weder möglich, das Ansehen der USA in der arabischen Welt grundsätzlich zu verbessern, noch schloss er das Gefangenenlager Guantánamo oder die Geheimgefängnisse der CIA. Trotzdem gab es einen Wandel unter Obama: Die USA rückten von der konventionellen Kriegführung zur Terrorismusbekämpfung ab, sie gingen gezielter in ihren Operationen vor, und immerhin schaffte Obama direkt nach Amtsantritt die Foltermethoden ab, welche unter Bush eingeführt worden waren.

Unter Trump war zuletzt eine Zunahme militärischer Operationen gegen al-Qaida in Somalia, im Jemen und andernorts zu verzeichnen. Die Schattenkriege werden dabei weiterhin auch mit Drohnen geführt, aber ebenso mit Spezialoperationen. Bei der ersten Operation gegen al-Qaida im Jemen unter Trump am 29. Januar 2017 wurden rund dreißig Navy Seals eingesetzt, vermutlich um in dem ärmlichen Bergdorf al-Ghayil in der Provinz al-Baida den al-Qaida-Führer Qasim al-Rimi festzunehmen. Der Einsatz scheiterte fatal: Sechs Frauen und zehn Kinder wurden getötet, die Lebensgrundlage der Dorfbewohner, 120 Ziegen, Schafe, und Esel, vernichtet (Craig 09.03.2017).

Auf Kosten der Rechtsstaatlichkeit

Der «War on Terror» wurde in den USA auch innenpolitisch geführt. Legislative, Judikative und Exekutive reagierten mit massenhaften «präventiven Verhaftungen», Durchsuchungen und Befragungen, oft ohne konkreten Anfangsverdacht. Diese Maßnahmen richteten sich in erster Linie gegen Bürger ohne US-Staatsangehörigkeit, die einen muslimischen und/oder arabischen Hintergrund aufweisen (hierzu Cole 2005). Bis Mai 2003 wurden im Rahmen einer «Foreign Terrorist Tracking Force» mehr als fünftausend Menschen verhaftet, von denen jedoch keiner im Zusammenhang mit den Anschlägen vom 11. September und nur fünf überhaupt wegen Delikten mit Terrorismusbezug angeklagt wurden (Cole 2005, 25–26).

Unterdes wurden in Afghanistan und Pakistan Gefangene gemacht, von denen sich die USA Informationen über das al-Qaida-Netzwerk und die Hintermänner der Anschläge gegen das amerikanische Heimatland erhofften. Unter den Gefangenen waren wenige Europäer, vor allem jedoch Araber, Afghanen und Pakistanis, einige standen mit den Taliban in Verbindung, andere auch mit al-Qaida und weitere waren zur falschen Zeit am falschen Ort oder wurden von Einheimischen für ein Kopfgeld an die lokalen Sicherheitskräfte oder an die Amerikaner «verkauft». Die in Afghanistan und Pakistan gefangenen Verdächtigen wurden in das US-Gefangenenlager Camp X-Ray auf dem Marinestützpunkt Guantánamo auf Kuba gebracht, wo ein Militärgericht über ihr Schicksal entscheiden sollte. So umging die US-Regierung zivile Prozesse, bei denen höhere Anforderungen an die Haft, die Verhöre, die Beweise und die Prozessführung gelten. Bis März 2003 waren auf diese Weise bereits 650 Personen auf Guantánamo zusammengekommen (Cole 2005, 39). Die Gefangenen wurden verbal, psychisch und physisch teilweise schwer misshandelt (nicht nur durch das berüchtigte Waterboarding), so dass eindeutig Folter im Sinne des UNO-Übereinkommens «gegen Folter und andere grausame, unmenschliche oder erniedrigende Behandlung oder Strafe» von 1984 vorlag.

Dem saudischen Bürger Muhammad al-Qahtani wurde zur Last gelegt, für die Anschläge vom 11. September als weiterer Flugzeugentführer eingeplant gewesen zu sein (zu al-Qahtani siehe Bergen 2012, 95–98). Sein Fall legte die Folterpraxis der USA unter der Bush-Administration offen. Zwar hatte Bush noch am 6. September 2006 verkündet, dass die Vereinigten Staaten nicht foltern würden, doch im Januar 2009 machte die ehemalige Richterin Susan Crawford, seit 2007 zuständig für Militärprozesse im Camp X-Ray, als erste hochrangige Beamtin der Bush-Administration die Anwendung von Folter öffentlich: «Wir folterten Qahtani. Seine Behandlung erfüllt die rechtliche Definition von Folter.» (Woodword 14.01.2009). Er könne daher nicht weiter strafrechtlich verfolgt werden. Unter Präsident Obama setzte in dieser Hinsicht ein Paradigmenwechsel ein: Eine seiner ersten Amtshandlungen, nur zwei Tage nach der Inauguration am 20. Januar 2009, bestand daher in der Unterzeichnung eines Dekrets, das jegliche Anwendung von Folter bei Verhören untersagte und die vorangegangenen Anweisungen der Bush-Administration zurücknahm (Sands 2008, 245).

Guantánamo stand dabei nur für eines von vielen Gefängnissen, in denen die USA die Häftlinge, die im Verdacht standen, terroristische Netzwerke oder die Bewegung der Taliban unterstützt zu haben, inhaftiert und oft auch gefoltert wurden.[10] Aber gerade Guantánamo wurde zu einem Symbol für die Erniedrigung von Muslimen durch die USA (Hegghammer 2010, 144–145). Dies setzte sich in den Skandalen um Demütigung und Folter in diversen Gefängnissen, etwa Bagram in Afghanistan oder Abu Ghraib im Irak, fort, was einer weiteren Welle des Antiamerikanismus Vorschub leistete (zu Abu Ghraib s. Burke 2011, 132–136). Es war daher absehbar, dass die Folterpraxis in der jihadistischen Agitation Widerhall fand, die Doppelstandards beklagte und darauf verwies, dass die als universell gültig proklamierten Menschenrechte – die immer wieder als Begründung für die Außenpolitik der USA angeführt wurden – offensichtlich nur für die Länder des Westens gälten, nicht aber für deren Umgang mit anderen, besonders mit muslimischen Staaten.

Gewinne und Verluste

Aus Sicht der USA lässt sich eine gemischte Bilanz aus dem «War on Terror» ziehen. Auf der Seite der Positiva bleibt festzuhalten, dass ein zweiter Großanschlag al-Qaidas auf die USA nicht stattfand. In der Zeit nach den Anschlägen von 9/11 bis 2016 waren in den USA 95 Menschen durch jihadistische Anschläge ums Leben gekommen, was etwa sechs bis sieben jihadistisch motivierten Morden jährlich entspricht – bei einer jährlichen «normalen» Mordrate von 14 000 bis 15 000 Fällen (Jenkins 2016, 7).[11] Damit ist aus Sicht der USA in der Tat eines der Ziele dieser langjährigen Mission erreicht.

Andererseits fallen die menschlichen und finanziellen Kosten für dieses Ergebnis enorm hoch aus: Die USA gaben für ihr Unterfangen, al-Qaida zu zerschlagen, in fünfzehn Jahren zwischen vier bis sechs Billionen US-Dollar aus (Jenkins 2016, 7–8; Crawford

2016; Gartenstein-Ross 2011, 13–14; Gerges 2012, 209 und 279, FN 22).[12] Hierin sind sowohl die Kosten für die Kriege im Irak und in Afghanistan als auch die Kosten für Sicherheitsmaßnahmen im eigenen Land berücksichtigt.[13] Gartenstein-Ross weist darauf hin, dass diese enorme monetäre Belastung des US-Haushalts durch Kriegs- und Sicherheitsbudgets genau der Absicht al-Qaidas entspreche, die USA in eine wirtschaftliche Krise zu stürzen (Gartenstein-Ross 2011); zehn Jahre nach 9/11 hätten die USA politisch und wirtschaftlich schwächer dagestanden als vor den Anschlägen.

Darüber hinaus haben sich die Konflikte in Afghanistan und Irak zu den längsten Kriegen der USA in ihrer gesamten Geschichte entwickelt (Jenkins 2016, 7). Bis August 2016 hatten Operationen, die mit dem «Krieg gegen den Terrorismus» in Zusammenhang standen, 2283 US-Militärangehörige das Leben gekostet, hinzu kamen 4504 gefallene US-Soldaten im Irak-Krieg (Jenkins, 7). In den drei am meisten betroffenen Ländern Irak, Afghanistan und Pakistan starben etwa 1,3 Millionen Menschen an den direkten oder indirekten Folgen der Kriegshandlungen (IPPNW 2015, 15). Einig sind sich alle Terrorismusexperten in ihrem Urteil über den Irak-Krieg: Er war der entscheidende Fehler der US-Regierung unter Bush, nicht allein wegen der immensen Kosten, sondern weil er al-Qaida zu neuem Schwung verhalf und letztlich auch den Grundstein für das Entstehen des al-Qaida-Ablegers «Islamischer Staat» legte.

Auf der Negativa-Seite ist schließlich auch die im vorigen Abschnitt angesprochene Aufweichung rechtsstaatlicher Grundsätze zu verbuchen (siehe auch das Schluss-Kapitel).[14]

Die Bilanz in Bezug auf al-Qaidas Entwicklung fällt ambivalent aus: Sowohl die Zahlen der Obama- als auch der Bush-Administration, die 2004 bekanntgab, drei Viertel der al-Qaida-Mitglieder getötet oder gefangen zu haben, zeichneten wohl ein beschönigendes Bild (vgl. dazu Joscelyn & Roggio 14.12.2016). Leon Panetta, Obamas Direktor der CIA von 2009–2011, behauptete im November 2010, mehr als die Hälfte der Führungsebene von Kern-al-Qaida sei in den vergangenen Jahren verhaftet oder getötet worden und nur ein kleiner Kreis von 50 bis 100 Personen sei in der Region Afghanistan/Pakistan verblieben (Date 27.06. 2010). Allein 2016 sollen jedoch etwa 250 al-Qaida-Mitglieder getötet oder verhaftet worden sein, was deutlich mehr Personen sind, als die von Panetta angegebenen (Joscelyn & Roggio 14.12. 2016). Alles deutet darauf hin, dass entweder die Zahl von 50–100 al-Qaida-Mitgliedern Ende 2010 eine Fehleinschätzung war oder aber, dass al-Qaida es trotz allen Drucks geschafft hatte, die eigenen personellen Kapazitäten wieder massiv aufzustocken – beides wären keine beruhigenden Ergebnisse.

8. Jagd auf Bin Laden

Ein Kopfgeld in Höhe von 25 Millionen Dollar: Neun Jahre und acht Monate lang war das Herzstück des «War on Terror» die Jagd auf Usama Bin Laden, die geheimnisumwobene Führungsfigur al-Qaidas. Die Suche gestaltete sich äußerst aufwändig und kleinteilig, geprägt von immer neuen Spuren, einem Wechsel von Rückschlägen und Erfolgen sowie neuen politischen Rahmen.

Das Phantom

In den ersten Jahren nach 9/11 hatten die CIA-Fahnder, wie sich später herausstellte, nicht einmal annähernd eine Ahnung, wo Bin Laden oder auch al-Zawahiri sich aufhielten, was nicht zuletzt auch an Falschinformationen lag, die von inhaftierten al-Qaida-Funktionären stammten (Burke 2011, 379–380; Bergen 2012, 95–103). Es kursierten viele Gerüchte zu Bin Ladens Aufenthaltsort und auch darüber, dass er schwer krank oder sogar schon tot sei. Der al-Qaida-Chef wurde zu einem Phantom, gejagt vom Geheimdienst und Militär der mächtigsten Weltmacht, das trotz aller Anstrengungen und einem Kopfgeld von 25 Millionen Dollar verschwunden blieb. Zum einen mag dies daran gelegen haben, dass die USA bereits ab Frühjahr 2002 ihre Ressourcen auf den Irak lenkten und somit fähige Leute von der Jagd auf Bin Laden abberufen wurden (Burke 2011, 380; Riedel 2008, 8). Zum anderen wechselte der al-Qaida-Chef nach 2003 tatsächlich oft seinen Wohnort und verhielt sich äußerst vorsichtig. So beschränkte er die eigenen Kontakte und die seiner Familie zur Außenwelt, äußerte sich nur zu wichtigen Anlässen und zumeist über Kuriere und blieb elektronischen Kommunikationsmöglichkeiten gegenüber skeptisch (Soufan 2017, 13). Kurz, er hinterließ keine Spuren (Burke 2011, 380).

Der Aliasname des Mannes, der die Fahnder später zu Bin Laden führen sollte, war bereits früh durch das Verhör von Muhammad al-Qahtani bekannt geworden. Al-Qahtani war als Flugzeugentführer für den 9/11-Plan vorgesehen, allerdings wurde ihm die Einreise in die USA verweigert. Er war einer der frühen Gefangenen in Guantánamo, wo er schwer misshandelt wurde (Bergen 2012, 97; siehe auch Kapitel 7, S. 88). In den Verhören packte al-Qahtani über eine Person aus, die er «Abu Ahmad al-Kuwaiti» nannte. Der soll in Verbindung mit Khalid Sheikh Muhammad gestanden und eine Rolle in der Vorbereitung für 9/11 gespielt haben (Bergen 2012, 98). Doch als Kurier Bin Ladens war al-Kuwaiti auch durch das Verhör al-Qahtanis nicht bekannt geworden und blieb daher für die CIA nur ein weiterer Name auf ihrer ständig wachsenden Liste verdächtigter al-Qaida-Mitglieder (Bergen 2012, 103).

Abu Ahmad al-Kuwaiti (geb. 1978), mit bürgerlichem Namen Ibrahim Saeed Ahmad, kümmerte sich in den Jahren der Flucht um Bin Ladens Wohl in Pakistan. Wie auch Khalid Sheikh Muhammad stammte Ahmad aus einer pakistanischen Familie, die nach Kuwait emigriert war. Er war dort geboren und aufgewachsen und kannte KSM seit der Kindheit. Muhammad führte Ahmad in den Kreis al-Qaidas ein (Soufan 2017, 7–8). Offenbar gewann Ahmad, der sich fortan Abu Ahmad al-Kuwaiti nannte, schnell Bin Ladens Vertrauen, dem er in den nächsten Jahren bis zu seinem Tod als enger Mitarbeiter dienen sollte. Dass er fließend sowohl Arabisch als auch Paschtu und Urdu sprach, machte ihn zu einem perfekten Sprach- und Kulturmittler für den in Pakistan lebenden Saudi Bin Laden. Zudem war durch seine Freundschaft zu Khalid Sheikh Muhammad so gut wie ausgeschlossen, dass er ein Spion war oder Bin Laden verraten würde.

Nach der Flucht Bin Ladens aus Afghanistan Ende 2001 sorgte Abu Ahmad für dessen Wohlergehen, Unterkünfte und Sicherheit in Pakistan. Bald schon wurde er dabei von seinem Bruder Abrar unterstützt, der Bin Laden und Abu Ahmad bis zum Ende begleiten sollte. Reich wurden die Brüder nicht von diesem Job, Bin Laden zahlte ihnen etwa 100 US-$ monatlich (Soufan 2017, 9). Zunächst zog der flüchtige Bin Laden in ein Haus im Swat-Tal, in dem später der berüchtigte Führer der pakistanischen Taliban, Maulana Fazlullah (geb. 1972), die Herrschaft für einige Jahre an sich reißen sollte, bevor das pakistanische Militär 2009 eine Offensive gegen die Extremisten startete. Als Khalid Sheikh Muhammad im März 2003 verhaftet wurde, waren Abu Ahmad und Bin Laden alarmiert, denn man konnte nicht wissen, was Muhammad in den Verhören, bei denen er auch gefoltert wurde, preisgeben würde. Sie gaben das Haus in Swat auf und zogen weiter in die ostpakistanische Stadt Haripur, bevor sie 2005 ihr endgültiges Versteck in Abbottabad bezogen.

Abbottabad ist eine im Norden Pakistans gelegene ehemalige Garnisonsstadt. Pensionierte Militärs und auch wohlhabende Pakistaner und Afghanen haben hier ihren Wohnsitz, da Abbottabad für angenehm kühle Sommer und spektakuläre Natur in der Umgebung bekannt ist. Ab dem ausgehenden Jahr 2004 hatte Abu Ahmad im Stadtteil «Bilal Town» sukzessive Land erworben, um hier ein Anwesen für Bin Laden und dessen verbliebene Familie zu errichten, darunter sein Sohn Khalid, einige seiner Töchter und auch mehrere Enkelkinder. Von den fünf Ehefrauen Bin Ladens lebten in Abbottabad zunächst zwei bei ihm: Mit der studierten Islamgelehrten und Linguistin Siham Sabar aus Saudi-Arabien hatte Usama seit 1987 vier Kinder, darunter Khalid; sie war seine Vertraute und redigierte häufig seine Texte; die aus dem Jemen stammende jüngste Ehefrau Amal Fath al-Sada hatte er als Siebzehnjährige im Jahr 2000 geheiratet. Seine zweite Frau Khairiya Sabar kam erst 2010 in Abbottabad an (s. u.). Najwa, Bin Ladens erste Ehefrau, mit der er elf Kinder hatte, war bereits 2001 zu ihrer Familie nach Syrien zurückgekehrt. Seine 1983 geehelichte zweite Frau Khadija Sharif hatte sich, des kargen und ständig getriebenen Lebens mit Bin Laden überdrüssig, bereits in der Zeit im Sudan von Bin Laden getrennt, nachdem sie ihm drei Kinder geboren hatte.

In einem Nebenhaus sollten auch Abu Ahmad und sein Bruder, jeweils mit ihrer Familien, unterkommen. Ein örtliches Architekturbüro erhielt den Auftrag, ein zweigeschossiges Haus mit vier Schlafzimmern auf jeder Etage zu bauen, ein Haus, das für mehr als zwölf Personen ausreichend wäre; ein drittes Geschoss wurde später ohne Baugenehmigung hinzugefügt. Der Entwurf für das große Wohnhaus und auch die hohen Mauern, die das Anwesen zur Gänze umgaben, erregten kein Aufsehen, da insbesondere paschtunische Zuwanderer aus Afghanistan auf diese Weise ihre Familien vor fremden Blicken abschirmten.

Bin Ladens wichtigstes Ziel war es, den Amerikanern keine Hinweise auf seinen Aufenthaltsort zu geben. Und so lebte er in Abbottabad in einer Art selbst auferlegtem Hausarrest. Insbesondere seine Kinder und Enkel litten darunter, der Kontakt zur Außenwelt blieb ihnen weitestgehend untersagt, und selbst mit den Kindern der im Nachbargebäude lebenden al-Kuwaiti-Brüder sollten sie aus Sicherheitsgründen nicht spielen. Auch ein Schulbesuch kam nicht in Frage, die Kinder wurden daher von Bin Laden und seinen Frauen unterrichtet.

Die drei auf dem Anwesen wohnenden Familien lebten äußerst bescheiden, so wie sie es schon in den Jahren zuvor gewohnt waren. Bin Laden selbst soll für Sommer und Winter lediglich je drei Paar *Shalwar kameez*, die pakistanische Kombination aus Hose und Hemd, besessen haben, dazu eine Jacke und zwei Pullover (Abbottabad Commission 2013, 41). Luxuriöse Einrichtung, eine Klimaanlage oder andere Annehmlichkeiten gab es in dem Haus des meistgesuchten Mannes der Welt nicht. Man ernährte sich weitestgehend aus den kleinen Ackerflächen, die eigens zu diesem Zweck von einem örtlichen Bauern angelegt worden waren, um so wenig wie möglich auf die umliegenden Geschäfte angewiesen zu sein.

Bin Laden versuchte in den nächsten Jahren von Abbottabad aus die Fäden seiner Organisation in der Hand zu behalten und kommunizierte über Kuriere mit seinen Funktionären in verschiedenen Ländern. Die politischen Entwicklungen kommentierte er immer wieder mal in Ansprachen per Videobotschaft. Aber Bin Laden hatte auch ein starkes persönliches Anliegen, nämlich die weiterhin im Iran unter Hausarrest stehenden Kinder sowie Khairiya Sabar frei zu bekommen. Sie war sieben Jahre älter als er, kam aus Dschidda, der Stadt seiner Jugendjahre, und war eine promovierte Kinderpsychologin. Sie hatte sich aus ideologischen Gründen für Bin Laden entschieden, dessen Ansichten und Lebensweg sie teilte und unterstützte. Sabar wurde, wie auch Siham, eine Vertraute Bin Ladens. Sie fehlte ihm, nachdem sie im Herbst 2001 mit ihrem Sohn Hamza und einigen Kindern Najwas, die bei Bin Laden geblieben waren, in den Iran geflüchtet war. Die nächsten Jahre lebte sie mit den Kindern in Teheran unter Hausarrest. Einer von Najwas Töchtern, Iman, gelang die Flucht in die saudische Botschaft in Teheran. Der Rest der Familie kam erst 2010 im Austausch mit einem von al-Qaida entführten iranischen Diplomaten frei (siehe Kapitel 15, S. 186). Sabar machte sich mit Hamza auf den Weg nach Pakistan, zunächst nach Wasiristan im Nordwesten des Landes, von dort aus reiste sie dann unter strengen Sicherheitsvorkehrungen weiter nach Abbottabad. Das war nicht ungefährlich, zumal Bin Laden vermutete, dass die Iraner seine Familie heimlich mit Sendern ausgestattet haben könnten. An seine von Najwa stammenden Söhne ʿUthman und Muhammad schrieb Bin Laden:

> Du und die Brüder sollten sich an jede fragwürdige Handlung oder Beobachtung in jedem Krankenhaus im Iran erinnern, denn sie könnten versucht haben, auf verschiedenen Wegen einen Chip zu implementieren. Ein Weg besteht darin, eine Spritze zu verabreichen, deren Volumen durchschnittlich ist, die Nadel jedoch etwas größer als gewöhnlich, womit es ihnen möglich ist, einen kleinen

Chip unter die Haut zu pflanzen. (Brief an ʿUthman und Muhammad, BLB)[1]

Die einzelnen Familienangehörigen mussten in Etappen reisen, wobei Bin Laden teils direkt, teils über Kuriere detaillierte Anweisungen erließ, die Reisewege, Kontakte in Pakistan und sonstige Vorkehrungen betrafen. Seinem Sohn Hamza ließ Bin Laden über einen Mittelsmann ausrichten:

> Friede sei mit dir! Der Vater lässt dir ausrichten, dass du die Region so schnell wie möglich verlassen und die Angelegenheit, unter Beachtung der Sicherheitsregeln, in deine eigenen Hände nehmen sollst. Du sollst die Region in Richtung Belutschistan verlassen und dich dann nach Karatschi begeben. Dies wird durch Sheikh Mahmud und al-Sindi geregelt und vor Ort ist deine Kontaktnummer 2261262.[2]

Der genannte «Sheikh Mahmud» war ʿAtiyatullah ʿAbd al-Rahman, der als eine Art Manager für Bin Laden in den Stammesgebieten Pakistans arbeitete und die Aufsicht über die al-Qaida-Kämpfer in Pakistan und Afghanistan führte. Hamza blieb, anders als geplant, bei ʿAbd al-Rahman in den Stammesgebieten und sah seinen Vater und auch seine Mutter Khairiya Sabar nicht wieder. Viel Bewegungsfreiheit hatte Hamza nicht, sein Betreuer schrieb hierzu an Usama:

> Was Hamza angeht, so ist er gut und aufrichtig ... Aber natürlich, ehrenwerter Sheikh, ist er ein junger Mann, der all die Jahre im Gefängnis [im Iran] zugebracht hat. Damit nicht genug, der arme Kerl lebt nun zusammen mit uns in einer anderen Art von Gefängnis, worüber er beunruhigt ist. Er kam ein paar Mal zu mir, da er Training haben wollte, sich beteiligen und beitragen möchte.[3]

In dieser Welt also hatte sich Usama Bin Laden eingerichtet, zwar in ständiger Wachsamkeit, doch auch mit der über die Jahre gewachsenen Routine eines Mannes, der es gewohnt war, im Untergrund zu agieren.

1. Mai 2011: Operation «Neptuns Speer»

Barack Obama wollte das schaffen, was seinem Amtsvorgänger nicht gelungen war: Bin Laden aufspüren lassen und zur Rechenschaft ziehen.[4] Die CIA, so sah es eine Anordnung vom Juni 2009 vor, sollte innerhalb von dreißig Tagen einen Plan dazu ausarbeiten. Doch die folgenden Monate waren voller Misserfolge und Rückschläge: Saad, einer der aus iranischem Hausarrest entlassenen Söhne Bin Ladens, hätte die Ermittler möglicherweise zum Ziel führen können, wurde aber durch eine Drohne getötet. Und ein Jordanier, auf den die CIA ihre Hoffnungen gesetzt hatte, um ins Innere al-Qaidas vorzudringen, entpuppte sich als Doppelagent und sprengte sich am 30. Dezember 2009 auf einer Militärbasis in Afghanistan in die Luft, wobei er sieben CIA-Mitarbeiter mit in den Tod riss. Für al-Qaida war dies ein Triumph über die USA, für die CIA einerseits eine Katastrophe, andererseits aber ein entscheidender Ansporn, den al-Qaida-Führer endlich zu finden. Begünstigend kam zugleich hinzu, dass zunehmend Ressourcen aus dem beendeten Irak-Krieg frei wurden und für die Jagd auf Bin Laden eingesetzt werden konnten.

Abu Ahmad al-Kuwaitis Telefonate wurden mittlerweile abgehört, zumeist führte er diese mit seiner Familie in Kuwait. Im Sommer 2010 hörten die Fahnder jedoch heraus, dass er noch immer für al-Qaida tätig war, zudem hatten sie ihn in und um die Stadt Peschawar lokalisieren können. Aber Abu Ahmad setzte seinen Akku für das Mobiltelefon immer erst ein, wenn er eine Stunde von Abbottabad entfernt war, so dass ein Rückschluss auf seinen genauen Aufenthaltsort nicht möglich war. Erst nach aufwändiger nachrichtendienstlicher Arbeit gelang es im August 2010, Abu Ahmad, der einen auffälligen weißen Jeep fuhr, zu finden und zu observieren – und das führte schließlich zu dem Anwesen in Abbottabad. Ein auffallend großes Haus, ohne Telefon- oder Internetleitung, und die Bewohner verbrannten ihren Müll immer direkt vor Ort: Die Ermittler waren nun überzeugt, dass es sich bei Abu Ahmad um eine relevante Person handelte, allerdings waren sie keineswegs sicher, ob Bin Laden selbst in dem Anwesen lebte. Doch es war die bisher einzige heiße Spur, und so setzte die CIA in den folgenden Wochen alles daran, herauszufinden, was genau in dem Haus passierte und wer dort wohnte.

Die Observanten der CIA quartierten sich in einem «safe house» nahe Bin Ladens Haus ein und erstellten Bewegungsbilder der etwa zwanzig Bewohner, von denen die beiden al-Kuwaiti-Familien das Haus immer wieder verließen. Die Analysten konnten schon bald Mitglieder einer dritten Familie identifizieren, die sich jedoch hinter den hohen Mauern verbargen. Über Satellitenbilder war eine Person zu erkennen, die jeden Tag schnellen Schrittes Runden im Gemüsegarten drehte. Es könnte Bin Laden sein, so die Meinung bei der CIA, doch es gelang nie, ein Bild der Person zu machen.

Im November 2010 wurden bei einem Treffen von CIA-Direktor Panetta, einigen seiner Mitarbeiter und Präsident Obama alle Karten auf den Tisch gelegt. Die Chance, dass es sich bei der beobachteten Person tatsächlich um Bin Laden handelte, wurde seitens der CIA – schwankend nach Analyst – zwischen 40 und 95 Prozent eingeschätzt (Bergen 2012, 133; Morell 2015, 160–161, 164). Fünf Monate später, am 28. April 2011, nach einem langen Gespräch mit seinen Top-Beratern, schätzte Obama selbst die Chancen lediglich auf 50:50 (Bergen 2012, 198; Morell 2015, S. 161). Nach einer Nacht der Abwägung gab er schließlich den Befehl, trotz aller Bedenken und möglicher Risiken, die vom Verlust eigener Soldaten bis zu einer schweren diplomatischen Krise mit Pakistan reichten, die Operation auszuführen, die das Pentagon mit Blick auf die ausführenden Navy Seals «Neptuns Speer» nannte.

Am 1. Mai 2011 gegen 23 Uhr Ortszeit machte sich ein Team aus 23 Navy Seals sowie einem Übersetzer von einer Basis in Afghanistan mit zwei Hubschraubern auf den Weg nach Abbottabad. Die pakistanische Regierung wurde über diesen Einsatz aus Sicherheitsgründen nicht vorab informiert. Die Nacht war dunkel und mondlos, als die Familien auf dem Bin-Laden-Anwesen gegen 0:25 Uhr plötzlich vom lauten Knattern der Rotoren aus dem Schlaf gerissen wurden. Nachdem ein Hubschrauber im Garten des Anwesens wegen aerodynamischer Probleme abgestürzt war, wobei jedoch kein Seal verletzt wurde, begann die Operation, an deren Ende der mittlerweile 54-jährige Bin Laden, sein 23-jähriger Sohn Khalid, Abu Ahmad al-Kuwaiti, sein Bruder sowie dessen Ehefrau erschossen und mehrere Familienmitglieder durch Schüsse verletzt waren. Nach dieser ersten Einsatzphase begannen die Seals relevantes Material aus dem Haus einzusammeln, insbesondere elektronische Speichermedien und Aufzeichnungen. Teile dieses Datenschatzes sollten in den darauffolgenden Jahren sukzessive veröffentlicht werden. Präsident Obama, der die Operation live in Washington mitverfolgt hatte, verkündete um 23:35 Uhr Ortszeit den Tod des al-Qaida-Gründers. In seiner Rede nannte Obama die Tötung Bin Ladens den «wichtigsten Erfolg» (*most significant achievement*) im Streben der USA, al-Qaida zu besiegen, warnte jedoch auch, dass dieser Etappensieg nicht das Ende im Kampf gegen die Organisation bedeute, von der weiterhin Gefahr ausgehen werde.[5]

Pakistans Regierung war in doppelter Hinsicht bloßgestellt: Zum einen international, weil der meistgesuchte Mann der Welt weniger als eine Meile von der Militärakademie der Stadt entfernt die letzten sechs Jahre seines Lebens verbracht hatte und dies die Frage aufwarf, ob der al-Qaida-Chef mächtige Beschützer innerhalb der pakistanischen Regierung oder des Militärs gehabt hatte. Zum anderen vor der pakistanischen Bevölkerung, die wissen wollte, wie es möglich gewesen war, dass trotz aller Sicherheitsmaßnahmen im Lande eine ausländische Militärmacht unentdeckt eine Operation tief im Landesinneren ausführen konnte.

Am 21. Juni 2011, also knapp zwei Monate nach der Tötung Bin Ladens, berief die pakistanische Regierung unter Führung von Präsident Pervez Musharraf und Premierminister Yousef Raza Gilani eine Kommission ein. Sie übergab ihren umfassenden Bericht, der sich auf über zweihundert befragte Zeugen stützt, am 3. Januar 2013.[6] Die Frage, wie es sein konnte, dass der Bin-Laden-

Tross sich insgesamt neun Jahre unerkannt in Pakistan aufhielt, beantwortete die Kommission mit dem Hinweis auf die unauffällige Lebensweise der Flüchtigen sowie auf ein «kleines, jedoch engagiertes Unterstützernetzwerk», dem auch pakistanische Militante angehörten und das sich um die Alltagsangelegenheiten Bin Ladens und seiner Familie kümmerte. Hohe Beschützer aus Regierung oder Militär konnte die Kommission nicht ausfindig machen, wollte aber auch nicht ausschließen, dass Bin Laden insbesondere innerhalb des Militärs Sympathisanten und Helfer hatte. Zudem hätten sich 2005, also in dem Jahr, in dem auch Bin Laden und seine Entourage einzogen, viele innerpakistanische Migranten in «Bilal Town» angesiedelt, die aus den von Erdbeben und Überflutungen betroffenen Gebieten sowie aus Regionen, in denen die Armee gegen Aufständische vorging, geflohen waren (Abbottabad Commission Report 2013, 274–279).

Aber die Kommission kritisiert auch pakistanische Verwaltungs- und Sicherheitsbehörden, die nicht aufmerksam genug agiert und zu wenig Informationen zusammengeführt hätten. So hätten es lokale Autoritäten in Abbottabad versäumt, den Bau des Bin-Laden-Anwesens zu inspizieren, der – wie sich im Nachgang herausgestellt hatte – in Teilen nicht genehmigt war und für den zudem die fällige Steuer nicht entrichtet wurde. Der pakistanische Nachrichtendienst ISI wiederum habe Informationen über islamistisch-terroristische Netzwerke in und um Abbottabad nicht mit den lokalen Sicherheitsbehörden geteilt (ebd., 71–72; 279). Und schließlich habe die CIA zwar immer wieder Informationen vom ISI erhalten, umgekehrt jedoch nichts Relevantes an die Pakistanis gegeben, so dass diesen wichtige «Mosaikstücke» in ihrer Erkenntnislage fehlten (Abbottabad Commission Report 2013, 64–67, 71–72, 279–280).

«Wir alle sind Usama!»

Die «Generalführung» al-Qaidas reagierte mit zwei Botschaften auf den Tod Bin Ladens, die erste am 6. Mai in schriftlicher Form über Internetseiten, Videoplattformen und in al-Qaida-Magazinen, die zweite als Video einen Monat später.[7] Bin Laden, so al-

Qaida in der ersten Erklärung, habe eine Organisation aufgebaut, die nicht mit ihm sterben werde, und den USA sei es mit all ihren Mitteln und Fähigkeiten nicht möglich, das zu töten, wofür Bin Laden gelebt habe. Auch die zweite Botschaft unterstrich den ungebrochenen Kampfeswillen, wozu eingangs eine Prophetenüberlieferung zitiert wurde: «Unter meiner Gemeinde wird es stets eine Gruppe geben, die siegreich für die Wahrheit bis zum jüngsten Tag kämpft.» Gemeint ist hiermit die sogenannte «Siegreiche Gruppe»,[8] die auch angesichts des Abweichens von Muslimen vom «rechten Weg» den Endkampf Gut gegen Böse weiterträgt. Al-Qaida ist überzeugt, Teil der «Siegreichen Gruppe» zu sein, weswegen der Tod eines Anführers zwar als schmerzhaft, aber verkraftbar dargestellt wird. Nach dem Tod Bin Ladens rief die «Generalführung» der Organisation die Muslime dazu auf, den Jihad gegen die westlichen Invasoren in muslimischen Ländern sowie gegen die «abtrünnigen» Herrscher fortzusetzen, bis das «Gesetz Gottes» eingeführt werde. Zudem wurde Aiman al-Zawahiri als Nachfolger Usama Bin Ladens benannt.

Bin Laden war in der internationalen Jihad-Bewegung bereits zu Lebzeiten eine Legende. Nun wurde er zum mystischen Kristallisationspunkt, auf dessen Erbe und Legitimität sich später sowohl al-Qaida unter al-Zawahiri als auch der Rivale «Islamischer Staat» beziehen sollten. Diese Bedeutung zeichnete sich schon bald nach Bin Ladens Tod ab.

Am 11. September 2012, also am Jahrestag von 9/11, gelang es al-Qaida und ihr nahe stehenden Aktivisten,[9] zunächst in Ägypten, dann in Libyen und Tunesien, schließlich auch in anderen Teilen der muslimischen Welt, Anhänger gegen die USA zu mobilisieren. Auslöser war der Film «Innocence of Muslims», eine anti-muslimische Low-budget-Produktion, die erst wahrgenommen wurde, nachdem arabisch synchronisierte Ausschnitte auf Youtube hochgeladen wurden. Die Protestwelle startete in Kairo, maßgebliche Organisatoren waren ehemalige Führer der militanten Gruppen «Islamischer Jihad» und «Islamische Gruppe», viele von ihnen waren bis zum Arabischen Frühling inhaftiert gewesen. Einer der Initiatoren war Muhammad al-Zawahiri, der Bruder des al-Qaida-Führers Aiman al-Zawahiri, Sympathisant, aber nicht Mitglied von al-Qaida. Auf den Demonstrationen in Kairo skandierte eine aufgebrachte Menge wütender Männer rhythmisch: «Obama, Obama – wir alle sind Usama!» Der Slogan hallte auf verschiedenen anderen Protestveranstaltungen und Ausschreitungen wider, etwa während des Sturms von Jihadisten auf die US-Botschaft in Tunesien am 14. September 2012. Die somalische al-Shabab hielt etwas außerhalb von Mogadischu eine Trauerfeier für Bin Laden ab, die ebenfalls unter dem Motto «Wir alle sind Usama» stattfand (Hansen 2013, 113). Und al-Qaida auf der Arabischen Halbinsel wählte diese Losung schließlich zum Titel der zehnten Ausgabe ihres Magazins «Inspire». Es handelte sich also um eine koordinierte Kampagne, um die Erinnerung an Bin Laden zu erhalten und ihn zu einer Ikone werden zu lassen.

Neben der Erinnerung an ihren getöteten Führer geht es al-Qaida aber auch darum, Anspruch auf das Erbe Bin Ladens im geistigen Sinne zu demonstrieren. Al-Qaida, so die Botschaft, ist auch ohne Bin Laden legitime Speerspitze der Jihadisten und folgt dem Pfad des Gründers. Um diese Wahrnehmung zu erzielen, wurde zuletzt Usama Bin Ladens Sohn Hamza, dem mediale Aufmerksamkeit sicher ist, vermehrt in den Vordergrund der Propaganda gestellt.[10] Hamzas Bedeutung für al-Qaida scheint insbesondere angesichts der Auseinandersetzung mit dem «Islamischen Staat» seit Ende 2013 zugenommen zu haben. So wurde erstmals im August 2015 eine Ansprache von ihm durch al-Qaida ausgestrahlt, der weitere folgen sollten.[11] Bereits im ersten Video wurden zum Ende Sequenzen der Proteste von 2012 eingearbeitet, in denen Männer zu sehen sind, die «Wir alle sind Usama!» rufen. In einem al-Qaida-Video vom Juli 2016 mit eben diesem Titel[12] zieht Hamza Bin Laden eine positive Bilanz der Jahre nach 9/11: Trotz des intensiven Drohnenkriegs der Obama-Administration gegen al-Qaida seien die Mujahidin heute in diversen Ländern der muslimischen Welt präsent, und somit habe sich der Jihad ausgeweitet, anstatt dass er besiegt wurde. Dennoch ist festzuhalten, dass es zum einen keine erkennbaren Bestrebungen vonseiten Hamza Bin Ladens zur Versöhnung und Kooperation von IS und al-Qaida gibt und sein tatsächlicher Einfluss in der jihadistischen Bewegung begrenzt scheint (Hassan 21.09.2017).

Sein Vater konnte sich nun nicht mehr zu Fragen der Organisation äußern, was der schon länger bestehenden Rivalität innerhalb des al-Qaida Netzwerks, insbesondere zwischen der al-Qaida-Führung in Pakistan und dem Ableger im Irak, neuen Auftrieb gab. Als Führer des «Islamischen Staates» erhielt al-Baghdadi dadurch die Chance, die Legitimität des angeblich isolierten und inaktiven al-Zawahiri infrage zu stellen. Dabei warf er ihm vor, die Organisation nicht mehr im Sinne Bin Ladens führen zu können. Es ist fraglich, ob die Abspaltung des IS auch ohne den Tod Bin Ladens geschehen und, zumindest vorübergehend, so erfolgreich gewesen wäre.

9. Eine feste Säule auf der Arabischen Halbinsel

Al-Qaida erfindet sich neu

Kern-al-Qaida musste im Laufe des internationalen «War on Terror» Rückschläge und Verluste einstecken, was ihre Führungspersonen, ihr Rückzugsgebiet und ihre finanziellen Kapazitäten anging. Aber al-Qaida war weder in sich zerfallen noch hatte sie sich aufgelöst, sie hatte sich vielmehr weiterentwickelt: Die einst nur auf Bin Laden und seinen engsten Führungskreis zugeschnittene Organisation delegierte nun Verantwortung an lokale Jihadisten-Führer oder beauftragte Mitglieder, regionale Ableger des Netzwerkes aufzubauen.

Diese Regionalisierung wurde im Wesentlichen durch drei Faktoren begünstigt: 1) Die lokal-jihadistischen Bewegungen in der arabischen Welt, ob Algerien, Ägypten oder Libyen, waren allesamt gescheitert (vgl. Tawil 2010); das Image der Jihadisten war schwer in Verruf geraten, nachdem sie insbesondere in Algerien und Ägypten gewaltsam gegen die Zivilbevölkerung vorgegangen waren. 2) Nach 2001 stieg der internationale Fahndungs- und Überwachungsdruck gegen al-Qaida schlagartig; daher musste Bin Laden zwangsläufig von einem eher hierarchischen zu einem delegativen Führungsstil wechseln. 3) Durch die direkte Konfrontation mit den USA erschien der lang prophezeite Endzeitkampf mit den «Mächten des Bösen» endlich angebrochen, an vielen Fronten in mehreren muslimischen Ländern.

Al-Qaida hatte sich gewissermaßen neu erfunden (Cruickshank & Ali 2007, 2). Regionale Organisationen mit einer globalen Perspektive gewannen an Bedeutung, ohne dass dabei immer der Name al-Qaida benutzt wurde. Abu Muhammad al-Maqdisi, einer der intellektuell schärfsten und strategisch klügsten Köpfe des Jihadismus, erklärte diese Taktik:

> Namen, wie al-Qaida und ähnliche, sind nicht vom Himmel herabgesandt, sondern sie sind der Taktik sowie der rechtmäßigen Politik unterstellt, die am passendsten für die Mujahidin ist. Und ich sage aus voller Überzeugung, dass dies unsere Brüder der al-Qaida nicht stört und ... und dass sie nicht in dem Maße an Namen interessiert sind, wie sie am Sieg des Jihad, der Ehre der Scharia und dem Sieg des Islams und der Gläubigen und ihrer Stärkung interessiert sind. (al-Maqdisi 2013)

Den vielen regionalen Erscheinungsformen al-Qaidas und ihren Verflechtungen miteinander wird in den folgenden Kapiteln nachgegangen.

Der Jihad im Jemen beginnt (1990er-Jahre)

Erst im November 1967 endete die koloniale Herrschaft Großbritanniens über den Südjemen mit der Hauptstadt Aden.[1] Es entstanden zwei Staaten: Der pro-saudisch ausgerichtete und dem Block der USA zugehörige Nordjemen und die 1970 ausgerufene Volksdemokratische Republik Jemen, die zur Einflusssphäre der Sowjetunion zählte. 1990 kam es zur Wiedervereinigung unter

Führung von ʿAli ʿAbdullah Salih, der erst im Zuge der Protestwelle des Arabischen Frühlings 2012 sein Amt als Präsident aufgeben sollte. Die Hoffnung, dass mit der Wiedervereinigung Stabilität, Prosperität und Modernisierung Einzug halten würden, wurde jedoch enttäuscht, das Land blieb gebeutelt von Misswirtschaft, Korruption und Klientelpolitik.

Für Usama Bin Laden war der Jemen stets eines der wichtigsten strategischen Länder in seinem Plan zum Umsturz «tyrannischer» Regierungen in der arabischen Welt: Sein Vater stammte aus dem Jemen, das Land hat eine besondere religiöse Bedeutung, Staatlichkeit ist stark eingeschränkt, Waffen sind verfügbar, und zudem war Bin Laden begeistert von den natürlichen Gegebenheiten, die ähnlich wie in Afghanistan geeignet für einen Guerilla-Kampf schienen. Bereits in Afghanistan hatte er die Kommunisten bekämpft, so dass aus seiner Sicht nun nachgesetzt werden musste, zumal er in Afghanistan schon Kontakte zu jemenitischen Freiwilligen aufgebaut und lokale Islamisten mit Geldern unterstützt hatte.

Der alte Konflikt zwischen Nord- und Südjemen schwelte weiter. Arabische Freiwillige, die ab den 1990er-Jahren aus Afghanistan abzogen und von denen nicht wenige Teil des Bin Laden-Netzwerkes waren, fanden in Präsident Salih einen Verbündeten, der sich von ihnen eine potenzielle Stärkung seiner Macht gegen die Sozialisten aus dem Süden erhoffte und sie daher gewähren ließ, etwa im Aufbau eigener Basen und Trainingslager (Johnsen 2013, 22; Koehler-Derrick 2011, 18). Bereits zu Beginn der 1990er-Jahre priesen Jihadisten die Vorzüge des Jemen, um eine politisch-militärische Kampagne zu starten, aus den gleichen Gründen, die bereits Bin Laden ansprachen (vgl. Koehler-Derrick 2011, 19–21 und Soufan 2011, 154–155). Es entstanden die ersten jihadistischen Gruppierungen im Jemen, etwa Tariq al-Fadhlis «Islamischer Jihad im Jemen» (1990–1994) und die «Islamische Armee von Aden Abyan»[2] (1994–1998). Bin Laden unterstützte diese Gruppen zunächst aus dem saudischen Dschidda und später mit Waffenlieferungen aus dem Sudan (Johnsen 2013, 24; Koehler-Derrick 2011, 23).

Al-Fadhli (geb. 1966) kannte er bereits seit dem Afghanistan-Krieg.³ Einen weiteren Verbündeten hatte er in Qaʾid Salim Talib Sinan al-Harithi (Abu ʿAli al-Harithi), ebenfalls ein Rückkehrer aus dem afghanischen Jihad, der mit seiner Hilfe Trainingscamps für Jihadisten in verschiedenen Gegenden des Jemen aufbaute (Koehler-Derrick 2011, 32). Auch al-Zawahiri entsandte bereits früh Mitglieder des «Ägyptischen Islamischen Jihad» in den Jemen, 1995 nahm er hier selbst Zuflucht, nachdem seine Organisation den Rückzugsraum im Sudan verloren hatte (siehe Kapitel 4, S. 55).⁴ Aus diesem Kreis stammten spätere Kader der jemenitischen al-Qaida, wie etwa Ibrahim Muhammad Salih al-Banna («Abu al-Hasan al Hashimi»), ein Ägypter, der bereits Ende der 1980er-Jahre zur Kerngruppe al-Qaidas in Afghanistan gestoßen war (Johnsen 2013, 49; Joscelyn, 16.12.2015).

Die Jihadisten überzogen den Jemen in den Neunzigern mit einer Welle des Terrors, der sich insbesondere gegen kommunistische Politiker des Südens richtete, aber zunehmend auch gegen den Westen.

Als am 3. Dezember 1992 der UN-Sicherheitsrat beschloss, US-Truppen mit einem friedenssichernden Mandat in Somalia zu stationieren (siehe Kapitel 11, S. 136), sollte der Hafen von Aden als strategischer Drehpunkt für die US-Marine dienen. Dies war der Anlass für Bin Laden, einen ersten Angriff gegen amerikanische Truppen im Jemen in Auftrag zu geben. Ziele sollten zum einen ein US-Navy Transportflugzeug sein und zum anderen zwei Hotels, in denen US-Marines stationiert waren. Die Anschlagsserie scheiterte infolge einer dilettantischen Auskundschaftung und Umsetzung, dennoch zog die US-Regierung die Konsequenz, Aden nicht weiter als Stützpunkt zu nutzen, was Bin Laden als Erfolg für sich verbuchte (vgl. Johnsen 2013, 29–34).

1994 brach sich der schwelende Konflikt zwischen Salih und den südjemenitischen Kadern in einem kurzen, aber intensiven Bürgerkrieg Bahn. Tariq al-Fadhlis Jihadisten kämpften, wie von Salih erhofft, auf Seiten der Nordkräfte, die am 4. Juli die südjemenitische Hafenstadt Aden einnehmen konnten. Infolgedessen integrierte sich al-Fadhli in den politischen Prozess und löste seine

Miliz offiziell auf. Enttäuschte Anhänger, die sich weigerten, mit der Regierung zusammenzuarbeiten, wandten sich von al-Fadhli ab und gründeten 1996 unter Führung des Afghanistan-Veteranen Zain al-Abidin Abu Bakr al-Mihdhar (Abu Hassan) die «Islamische Armee Aden-Abyan».[5] Die Gruppe war eher global ausgerichtet und verkündete offen ihre Unterstützung für Bin Laden und al-Qaida (Koehler-Derrick 2011, 27). Im Dezember 1998 wurden al-Mihdhar und weitere wichtige Mitglieder im Zusammenhang mit einer Geiselnahme von sechzehn westlichen Touristen verhaftet. Eine ergebene Schar von Anhängern plante, ihn aus dem Gefängnis zu befreien, doch die Sicherheitsbehörden erfuhren davon; die Verschwörer wurden verhaftet und al-Mihdhar 1999 hingerichtet, was den baldigen Niedergang der Gruppe bedeutete.

Unter denjenigen, die von der Polizei verhört und dann wieder freigelassen wurden, befand sich auch «Abu Jandal» alias Nasir Ahmad Nasir al-Bahri (1972–2015), der ehemalige Bodyguard Bin Ladens (Soufan 2011, 151). Bald darauf verließ er das Land wieder in Richtung Afghanistan, um Bin Laden über die Lage zu informieren. Dieser war besorgt, dass der Wind im Jemen sich gegen al-Qaida gedreht haben könnte, denn: «Das Schiff 'Ali 'Abdullah Salih ist das einzige, das wir haben» (Soufan 2011, 152).

In der Folge nahmen die im Jemen befindlichen al-Qaida-Mitglieder den jemenitischen Staat zunehmend als ihnen gegenüber feindlich gesinnt wahr und überzeugten Bin Laden, dass es nun Zeit sei, entschlossen zu handeln (Soufan 2011, 154).

Am Vormittag des 12. Oktober 2000 näherte sich dem Zerstörer USS *Cole* der US-Marine, der zur Wiederbetankung im Hafen von Aden lag, ein leichtes Boot mit zwei Mann Besatzung.[6] An Bord waren 180–320 Kilogramm Sprengstoff, sie explodierten in unmittelbarer Nähe des US-Kriegsschiffs. Siebzehn Marine-Angehörige wurden getötet und die Außenwand der USS *Cole* schwer beschädigt. Hinter dem Anschlag stand 'Abd al-Rahim al-Nashiri, ein Veteran des afghanischen Jihad und Mitglied al-Qaidas.[7] Er stammte aus Saudi-Arabien und hatte mit Bin Laden persönlich seit Ende 1998 seinen Anschlagsplan abgestimmt (Kean & Hamilton 2004, 152–153).

Zwar gab es keine Aufnahmen der Explosion, weil der beauftragte Kameramann das Ereignis verschlafen hatte, aber al-Qaida erregte trotzdem große mediale Aufmerksamkeit mit einem anschließend produzierten Video mit Szenen aus den Trainingscamps in Afghanistan sowie Bildern leidender Muslime in Krisengebieten (Kean & Hamilton 2004, 191).

Terrorzellen in Saudi-Arabien (2000er-Jahre)

Die zentrale Figur der al-Qaida-Strategen in Saudi-Arabien war Yusuf Bin Salih Bin Fahd al-ʿUyairi (geb. 1973), der zwar bereits Ende Mai 2003 getötet wurde, aber den Grundstein für den späteren al-Qaida-Ableger am Golf legte und auch nach seinem Tod als spirituelle Leitfigur galt (Hegghammer 2010, 118–129, 170–180). Al-ʿUyairi war nicht nur ein wichtiger Ideologe und Anwerber, sondern baute auch eine der wichtigsten frühen Internetseiten al-Qaidas auf (*al-Nida*), über die die Botschaften des Führungskreises um Bin Laden nach Saudi-Arabien und an andere Orte transportiert wurden. Sukzessive hatte sich das al-Qaida-Netzwerk im Königreich Ende der 1990er-Jahre ausgebreitet. Die al-Qaida-Zentrale vollzog nach dem Zusammenbruch ihrer Strukturen in Afghanistan Ende 2001 einen Paradigmenwechsel und betrachtete das Land nun eher als Angriffsziel denn als Mobilisierungspool. Vor allem die jüngeren saudischen Kämpfer drängten auf Operationen in ihrem Heimatland (Hegghammer 2010, 161–166), ab Frühjahr 2002 kehrte die Mehrheit der etwa 300–1000 Saudis in ihre Heimat zurück. Eine Welle der Gewalt begann durch das Land zu rollen. Bei einem Anschlag am 12. Mai 2003 auf einen Wohnkomplex in Riad, der überwiegend von US-Sicherheitsberatern genutzt wurde, wurden zum Beispiel 39 Menschen getötet (Hegghammer 2010, 180–185). Sechs Monate später wurde der Name «al-Qaida auf der Arabischen Halbinsel» erstmals von den Militanten selbst verwendet.

Im Oktober 2002 beging eine neue al-Qaida-Zelle um den saudischen Staatsbürger Fawaz Yahya Hasan al-Rabaiʿi, mit Unterstützung der altgedienten Bin Laden-Anhänger al-Harithi und al-Nashiri, einen Anschlag auf den französischen Öltanker *Lim-*

burg in der Hafenstadt al-Mukalla. Der Seehandel im Golf von Aden war kurzfristig empfindlich gestört, was zu Verlusten der jemenitischen Wirtschaft führte.[8] Die zwölfköpfige «al-Mukalla-Zelle» beging weitere Anschläge, bevor ihre Mitglieder verhaftet werden konnten. Am 3. Februar 2006 gelang es den insgesamt 23 inhaftierten Terroristen, darunter auch der spätere Führer al-Qaidas im Jemen, Nasir al-Wuhaishi, sowie al-Rabaiʿi, zu fliehen. Al-Rabaiʿi gründete daraufhin zusammen mit den anderen entflohenen Jihadisten «Tanzim Qaʿidat al-Jihad fi Ard al-Yemen» (Organisation Basis des Jihad auf der Erde des Jemen). Ihre erste Aktion bereits zwei Wochen nach dem Gefängnisausbruch, am 24. Februar 2006, richtete sich gegen die weltgrößte Ölverarbeitungsanlage von Abqaiq in Saudi-Arabien, allerdings konnte der Angriff von den Sicherheitskräften am Tor gestoppt werden.

Einige der verbliebenen Extremisten setzten sich in den benachbarten Jemen ab, wo sie Aufnahme bei ihren lokalen Gesinnungsgenossen fanden. Das Resultat aus dieser Allianz von saudischen und jemenitischen al-Qaida-Mitgliedern war die erneute Ausrufung von «al-Qaida auf der Arabischen Halbinsel» (AQAH), deren nun offizielles Gründungsvideo im Januar 2009 erschien (Hegghammer 2010, 237). Darin traten die Jemeniten Nasir ʿAbd al-Karim al-Wuhaishi und Qasim al-Rimi neben den beiden Saudis und ehemaligen Guantánamo-Insassen Saʿid ʿAli al-Shihri und Muhammad al-ʿAufi auf. Im Juni 2009 erschien dann die erste Audiobotschaft, in der al-Wuhaishi (Abu Basir, 1976–2015) als Anführer vorgestellt wurde (Koehler-Derrick 2011, 34). Er war ein Absolvent der etwa tausend privaten religiösen Institute, die im Jemen in den 1990er-Jahren existiert hatten. Angezogen von den Legenden um den afghanischen Jihad, war er ins Land der Taliban nach Afghanistan gegangen, von wo er erst nach fünf Jahren zurückkehren sollte. Bin Laden hatte den eher intellektuell ausgerichteten Jemeniten zu seinem persönlichen Sekretär gemacht (Johnsen 2013, 56–57).

Angriffe auf Reisende sind fester Bestandteil des terroristischen Repertoires, und so nahm auch AQAP schon früh Touristen im bis dahin attraktiven Reiseland Jemen ins Visier, zum einen, um so die Einnahmequelle Tourismus zum Versiegen zu bringen und den jemenitischen Staat und dessen Sicherheitskräfte vorzuführen, zum anderen, um Lösegelder zu erzielen. Doch die erste Entführung einer Touristengruppe, darunter drei Kinder, im Juni 2009 lief offenbar komplett aus dem Ruder. Die Erwachsenen der Gruppe, die sich zum Teil wehrten, wurden bei der Aktion erschossen.[9] So blieben nur die drei Kinder bei den Entführern, wovon eines starb und zwei gegen niedrige Lösegeldsummen freigelassen wurden. «Die Dinge liefen nicht gut für uns und wir hatten auch keine Erfahrung mit Entführungen und der medialen Entrüstung nach der Tötung der drei Frauen und der Verurteilung hiervon durch die Leute», schrieb al-Wuhaishi später an die Zentrale in Pakistan.[10] In der Tat war es in Folge der Ermordungen zu massiven Protesten im Jemen von Tausenden Menschen gekommen, darunter Geistliche, Politiker, Stammesvertreter, Staatsangestellte und Studenten.[11]

Doch trotz dieses Fehlstarts verstand AQAH es schnell, von den Konflikten, welche die Regierung Salih beschäftigten, zu profitieren: zum einen zwischen der Zentralregierung und den Huthi-Rebellen im Norden und zum anderen zwischen der Regierung und der südjemenitischen Separatistenbewegung. Denn diese Konflikte banden die Ressourcen der Sicherheitskräfte, die al-Qaida zunächst als weitaus geringere Gefahr einschätzten und ihr damit Operationsraum überließen.

Schon bald nach ihrer Gründung entwickelte AQAH enorme Aktivitäten, die sich im Wesentlichen gegen Saudi-Arabien und die USA richteten. Nicht alle Operationen liefen allerdings wie geplant ab. Ihr Markenzeichen in dieser ersten Phase waren ausgefallene Sprengstoffvorrichtungen, die vom wichtigsten Bombenbauer der AQAH, Ibrahim al-ʿAsiri (geb. 1982), gefertigt wurden. Für einen Attentatsversuch auf den stellvertretenden saudischen Innenminister im August 2009 hatte al-ʿAsiri Sprengstoff im Inneren des Körpers seines eigenen Bruders platziert. Ein paar Monate später, am 25. Dezember, machte AQAH mit einem Anschlagsversuch auf ein US-Passagierflugzeug durch den nigerianischen Studenten Umar Faruq Abdulmutallab auf sich aufmerksam. Zwar konnte dieser seine Sprengvorrichtung nicht zur Explosion bringen, doch hatte al-Qaida es geschafft, sämtliche Sicherheitsmaßnahmen am Flughafen Amsterdam zu umgehen, was in ihrem Bekennerschreiben als Triumph gefeiert wurde.

Im Sommer 2010 erschien das erste englischsprachige Jihad-Magazin unter dem Namen «Inspire». Vorangetrieben wurde die Öffentlichkeitsarbeit insbesondere durch Anwar al-Awlaki (1971–2011), einen US-jemenitischen Jihadisten, der in den 2000er-Jahren zu einem der wichtigsten Propagandisten und Mobilisierer der Ideologie al-Qaidas in den USA und Europa aufstieg und dessen Bedeutung nach seiner Tötung durch eine US-Drohne im September 2011 sogar noch zunahm (Heffelfinger 2010; Shane 2016; Counter Extremism Project 2016).

Die USA und der Jemen

Ab 2010 galt AQAH in den Augen der USA als gefährlichster al-Qaida-Ableger, auch wenn deren tatsächliche Macht sich erst in den nächsten Jahren wirklich entfalten sollte (International Crisis Group 02.02.2017, 4). Die besondere Rolle AQAHs ergab sich unter anderem daraus, dass sich in ihr langjährige al-Qaida-Veteranen zusammengeschlossen hatten, die nicht nur eine tiefe Überzeugung, sondern auch Erfahrung, Netzwerke und relevante Fähigkeiten mitbrachten und direkte Kontakte zur al-Qaida-Führung in Pakistan hatten.

Die USA übten verstärkt Druck auf die Regierung Salih aus, den Kampf gegen al-Qaida ernster zu nehmen. Das Verhältnis zwischen den beiden Staaten war kompliziert. Nach dem Desinteresse der USA am Jemen in den 1990er-Jahren führte der Anschlag auf die USS *Cole* im Oktober 2000 zu einer ersten Fokussierung auf den Jemen im Antiterrorkampf. Nach dem 11. September 2001 wurde das Land dann zu einer «Front» im Krieg gegen den Terrorismus erklärt, was mit einer intensiveren Kooperation zwischen der Bush- und der Salih-Administration einherging. Dennoch waren jemenitische Stellen lange Zeit nicht bereit, vom FBI gesuchte und namentlich bekannte al-Qaida-Mitglieder an die USA auszuliefern (Sharp 03.03.2011, 31–32). Auch das Ermittlerteam unter dem FBI-Agenten Ali Soufan, das nach dem Anschlag auf die USS *Cole* von den USA entsandt wurde, erlebte die anti-amerikanische Stimmung im Land und die Spannungen zwischen den Sicherheitskräften der beiden Staaten am eigenen Leibe (Soufan 2011, 162–166).

Wie schwer es Salih fiel, zwischen den diversen Interessen im Jemen und denen Washingtons zu agieren, verdeutlicht die Episode um Sheikh ʿAbd al-Majid al-Zindani, eine schillernde Figur des Salafismus. Er unterhielt Kontakte zu Bin Laden und bereits im afghanischen Jihad enge Beziehungen zu Bin Ladens Mentor ʿAbdullah ʿAzzam und den Milizführern. Das US-Finanzministerium benannte al-Zindani im Februar 2004 als Geldgeber des Terrorismus und forderte von der jemenitischen Regierung die Einfrierung aller seiner Gelder. Al-Zindani war jedoch im Jemen eine bekannte und einflussreiche Persönlichkeit, eine religiöse Autorität, Gründer der von diversen Spendern aus den Golfstaaten geförderten fundamentalistischen al-Iman-Universität in Sanaa und Anführer des radikalen Flügels der oppositionellen Islah-Partei sowie nicht zuletzt ein enger Freund von ʿAzzam.[12] Der Vorsitzende der islamistischen Islah-Partei sprach noch im Januar 2004 persönlich beim US-Botschafter in Sanaa vor, um sich für seinen Parteifreund einzusetzen (WikiLeaks 04SANAA194_a), und der stellvertretende Außenminister Jemens Mohidin al-Dhabi bat im Oktober 2005 in der US-Botschaft um konkretere Beweise gegen al-Zindani (WikiLeaks 05SANAA3105_a). Mit anderen Worten: Die USA und die jemenitische Regierung spielten in Sachen Terrorismusbekämpfung zwei völlig unterschiedliche Tonleitern. Präsident Salih musste vorsichtig zwischen den Interessen der USA und dem eigenen Interesse am Machterhalt im Jemen abwägen, wozu auch ein gutes Verhältnis zu Sympathisanten der Jihadisten und zu den Stämmen zählte.[13]

Unter Obama vollzog sich dann ein Wandel in der US-Außenpolitik gegenüber dem Jemen. Die neue Strategie der USA fußte auf drei Säulen: der direkten Bekämpfung al-Qaidas im Jemen, einer Stabilisierung des Jemen durch erhöhte finanzielle Hilfen sowie Bemühungen, das Land verstärkt in die internationale Politik einzubeziehen (Sharp 03.03.2011, 32).

Hatte der US-Haushalt für die militärische Förderung Jemens 2006 lediglich 4,3 Millionen US-$ vorgesehen, so stellte er 2009 66,8 Millionen US-$ und im Folgejahr 150 Millionen US-$ bereit (Sharp 3.3.2011, 37). Angesichts der problematischen Menschenrechtsbilanz der jemenitischen Regierung und der vielen bewaffneten Konflikte im Land war diese Unterstützung in Washington nicht unumstritten (Committee on Foreign Relations 05.01.2010, 2–3).

Doch der stetige Druck aus Washington in Kombination mit finanziellen Anreizen führte trotz aller Bedenken dazu, dass die jemenitischen Sicherheitskräfte ab etwa 2010 zumindest offiziell den Kampf gegen al-Qaida wieder intensivierten (International Crisis Group 02.02.2017, 4). Prompt reagierte al-Qaida mit verstärkten Attacken gegen den jemenitischen Staat.

AQAH alias Ansar al-Shariʿa (seit 2010)

2011 erfasste die Protestwelle gegen autokratische Herrschaft, die von Tunesien und Ägypten ihren Lauf durch die arabischen Länder nahm, auch den Jemen (zum Arabischen Frühling siehe Kapitel 10). Im Februar 2012 löste ʿAbdu Rabuh Mansur Hadi (geb. 1945) offiziell Salih als Präsident ab. In ihm hatten die USA einen neuen, den Vereinigten Staaten grundsätzlich positiv gegenüberstehenden Verhandlungspartner, mit dem dann erstmalig ein Abkommen über die nun beginnende Drohnenkampagne der USA gegen al-Qaida im Jemen geschlossen wurde (Sharp 03.03.2011, 15–16). Saudi-Arabien unterstützte Hadi ebenfalls, insbesondere da er vor dem Hintergrund der saudisch-iranischen Spannungen als Gegengewicht zu den schiitischen Huthi-Rebellen dienen sollte. Salih akzeptierte seine Niederlage jedoch nicht und versuchte aus dem Exil seine Anhänger zu mobilisieren. Um Hadi zu verdrängen, verbündete er sich sogar mit den Huthis.[14] Auch im separatistischen, aber in sich zerstrittenen Süden des Landes gärte es weiter.

Für al-Qaida boten die zerfallenden und fragmentierten Staats-

und Gesellschaftsstrukturen einen idealen Nähr- und Operationsboden. Entsprechend den Überlegungen Bin Ladens, der den Namen «al-Qaida» zur Diskussion gestellt hatte, entstand im Frühjahr 2011 eine Art Untermarke von AQAH, die sich «Ansar al-Shari'a» (Unterstützer der Scharia) nannte. Der Name sollte unbelastet von der Assoziation mit Terrorismus wirken und zudem an die positiven Gefühle der Bevölkerung gegenüber der islamischen Gesetzgebung anknüpfen. Ansar al-Shari'a hatte den Anspruch, die Machtverhältnisse vor Ort zu ändern, und ging hierfür Allianzen mit nützlichen lokalen Partnern ein. Diese Vorgehensweise diente als Beispiel für das spätere Vorgehen al-Qaidas in anderen Ländern. AQAH war durch Ansar al-Shari'a nun nicht mehr eine kleine, einige Hundert Mann zählende Terrororganisation mit internationaler Ausrichtung, sondern eine lokale Aufstandsbewegung, der es schon im Mai 2011 gelang, Territorien in der südjemenitischen Provinz Abyan, inklusive der Hauptstadt Zinjibar, unter Kontrolle zu bringen und über ein Jahr zu halten.

Erst der neue Präsident Hadi schaffte es, die Herrschaft über Abyan mit Hilfe von verbündeten Stammesmilizen wiederherzustellen (International Crisis Group 02.02.2017, 7). Daraufhin wechselte Ansar al-Shari'a wieder, wie es auch die al-Shabab in Somalia oder al-Qaida im Irak taten, in den «Hit-and-Run»-Modus und führte in den kommenden Monaten mehre große Angriffe und Anschläge gegen jemenitische Sicherheitsstrukturen durch.

In den Jahren 2013 und 2014 gelang es den Huthi-Rebellen im Norden, zu einer entscheidenden politischen Macht aufzusteigen. Sie hatten eine Allianz aus sunnitischen Kräften besiegt und waren im September 2014 in die Hauptstadt Sanaa eingerückt. Im Februar 2015 vertrieben sie Präsident Hadi, was wiederum Saudi-Arabien alarmierte, das hinter dem Vormarsch der Huthis Iran als treibende Kraft vermutete. Zusammen mit den Vereinigten Arabischen Emiraten und mit der Unterstützung Großbritanniens, Frankreichs und der USA begann Saudi-Arabien im Frühjahr 2015 einen Krieg mit dem Ziel, die Huthis zu vertreiben und Präsident Hadi wieder an die Macht zu bringen.

Al-Qaida erkannte ihre Chance, sich mit Angriffen auf die Huthis die Sympathien sunnitischer Kräfte zu sichern und sich als Teil einer breiteren Allianz gegen sie zu präsentieren. Im Dezember 2014 nahm al-Qaida für sich in Anspruch, in weniger als 90 Tagen in 14 Provinzen 149 militärische Operationen und Anschläge gegen die Huthis durchgeführt zu haben (International Crisis Group 02.02.2017, 8).

Das Frühjahr 2015 führte den Jemen in das komplette politische Chaos. Hadi- und Salih-Loyalisten bekriegten sich; die Huthis kontrollierten weiterhin Sanaa und große Landesteile im Norden; der «Islamische Staat» versuchte nun ebenfalls im Jemen Fuß zu fassen und verübte Selbstmordanschläge gegen Huthi-Moscheen; die von Saudi-Arabien angeführte Koalition bombardierte angeblich Ziele der Huthis und der Unterstützer des alten Präsidenten Salih, wobei es aber häufig Zivilisten, Rettungskräfte und zivile Infrastruktur traf.[15] Während die marode Wirtschaft zwischen 2015 und 2017 immer mehr zum Erliegen kam und viele Menschen die Lebenshaltungskosten, geschweige denn medizinische Versorgung kaum noch bezahlen konnten, trat al-Qaida wieder als Krisengewinner hervor. Zum zweiten Mal gelang es ihr, Territorium zu besetzen (mit geschätzten tausend al-Qaida-Kämpfern) und zu halten, dieses Mal die 500 000 Einwohner zählende Hafenstadt al-Mukalla sowie 600 Kilometer Küstenlinie (Bayoumy et al. 08.04.2017). Von April 2015 bis April 2016 übte sie gemeinsam mit lokalen Unterstützern Herrschaft aus und präsentierte sich als «Söhne Hadramauts», als legitimer Teil der Gesellschaft (Edroos 11.01.2018). Als Ansar al-Shariʿa trat al-Qaida nun wie Robin Hood auf, verteilte Spenden, baute Infrastruktur auf, sprach Recht und bestrafte, sorgte für Wasser, Elektrizität, Bildung – und verteilte auf Volksfesten eigenes Propagandamaterial über die Opfer der amerikanischen Drohnenangriffe.

Mit der Kontrolle des wichtigen Seehafens konnte al-Qaida enorme Einnahmen verbuchen, allein durch Steuern auf eintreffende Waren sowie Treibstoff bis zu 2 Millionen US-$ am Tag, hinzu kamen etwa 100 Millionen US-$ aus dem Sturm auf die Zentralbank (Bayoumy et al. 08.04.2017).

Erst im April 2016 griffen die Vereinigten Arabischen Emirate gegen al-Qaida ein. Die al-Qaida-Kämpfer zogen sich strategisch aus ihrer Bastion zurück, jedoch blieben weiterhin Teile von Hadramaut, Abyan und der benachbarten Shabwa-Provinz von ihnen kontrolliert. Fast zwei Jahre nach dem Rückzug al-Qaidas fühlen sich einige Einwohner al-Mukallas heute vergessen (Edroos 11.01.2018). Sie beklagen sich, dass weder die jemenitische Regierung noch Saudi-Arabien oder die Vereinigten Arabischen Emirate sich um die Bevölkerung gekümmert und ihr ausreichend staatliche Dienstleistungen zur Verfügung gestellt hätten. Und zumindest bei einigen herrscht die Meinung, dass das Leben unter al-Qaida und ihrer Kontrolle besser gewesen sei (Edroos 11.01.2018). Dies zeigt exemplarisch, dass die Stärke al-Qaidas und ihrer Verbündeten sich in vielen Fällen aus der Schwäche ihrer staatlichen Gegner ableitet.

Unter dem Strich ist al-Qaidas Macht im Jemen in den letzten Jahren tendenziell gewachsen. Die Zahl der al-Qaida-Kämpfer wurde 2015 von den USA auf etwa viertausend Mann geschätzt, die dazu mittlerweile auch ihr Waffenarsenal enorm aufstocken konnten, auch mit schweren Waffen aus den Beständen der jemenitischen Armee (International Crisis Group 02.02.2017, 9). Durch die Millioneneinnahmen aus der Kontrolle über Teile des wirtschaftlichen Lebens im Jemen ist die Organisation zudem wohlhabender geworden als je zuvor. Ihre Führung stand und steht loyal zur al-Qaida-Führung, derzeit repräsentiert durch Aiman al-Zawahiri, der mit AQAH und Ansar al-Shariʿa eine der wichtigsten, verlässlichsten und effektivsten Stützen im al-Qaida-Geflecht hat.

10. Al-Qaida im Islamischen Maghreb

Jihad in Algerien, Ansätze in Libyen (1990er-Jahre)
Die Spuren al-Qaidas in Nordafrika gehen, wie auch in anderen Regionen, auf die Zeit des Afghanistankrieges 1979–1989 zurück, an dem sich auch Nordafrikaner beteiligt hatten. Die überwiegende Mehrheit von ihnen stammte aus Algerien, je gut hundert auch aus Libyen, Tunesien und Marokko (Bergen 2003, 122). Einige der Afghanistan-Rückkehrer versuchten in ihren Heimatländern, Netzwerke aufzubauen und nach Möglichkeit auch militärische Aktionen zu unternehmen, um die jeweiligen Regime in Bedrängnis zu bringen. In Algerien hatte das Militär im Januar 1992 die ersten freien Parlamentswahlen abgebrochen, als sich ein Sieg der «Islamischen Heilsfront» (Front Islamique du Salut, FIS) beim ersten Wahlgang im Dezember 1991 abzeichnete.[1] Ab Juni 1991 hatte sich der Konflikt zwischen FIS und Militär sowie der Regierung zugespitzt. Mitglieder und Anführer der FIS wurden verhaftet und die Partei schließlich im März 1992 verboten. Dass man repressiv und letztlich militärisch gegen Islamisten vorging, die den parlamentarischen Weg beschreiten wollten, spielte jenen islamistischen Kräften in die Hände, die von vornherein ausschließlich auf den bewaffneten Kampf als Mittel der Veränderung setzten (Tawil 2010, 67–73).

Nach dem Verbot der FIS wurde zunächst ihr bewaffneter Arm aktiv, der jedoch bald darauf von den Aktivitäten der ebenfalls 1992 neu formierten «Bewaffneten Islamischen Gruppe» (Groupe Islamique Armé, GIA) in den Schatten gestellt wurde.

In der Gründungsgeschichte der GIA spielten Afghanistan-Veteranen eine wichtige Rolle (Tawil 2010, 68, 73–75). Ihr ideologischer Kopf Qari Saʻid stand zunächst mit Bin Laden in engem Kontakt und hatte von diesem angeblich auch Geld erhalten

(Wright 2008, 257; Tawil 2010, 73). Kurz nach seiner zweiten Rückkehr aus Afghanistan im Februar 1992 wurde er verhaftet. Zwei Jahre später gelang ihm im März 1994, zusammen mit Hunderten anderen, die Flucht aus einem Gefängnis und er wirkte daran mit, die GIA mit anderen militanten Gruppen, darunter Splittergruppen der ehemaligen FIS, unter einem Dach zu vereinen (Tawil 2010, 75, 83–84).

Die GIA war die radikalste und zugleich brutalste Jihadisten-Gruppe der 1990er-Jahre. Sie war in etwa so berüchtigt für ihre Gewalttätigkeit und ihr Sektierertum selbst anderen Islamisten gegenüber wie zwei Jahrzehnte später der «Islamische Staat» in Syrien und Irak, insbesondere nachdem im Herbst 1994 Jamal Zaituni neuer «Amir» (Anführer) der GIA wurde und einen skrupellosen Krieg gegen Zivilisten in Algerien führte. Schon bald konnte die Organisation eine neue Generation von Kämpfern anwerben: In den Städten aufgewachsene jüngere Männer, nicht wenige von ihnen mit einer kleinkriminellen Vergangenheit, denen sich nun die Chance bot, ihren Frust und ihre Aggressionen in eine «gottgewollte» Bahn umzulenken, letztlich ein Phänomen, was sich so auch in anderen Teilen der Welt, auch in Europa, beobachten lässt (Tawil 2010, 69). Die Organisationsform der GIA bestand in lokal begrenzten «bewaffneten Banden», die keine koordinierte Gesamtstrategie verfolgten, sondern versuchten, ihren jeweiligen Einflussradius zu erweitern (Martinez 2000, 94–118). Die einzelnen Banden unterstanden jeweils dem Kommando eines «Amir», wobei diese Befehlshaber häufig weder religiös noch politisch motiviert waren, sondern im Jihad schlicht ein Geschäftsmodell zur Bereicherung und zum Ausbau der eigenen Macht sahen.

Aufgrund der zunehmenden Entfremdung zwischen GIA und der algerischen Bevölkerung, des immer negativeren Images der Gruppe sowie des zunehmenden Sektierertums, selbst Bin Laden gegenüber bei einem Treffen in Khartum, kam es 1995 letztlich zu einem Bruch zwischen der al-Qaida-Führung und der GIA (Wright 2008, 258; Tawil 2010, 96–97). In Algerien selbst isolierte sich die GIA mit ihrem allumfassenden Krieg, der nach dem

Tod Zaitunis im Juli 1996 unter seinem Nachfolger Antar Zoubari (geb. 1970) sogar noch exzessiver wurde, vollständig und legte damit den Grundstein für ihren Niedergang (Tawil 2010, 127–135).

Nicht zuletzt dank der professionellen Öffentlichkeitsarbeit ihrer Mitglieder und Sympathisanten gelang es der GIA jedoch, in Europa ein Netzwerk aufzubauen, das gleichermaßen für logistische Hilfe, etwa Waffenschmuggel und Finanzierung, wie auch für die Erstellung und weltweite Distribution des wöchentlich erscheinenden GIA-Organs «Al-Ansar» zuständig war (Nasiri 2006, 76). Ähnlich wie der IS es später machen sollte, berichtete die GIA in «Al-Ansar» über ihre Gewaltanschläge und rechtfertigte sich mit theologischen Ausführungen (Nasiri 2006, 82). Die GIA war es auch, die den lokalen Krieg gegen das Regime in Algerien über die Grenzen hinaus nach Europa trug. Die Entführung einer Air-France-Maschine am 24. Dezember 1994 war der Beginn einer terroristischen Kampagne, die immer wieder französische Staatsbürger zum Ziel hatte (vgl. auch Kapitel 17, S. 189 f.).

Mit aufmerksamen Blick auf die Entwicklung der GIA trat ab 1995 im Nachbarland Libyen die «Libyische Islamische Kampfgruppe» (Libyan Islamic Fighting Group, LIFG) offen in Erscheinung (Tawil 2010, 57–66). Auch hier waren die Gründungsmitglieder Afghanistan-Veteranen, die nun an der Heimatfront kämpfen wollten. Die LIFG entsandte Delegationen zum Erfahrungsaustausch nach Algerien und unterhielt schon früh enge Kontakte zu Bin Laden, unter anderem in dessen sudanesischem Exil (Tawil 2010, 84–87). Offenbar hatte die al-Qaida-Führung großes Vertrauen in die LIFG, mehr zumindest als in die GIA, die man mit Skepsis beobachtete, vor allem unter der Führung von Zaituni.

Der LIFG gelang es jedoch nicht wie der GIA, einen breiten Aufstand zu initiieren. Die Gruppe blieb eine Randerscheinung, deren Angriffe in den Bergen Ost-Libyens bei Darna von der libyschen Armee zurückgeschlagen werden konnten (Tawil 2010, 136). Zudem stand sie nach einem gescheiterten Anschlagsversuch auf den Staatsführer Muammar al-Qadhafi 1996 unter erhöhtem Druck der libyschen Sicherheitskräfte, und ihre Führung geriet nach der Aussage eines ehemaligen Mitarbeiters des britischen MI5 in den Verdacht, mit den Briten kooperiert zu haben (Tawil 2010, 138–139).

Nach 1996 fanden die übriggebliebenen LIFG-Mitglieder schließlich bei den Taliban in Afghanistan Zuflucht. Dort hielt sich auch Bin Laden auf, zu dem ein Teil der LIFG nun die Beziehungen ausbaute. Exemplarisch hierfür steht Abu Laith al-Libi (1967–2008). Der LIFG-Kader kämpfte in den 1990er-Jahren an den Fronten Afghanistans an der Seite von al-Qaida. Als dann 2007 ein Aussöhnungsprozess zwischen der libyschen Regierung und der LIFG begonnen wurde, versuchte Abu Laith diesen zu unterlaufen, ähnlich wie die radikalen Elemente der GSPC zu dieser Zeit in Algerien. Er verkündete zusammen mit Aiman al-Zawahiri die Fusion von LIFG, zumindest der loyalen Gruppe in Afghanistan, und al-Qaida (ICT 2012, 4).

Groupe Salafiste und AQIM

Nach dem Niedergang der GIA zwischen 1996 und 1998 begann 1999 ein Friedensprozess zwischen dem algerischen Staat und parlamentarisch orientierten oppositionellen Islamisten und neue Antiterrormaßnahmen wurden eingeleitet – was die verbliebenen Aufständischen zunehmend weiter schwächte, wie ein al-Qaida-Gesandter 2007 rückschauend feststellte (Brief von Salih al-Mauritani, BLB, 19.08.2007).[2] Zugleich öffnete sich damit auch ein Raum für innerjihadistische Opponenten des desaströsen Zaituni/Zoubari-Kurses. Eine solche Gruppe um Hassan Hattab (geb. 1967) spaltete sich von der GIA ab und gründete 1998 die «Salafistische Gruppe für den Ruf zum Islam und für den Kampf» (Groupe Salafiste pour la Prédication et le Combat, GSPC).[3]

In die Vorgänge involviert war auch der in London ansässige Amar Makhlulif (Abu Doha, geb. 1963), der als Verbindungsmann zwischen al-Qaida und dem Anti-Zaituni-Flügel der GIA fungierte. Bin Laden war über ihn schon früh in die Planung zur Abspaltung von der GIA und zur Gründung der GSPC involviert und befürwortete das Vorhaben (Harmon 2014, 55). Die neue

Gruppe sollte sich von der GIA vor allem dadurch unterscheiden, dass sie strikter zwischen algerischen Zivilisten und militärischen Zielen unterscheiden sollte. Außerdem betonte sie stärker den Gedanken des globalen Jihad im Sinne al-Qaidas, deren Ideologie die GSPC weitgehend übernahm.

Zu Beginn des neuen Jahrtausends hatte die GSPC nach eigenen Angaben viertausend Kämpfer und begann eine Offensive gegen das algerische Militär (Harmon 2014, 56). Internationale Aufmerksamkeit erregte sie im Februar und März 2003, als sie in einer spektakulären Aktion 32 europäische Touristen nahe der libyschen Grenze entführte. Dieses Ereignis, wie auch der im März 2003 begonnene Irak-Krieg, stärkten den internationalistischen Flügel innerhalb der GSPC und brachte der Organisation neue Rekruten aus Algerien, Tunesien und Libyen, die dann in den Irak geschleust wurden (Harmon 2014, 60–61). Hattab, der sich mittlerweile für Gespräche mit der Regierung aussprach, zog sich im September 2003 aufgrund mangelnden Rückhalts für seinen Kurs zurück. Damit war der Weg frei für Akteure innerhalb der GSPC, die der al-Qaida-Linie folgen wollten. Hattabs Nachfolger Nabil Sahrawi wurde bereits im Juni 2004 vom algerischen Militär getötet. An die Spitze der GIA rückte nun der Bin-Laden-Anhänger ʿAbd al-Malik Drukdal (Abu Musʿab ʿAbd al-Wadud, geb. 1970), ein studierter Chemiker. Er wurde der erste und langjährige Amir von al-Qaida im Islamischen Maghreb (AQIM), die ihre Gründung im Januar 2007 bekanntgab (Tawil 210, 195).

Dem Anschluss an al-Qaida folgte ein Zustrom von neuen Rekruten aus Marokko, Mauretanien und Libyen sowie eine verstärkte militärische Kampagne der Gruppe um Drukdal, die unter anderem auch durch eine Finanzspritze al-Qaidas zur Aufstockung des Waffenarsenals möglich war. AQIM, die mittlerweile Verstärkung von Spezialisten der irakischen al-Qaida erhielt, setzte in den ersten beiden Jahren nach der Gründung auch vermehrt Selbstmordattentäter ein, was zu starken Schäden und hohen Opferzahlen führte. Nach 2008 änderte die Organisation wiederum ihre Taktik und ging zu militärischen Angriffen gegen algerische Sicherheitskräfte über, was wohl auf die Anweisung Bin Ladens zurückzuführen war, nach Möglichkeit Opfer unter unbeteiligten Zivilisten zu vermeiden.[4]

Parallel zur militärischen Offensive baute AQIM ihr transnationales Netzwerk in Marokko, Tunesien, Libyen, Mali, Burkina Faso, Niger und Mauretanien aus, aufgeteilt in vier Zonen, mit dem algerischen Raum als Zentrum. Für die Länder der Sahara- und Subsahara-Region lag bereits seit Zeiten der GSPC die Zuständigkeit bei dem Afghanistan-Veteran und Schmuggler Mokhtar Belmokhtar (Khalid Abu al-ʿAbbas, geb. 1972). In der Rolle des «Wüstenterroristen» wurde er zur Legende, etwa durch spektakuläre Angriffe, wie die Geiselnahme auf einem algerischen Erdgasfeld nahe der libyschen Grenze im Januar 2013, aber auch durch diverse Meldungen zu seinem angeblichen Tod, die sich später als falsch herausstellten. Die Beziehung zwischen dem eigensinnigen Belmokhtar und der AQIM-Führung war jedoch stets schwierig, 2012 kam es sogar kurzzeitig zu einem Bruch mit der AQIM-Schura.[5]

Deswegen hatte die AQIM-Führung ein weiteres Südbataillon unter Führung von ʿAbd al-Hamid Abu Zeid (1965–2013) aufgebaut, der als besonders skrupellos galt (Chivvis 2016, 30). Den südlichen Sahara-Gebieten kam angesichts der mäßigen Erfolge im algerischen Jihad ab 2011 eine immer größere Bedeutung zu (Harmon 2014, 62–63), wie 2013 auch al-Zawahiri bekräftigte:

> In Algerien, wo die amerikanische Präsenz vernachlässigbar und schwer zu fassen ist, zielt der Kampf gegen das System darauf ab, es zu schwächen und den jihadistischen Einfluss im islamischen Maghreb, der Westafrikanischen Küstenregion und den Ländern der Südsahara zu verbreiten. (General Guidelines for Jihad 2013).

Die Operationen von AQIM hatten noch bis 2012 ihren Schwerpunkt weiterhin in Algerien – mit den meisten Todesopfern in den Jahren 2008 und 2009 (Harmon 2014, 63) –, ab 2012 war die Zahl der Anschläge in Mali höher.[6] In jüngster Zeit zeigte AQIM, dass sie auch in der Lage ist, in Westafrika zuzuschlagen, etwa mit

einem Anschlag in Burkina Faso am 15. Januar 2016 und in der
Elfenbeinküste am 13. März 2016.

Kriminalität als Finanzierungsbasis

Bereits die GIA hatte in den 1990er-Jahren unter kleinkriminellen
Jugendlichen in Algerien rekrutiert, so dass die soziale Zusammensetzung des dortigen Jihad schon immer eine Vermischung von
Kriminalität und Terrorismus aufwies. Dies hielt sich als Konstante von GIA über GSPC bis zur AQIM, allerdings lernten die
Jihadisten dazu und gingen zunehmend professioneller vor.

Hierbei ist zu bedenken, dass AQIM bis 2012 eine Organisation ohne festes Territorium war. Dementsprechend konnte sie
sich, anders als etwa al-Shabab in Somalia oder al-Qaida auf der
Arabischen Halbinsel, nicht mit Einnahmen aus Steuern, Abgaben und Erlösen aus Verkäufen finanzieren. Kriminelle Aktivitäten waren letztlich die ergiebigste Möglichkeit, die sich AQIM
erschloss, um Sold zu zahlen, Waffen zu kaufen und Logistik
zu unterhalten. Zudem operierte AQIM in Gebieten, in denen
Schmuggel ohnehin zur Normalität gehörte und staatliche Repression so gut wie nicht zu erwarten war.

Insbesondere der durch Belmokhtar geführte Sahara-Arm von
AQIM, der grenzüberschreitend vor allem zwischen Algerien,
Libyen, Mali, Mauretanien und Niger agierte, tat sich hierbei hervor. Aufgrund seiner Verstrickung in den Zigaretten-, aber auch
Drogenschmuggel bekam Belmokhtar von der Presse den Beinamen «Mr. Marlboro». Die Finanzierung seiner Süd-Division
basierte vor allem auf Einnahmen aus dem Schmuggel von Menschen und Gütern sowie aus Entführungen (Harmon 2014, 63–68).
Für Letztere waren aber auch die Einheiten unter dem Kommando
von ʿAbd al-Hamid Abu Zeid verantwortlich. Allein von 2003 bis
2010 flossen etwa 50 Millionen Euro Lösegelder (Harmon 2014,
66). Ab 2009 intensivierte die AQIM das Entführungsgeschäft.

Die Opfer der Entführungen, die mehrheitlich in Mauretanien,
Mali oder Niger stattfanden, waren zumeist westliche Ausländer,
oft Europäer. Im Februar 2008 wurden zwei österreichische Staatsbürger in Tunesien entführt, dann aber nach Mali gebracht, da

AQIM nur dort über die nötigen Rückzugsräume verfügte, um anschließend in Verhandlungen einzutreten. Teilweise versuchte man durch Entführungen auch in Gefangenschaft geratene AQIM-Mitglieder freizupressen. Am Fall von Edwin Dyer, den AQIM im Januar 2009 in Mali entführte und im Mai desselben Jahres tötete, wurde deutlich, wie stark AQIM in das al-Qaida-Netzwerk eingebunden ist: Als Bedingung für die Freilassung des Briten Dyer forderte AQIM die Entlassung des damals in britischer Haft befindlichen Abu Qatada (geb. 1960), der als einer der wichtigsten Protagonisten der Londoner Jihadisten-Szene der 1990er-Jahre gilt und damals enge Kontakte zur GIA hatte (siehe Kapitel 16, S. 191).

Die Vermischung von Kriminalität und Jihad hatte AQIM so erhebliche Einkommen beschert, dass die al-Qaida-Zentrale zuweilen gar Gelder von den Gefolgsleuten in der Maghreb-Region forderte (SOCOM-2012-0000019, 32). Die AQIM-Führung war wiederum bemüht, ihr Vorgehen eng mit der al-Qaida-Zentrale in Pakistan abzustimmen. In einem Fall kritisierte die AQIM-Schura Belmokhtar schriftlich dafür, dass dieser in einem wichtigen Entführungsfall ohne Absprache mit dem Führungsgremium vorgegangen war, was zur Folge gehabt habe, dass «lediglich» ein Lösegeld von 700 000 Euro geflossen sei:

> Es ist bekannt, dass Entführungen das Haupt der militärischen Aktionen im Sahara-Raum waren, und das Gebiet sah eine große Anzahl von ihnen. Sie hatten erhebliche politische, mediale und finanzielle Auswirkungen auf dem politischen und militärischen Schauplatz, gleich ob auf der lokalen, der regionalen oder der internationalen Ebene. Wir kennen nicht einen Fall in dieser Hinsicht, den das Emirat nicht beaufsichtigt hätte. (Brief der AQIM-Schura, 03.10.2017)

Mali: Im Verbund mit den Tuareg

Die steigende Bedeutung Malis für al-Qaida stand in direkter Verbindung mit den im Januar 2012 aufgeflammten Auseinandersetzungen im Norden Malis im Zuge von Unabhängigkeitsbestrebungen der dortigen Tuareg-Rebellen.[7] Die Tuareg sind ein Volk in Afrika, das in diversen Ländern der Sahara- und Sahel-Zone lebt und in Mali eine ethnische Minderheit bildet, die immer wieder in Konflikt mit der Zentralregierung gerät. Nicht wenige Tuareg-Kämpfer hatten für al-Qadhafi in Libyen gekämpft und dort ihre Ausbildung erhalten. Nach al-Qadhafis Sturz kehrten Söldner und auch Waffen in den Norden Malis zurück, wovon zunächst die bis dato dominante «Nationale Bewegung für die Befreiung Azawads» profitierte. Doch schon wenige Monate später kam es zum Konflikt zwischen dieser nationalistischen Bewegung und jihadistischen Gruppen wie der «Bewegung für Monotheismus und Jihad in Westafrika» (Mouvement pour l'Unicité et le Jihad en l'Afrique de l'Ouest, MUJAO) und «Ansar al-Din», die mittlerweile gemeinsam mit al-Qaida-Gruppen zu den dominanten Akteuren aufgestiegen waren (Chivvis 2016, 63). Ansar al-Din wurde von dem bekannten Tuareg-Rebellen und ehemaligen Konsul in Saudi-Arabien Iyad Ag Ghali gegründet, der 2011 als glühender Wahhabit nach Mali zurückgekehrt war (Chivvis 2016, 62–63). Kontakte zwischen Tuareg-Rebellen und der AQIM-Südsektion unter Mokhtar Belmokhtar hatten schon lange vor der Gründung von Ansar al-Din bestanden. So waren es beispielsweise Tuareg-Kämpfer, die Edwin Dyer 2009 (s. o.) entführten und anschließend an al-Qaida «verkauften».

Nun, im Jahr 2012, versuchte AQIM gezielt lokale Gruppen als Bündnispartner zu gewinnen, da al-Qaida auf diese Unterstützung angewiesen war (Lebovich 2017).

Von Juli bis November gelang es der Jihadisten-Koalition, die «Nationale Bewegung» sukzessive zurückzudrängen, bis sie schließlich die Kontrolle über die Stadt und die Provinz Timbuktu sowie Kidal errangen (Chivvis 2016, 70–73). Dort wo sie die Macht ausübte, zwang sie der Bevölkerung ein rigides Regiment auf Grundlage ihrer Interpretation der Scharia auf, das einzig und allein dem Ausüben von sozialer Kontrolle diente. Diese Entwicklung wurde unter europäischen, auch deutschen, Jihadisten aufmerksam verfolgt, die zu hoffen begannen, dass der Norden Malis sich zu einer Hochburg des Jihad entwickeln und Jihadisten aus aller Welt einen Zufluchtsort bieten könnte. Diese Hoffnungen machte die bald darauf beginnende französische Offensive zunichte.

Auch Frankreich richtete ein besonderes Augenmerk auf die Vorgänge in seiner ehemaligen Kolonie und fürchtete, dass Mali ein neues Afghanistan «in der Nachbarschaft» werden könnte (Chivvis 2016, 4; vgl. auch 73). Nach vergeblichen diplomatischen Versuchen unter Präsident Hollande, die afrikanischen Länder und die USA zu einer Intervention in Mali zu bewegen (Chivvis 2016, 78–86), gelang es Frankreich schließlich im Dezember 2012, im UNO-Sicherheitsrat die Resolution 2085 zu verabschieden. Nun war der Weg für die französische Operation «Serval» (eine afrikanische Wildkatze) frei, die am 11. Januar 2013 begann. Die Franzosen unternahmen diese Mission, die größte ihrer Art in Afrika seit einem halben Jahrhundert, im Alleingang. Erst nach Beginn der Offensive informierte der französische Verteidigungsminister seinen US-Kollegen Leon Panetta telefonisch darüber (Chivvis 2016, 1–2; 8–12). In nur wenigen Wochen gelang es den französischen Streitkräften, den Jihadisten die Kontrolle über Territorien zu entreißen und sie in Richtung Norden zu vertreiben.

Als erste Reaktion auf die französische Intervention überfiel im Januar 2013 eine von Mokhtar Belmokhtar geführte Gruppe, die sich kurzfristig von al-Qaida abgespalten hatte, ein algerisches Gasfeld und nahm Geiseln. Die 29 Terroristen kamen aus Tunesien, Ägypten, Algerien, Libyen, Nigeria, Mali, Mauretanien und Kanada – was die Attraktivität der Belmokhtar-Gruppe zeigt (ACSRT-CAERT Februar 2013, 5).

Auch vor Ort in Mali blieben die Militanten eine stete Bedrohung der nun stationierten malischen und französischen Truppen sowie später der kooperierenden Ex-Rebellengruppen. Die Terroristen konnten in den Jahren nach 2013 ihre Schlagkraft ausbauen, was sie mit diversen Attacken gegen die Sicherheitskräfte unter Beweis stellten, bald darauf auch gegen die UN-Friedenstruppen, für die die Mali-Mission mit 28 Toten die tödlichste im Jahr 2014 war (Chivvis 2016, 152–153).

Die jihadistische Organisationsstruktur in Mali entwickelte

sich nach 2013 sehr dynamisch und war geprägt von diversen Abspaltungen, Restrukturierungen und Zusammenschlüssen. Beispielhaft hierfür ist etwa die 2013 gegründete «al-Murabitun»-Gruppe. Sie war hervorgegangen aus einer von Belmokhtar geführten Brigade und der mit ihr kooperierenden MUJAO-Miliz. Über das genaue Verhältnis von al-Murabitun zu al-Qaida bestand lange Unklarheit, etwa als im Mai 2014 einige Mitglieder von al-Murabitun ihren Anschluss an den «Islamischen Staat» bekanntgaben, was Belmokhtar jedoch kurz darauf in einer Botschaft widerrief.

Doch die Kooperation zwischen AQIM-Chef Drukdal und Belmokhtar blieb trotz aller Spannungen bestehen: Im November 2015 ereignete sich in Malis Hauptstadt Bamako ein spektakulärer Angriff auf das lokale Radisson Hotel, bei dem Terroristen 170 Geiseln nahmen und 20 Menschen getötet wurden. Al-Murabitun erklärte, dass die Gruppe die Operation gemeinsam mit al-Qaida ausgeführt habe. Im Dezember 2015 gab AQIM-Führer Drukdal dann bekannt, dass al-Murabitun sich seinem Netzwerk angeschlossen habe. Al-Murabitun und al-Qaida im Islamischen Maghreb seien nun ein «vereintes Schwert», das gegen den «Hauptfeind» kämpfe, nämlich das «kreuzzugführende Frankreich und seine Agenten in der Region» (*al-Bunyan al-marsus*, 03.12.2015).

Auch der verheerendste Angriff hinsichtlich der Opferzahl ging auf das Konto von al-Murabitun: 70 Menschen starben am 18. Januar 2017 in der Stadt Gao, Region Azawad, als ein mit Sprengstoff beladendes Fahrzeug von einem Selbstmordattentäter auf einer Militärbasis zur Detonation gebracht wurde. Von diesem Stützpunkt aus starteten gemischte Patrouillen, die sich aus Angehörigen der malischen Armee und ehemaligen Rebellen zusammensetzten (Wagner 20.01.2017).

Kurz darauf, Anfang März 2017, schlossen sich dann drei in der Sahel-Zone aktive jihadistische Organisationen zur «Gruppe zur Unterstützung des Islams und der Muslime» (Jamaʿat Nasr al-Islam wa-l-Muslimin) zusammen:[8] AQIM, Ansar al-Din und die mit ihr verbundene «Front zur Befreiung Macinas» (Front de

Libération de Macina), die in der zentralmalischen Fula-Region ihr Operationsgebiet hat. Das Ziel war es, «die Sahara auf die Landkarte des globalen Jihad» zu setzen (Macé 05.03.2017). Den Vorsitz der neuen Gruppe nahm der bereits erwähnte Tuareg-Malier Iyad Ag Ghali (geb. 1958), zuvor Führer von Ansar al-Din, ein. In dem Gründungsvideo leistete er den al-Qaida-Führern al-Zawahiri und Drukdal sowie dem Anführer der Taliban den Treueeid.

Mit Ag Ghali als Kopf der neuen Allianz hatte al-Qaida es wieder einmal geschafft, eine durchaus prominente einheimische Persönlichkeit für die eigenen Ziele einzubinden und sich damit vor Ort zu verankern. Zudem repräsentiert die neue Vereinigung unterschiedliche ethnische Gruppen, die in der Region relevant sind: Tuareg, Fula und Araber (Soufan Group 24.03.2017). Al-Qaida möchte auch in Mali nicht als Fremdkörper erscheinen, sondern sich als Teil einer lokalen Aufstandsbewegung integrieren. «Nach mehr als einem Jahrzehnt zahlt sich al-Qaidas kulturelle Sensitivität gegenüber den militanten Gruppen Nordafrikas anscheinend aus», notierte dementsprechend der US-Think-Tank «Soufan Group» (Soufan Group 24.03.2017). Der Name der Organisation spielt dabei eine untergeordnete Rolle, denn das Ziel besteht darin, die eigene Ideologie unter den Bündnispartnern zu verbreiten und neue Netzwerke für künftige Kooperationen zu knüpfen.

Der Arabische Frühling

In Tunesien hatte Ende 2010 die Entwicklung begonnen, die als «Arabischer Frühling» in die Geschichtsbücher eingehen sollte: eine Protestwelle, die nach Tunesien und Ägypten ganz Nordafrika erfasste und dann auch über die Arabische Halbinsel hinweg schwemmte.[9] Die Protestierenden waren zumeist junge Menschen, die zum einen spezielle Forderungen im lokalen Kontext hervorbrachten, zum anderen aber allgemeinere freiheitliche Ziele verfolgten. Seit der Unabhängigkeit arabischer Staaten in der Zeit nach dem Zweiten Weltkrieg wurden die darin lebenden Gesellschaften zwar nicht mehr von ausländischen Mächten regiert, stattdessen hatten sich jedoch autokratische Regierungsmodelle verfestigt, in denen kleine Personenzirkel die Macht und die Ressourcen der Länder in der Hand hielten. Sie verteidigten ihre Privilegien gegen die Teilhabe der großen Bevölkerungsmehrheit, auch unter Zuhilfenahme extremer Repression und Gewalt. Die Aufstände des Jahres 2011 waren die erste basisdemokratische Bewegung, die dieses jahrzehntealte Herrschaftssystem effektiv herausforderte und damit die vermeintliche Stabilität, auf die auch der Westen lange Zeit gesetzt hatte, ins Wanken brachte. Die ersten Ergebnisse schienen zunächst vielversprechend: In Ägypten, Tunesien und Jemen führte der Druck der Massen zum Rücktritt der jeweiligen Staatschefs, die allesamt seit Jahrzehnten in ihren Ämtern waren. Die Monarchien in Marokko und Jordanien gingen mit Zugeständnissen und Regierungsumbildungen auf die Demonstranten zu.

Für Jihadisten bedeuteten die Entwicklungen eine Herausforderung: Jahrelang hatten sie versucht, durch militante Aktionen die Regime zu stürzen, erfolglos. Nun traten in Tunesien und Ägypten Akteure aus dem islamistischen Spektrum, die teils der Muslimbruderschaft, teils aber auch den Salafisten zuzuordnen waren, legal zu demokratischen Wahlen an.

Al-Qaida hatte de facto keinen Anteil an den Protesten, aber ihre Anhänger waren wie elektrisiert von den Geschehnissen, die kaum einer für möglich gehalten hatte. Die ersten Solidaritätsadressen an Algerien und Tunesien kamen von AQIM; Vertreter Kern-al-Qaidas, darunter ʿAtiyatullah al-Libi, beglückwünschten ihre libyschen Landsleute zum Sieg über al-Qadhafi; der Ägypter Aiman al-Zawahiri ermunterte in ausführlichen Botschaften seine Landsleute, die islamische Revolution voranzutreiben.

Bin Laden hatte Mühe, seine eigenen Leute im Zaum zu halten, von denen nun einige in ihre Heimatländer zurückreisen wollten, um dort die Revolutionen zu unterstützen. Etwa einen Monat vor seinem Tod nahm er eine Audioansprache an seine Anhänger auf:

> Die Umma hatte ihr Gesicht, Zeichen des Sieges erwartend, stets gen Osten gerichtet [dort, wo die al-Qaida-Zentrale angesiedelt ist], aber stattdessen ging die Sonne der Revolution im Westen auf.

Die Revolution nahm ihren Ursprung in Tunesien und die Umma war zufrieden, die Gesichter der Menschen wurden erleuchtet, die Hälse der Herrscher wurden abgeschnitten und die Juden waren wegen der [geographischen] Nähe der Bedrohung alarmiert.[10]

Wie auch andere al-Qaida-Vertreter warnte Bin Laden jedoch vor «Halblösungen», wozu etwa die Muslimbruderschaft aufrufe. Aber es gebe ja innerhalb der Bruderschaft eine Strömung, die vom Denken der Salafis beseelt sei. Und so sei es wichtig, im Sinne al-Qaidas ideologisch auf die islamische Bewegung einzuwirken und entsprechende Kurskorrekturen zu erwirken. Es sollte nicht dazu kommen.

Schon bald war der «Arabische Frühling» einem ungemütlichen Herbst gewichen. Aiman al-Zawahiri etwa wertete, vor allem mit Blick auf sein Heimatland Ägypten, den Arabischen Frühling zuletzt als eine «Tragödie» mit einem «miserablen Ende» (*al-Sham amana fi aʿnaq-kum*, Ansprache al-Zawahiri, Januar 2016). In Algerien und Bahrain schaffte es der Staat binnen Kurzem, mit harter Repression die Unruhen zu ersticken. In Ägypten war der erste freigewählte Präsident, der Muslimbruder Muhammad Mursi, schon nach einem Jahr entmachtet worden, das Militär saß wieder fest im Sattel. Unter Präsident ʿAbdelfattah al-Sisi wurden Freiheitsrechte noch stärker beschränkt als zuvor, die Zellen der Gefängnisse füllten sich rapide mit politischen Gefangenen aller politischen Richtungen. Insbesondere auf die Muslimbrüder hatte das Regime eine gnadenlose Jagd eröffnet. Mit den Salafisten im Lande schloss al-Sisi hingegen einen pragmatischen Pakt, der ihm ihre Unterstützung zusicherte und den Fundamentalisten im Gegenzug gewisse Betätigungsmöglichkeiten ließ.

In Tunesien wiederum hatte nach dem Sturz des Diktators Zine el-Abedine Benali die aus der Muslimbruderschaft hervorgegangene Nahda-Partei die politischen Turbulenzen der ersten postrevolutionären Jahre überstanden; Islamisten und andere Gruppierungen hatten sich in einem Aussöhnungsprozess arrangiert. In Libyen dagegen brach die labile Staats- und Gesellschaftsordnung zusammen, nachdem der Staatslenker al-Qadhafi gestürzt worden war (Perthes 2011, 79). Das Resultat war der bis heute andauernde Bürgerkrieg einer fragmentierten Gesellschaft.

Im Jemen war Präsident Saleh zwar nach zwei Jahrzehnten Herrschaft entmachtet worden, konnte aber aus seinem Exil heraus mit Hilfe Saudi-Arabiens und der Vereinigen Arabischen Emirate das Land weiter destabilisieren, bis es 2014 zum Bürgerkrieg mit internationaler Beteiligung kam. In Syrien ging Präsident Bashar al-Asads Militär brutal gegen (meist sunnitische) Rebellen vor, die ab März 2011 zunächst friedlich auf die Straße gingen, und entfesselte so einen bewaffneten Flächenbrand mit unübersichtlichen Fronten, der das Land wortwörtlich zu Grunde richtete.

Der Niedergang der kurzlebigen Hoffnungen auf Freiheit, Menschenrechte und Prosperität in den Ländern des Arabischen Frühlings, das Scheitern der demokratischen Bewegungen, die Kompromisse, die die Muslimbrüder etwa in Ägypten, Tunesien, Jordanien und Jemen eingegangen waren, die neuen Konflikte und Kriege – all das war Wasser auf die Mühlen der Jihadisten. Nun konnten sie aus einem neuen Pool der Frustrierten und Enttäuschten unter den Jungen aus verschiedenen Ländern schöpfen. Und das unter «idealen» Rahmenbedingungen: mehr politische Freiheiten und Möglichkeiten der Artikulation, leichter Zugang zu Waffen, mehr Kader, da viele jihadistische Häftlinge entlassen wurden, durchlässigere, da schlecht kontrollierte Grenzen.

Den Grundstein für den Neustart legte eine Imagekampagne, die auf der Erkenntnis basierte, dass der Name «al-Qaida» in der muslimischen Welt zunehmend in Verruf geraten war. Al-Qaida auf der Arabischen Halbinsel (AQAH) war die erste Filiale, die im Frühjahr 2011 in Reaktion auf die breiten Proteste im Jemen eine neue Gruppierung gründete, die sich «Ansar al-Shariʿa» nannte «Unterstützer der Scharia» (siehe Kapitel 9, S. 114). Unter dem gleichen Namen gründeten al-Qaida-Unterstützer auch in anderen Ländern Ableger-Organisationen, besonders erfolgreich in Tunesien und Libyen.

Insgesamt lässt sich bilanzieren, dass es infolge der Ereignisse um den Arabischen Frühling zu einer Ausbreitung des Jihadismus in vielen Regionen Afrikas und Asiens kam und dass auch al-Qaida als Organisation hiervon profitieren konnte. So stieg die Zahl der salafistisch-jihadistischen Gruppen von 2010 auf 2013 sprunghaft um 58 Prozent, vor allem in Nordafrika, aber auch in Syrien (Jones 2014, 26). Inwieweit die Strategie, vor Ort Allianzen einzugehen, zu einer Verwässerung der «Marke» al-Qaida und einem Aufweichen der Ideologie beitragen könnte, lässt sich jedoch schwer abschätzen.

Libyen, Tunesien und Ägypten nach 2011

Im Tunesien jener Jahre war unter den Jihad-Gruppierungen die 2011 von Saifullah ʿUmar Ibn Husain (alias Abu ʿIyad al-Tunisi) gegründete und geführte «Ansar al-Shariʿa» die wichtigste (Zelin 2014). Abu ʿIyad stand bereits seit Mitte der 1990er-Jahre mit jihadistischen Gruppen in Verbindung; wegen terroristischer Aktivitäten gesucht, setzte er sich im Jahr 2000 nach Afghanistan ab. Nach dem Sturz der Taliban floh er aus Afghanistan, wurde 2003 in der Türkei verhaftet und nach Tunesien ausgeliefert, wo er bis zur Revolution von 2011 in Haft blieb. Auch wenn Tunesien eher als Rekrutierungsfeld gesehen wurde, so legten Mitglieder des Ansar al-Shariʿa-Netzwerks Waffendepots an und rekrutierten junge Männer für eine militärische Ausbildung in Libyen, später auch für den Krieg in Syrien auf Seiten von Jabhat al-Nusra, wo Tunesier bald das größte ausländische Kontingent stellen sollten.

Als erste lokale al-Qaida-Einheit in Tunesien entstand die «Brigade ʿUqba ibn Nafi».[11] Sie soll nach tunesischen Regierungsangaben für den Angriff auf das Bardo-Nationalmuseum im März 2015 verantwortlich gewesen sein, bei dem 21 Menschen starben, auch wenn die Täterschaft nie eindeutig geklärt werden konnte und sich der «Islamische Staat» zu diesem Anschlag bekannt hat. Bei dem Massaker an Touristen bei Sousse im Juni 2015 war der Täter erwiesenermaßen Anhänger des IS, der unter jungen Tunesiern ab 2013 enorme Rekrutierungserfolge aufzuweisen hatte. Wie in anderen Regionen scheint der Siegeszug des IS in Tunesien jedoch nur von begrenzter Dauer gewesen zu sein. Den längeren Atem hatte auch hier al-Qaida. So bilanzierte der Sprecher der

Nationalgarde Khalifa Chibani Ende Oktober 2017 für Tunesien, dass die meisten vereitelten Anschläge im Jahr 2017 der «Brigade ʿUqba ibn Nafi» zugerechnet werden konnten (businessnews.com. tn 01.11.2017). Vom 1. Januar 2017 bis zum 30. September konnten in Tunesien 522 Fälle im Bereich Terrorismus aufgeklärt werden, dabei wurden 694 Personen festgenommen und zahlreiche Waffen und Sprengvorrichtungen beschlagnahmt. Die meisten Vorfälle ereigneten sich weiterhin in den westlichen Grenzgebieten zu Algerien, was darauf hindeutet, dass das algerische AQIM-Netzwerk nach 2011 stark nach Tunesien expandieren konnte.

Wie zuvor in Tunesien gründete sich ein Jahr später, im Februar 2012, Ansar al-Shariʿa in Libyen. Sie unterhielt Kontakte zu diversen salafistischen Kampfbrigaden und spielte vor allem eine Rolle in der Erstürmung der US-Botschaft in Bengas am 11. September 2012. Da diese gewaltsame Aktion und vor allem der Tod des Botschafters Christopher Stevens in der Bevölkerung auf Empörung stieß und keineswegs als Heldentat gefeiert wurde, startete Ansar al-Shariʿa in Libyen eine Image-Kampagne, in der die friedliche, missionarische und wohltätige Seite der Organisation hervorgekehrt wurde. Doch die Verbindungen zu militanten Gruppen im Land und wohl auch über die Grenzen Libyens hinweg, blieben bestehen.

Ab 2014, im zweiten libyschen Bürgerkrieg, gewann der «Islamische Staat» auch in Libyen immer mehr Anhänger und Einfluss. Es war die Hoch-Zeit des IS in Irak und Syrien, kurz nach der Ausrufung des Kalifats, wodurch die Anziehungskraft des IS auch in anderen Ländern wuchs. Auch Kämpfer der Ansar al-Shariʿa liefen häufig zum IS über, dazu kam der Druck durch andere Gegner im libyschen Bürgerkrieg; im Mai 2017 gab die Organisation ihre Auflösung bekannt.

Von Darna aus, wo es IS-Leuten gelang, verschiedene Milizen unter einem Dach zu bündeln, trat der IS in Libyen 2014 seinen Siegeszug an und eroberte später unter anderem die Stadt Sirte. Der IS gründete drei «Wilayat» in Libyen, das auch in der Propaganda und in den strategischen Planungen der Organisation an Bedeutung gewann, schließlich war dort europäisches Territorium nur wenige Hundert Kilometer entfernt. Doch im Verlauf des Jahres 2015 begann sich das Blatt nicht nur für den IS in Syrien und im Irak, sondern auch in Libyen zu wenden. Im Juli 2015 wurde der IS aus Darna und Ende 2016 auch aus Sirte vertrieben – in Sirte durch Kräfte der libyschen «Regierung der nationalen Einheit», in Darna dagegen durch konkurrierende Rebellen, die sich zum «Schura-Rat der Mujahidin» unter Führung eines ehemaligen LIFG-Mitgliedes zusammengeschlossen hatten. Das zeigt, dass Verluste für den IS nicht immer gleichbedeutend mit Verlusten für den Jihadismus allgemein sein müssen, sondern manchmal nur anderen Strömungen die Gelegenheit bieten, entstehende Leerräume zu füllen.

Das Problem in der Bewertung des «Jihadismus-Gehalts» von Akteuren des libyschen Krieges besteht insbesondere darin, dass «praktisch jeden in der libyschen Politik nur drei oder vier Grade von al-Qaida trennen» (Thurston 07.05.2017). Auch sei zu fragen, ob die Integration al-Qaidas unter der Führung lokaler Jihadisten eine brillante Strategie oder doch nur Zeichen der Schwäche al-Qaidas ist. Doch die Geschichte al-Qaidas und der Ländervergleich haben gezeigt, dass al-Qaida aus Bündnissen meistens gestärkt hervortritt, dass die Organisation eine weitaus höhere Lebensdauer aufweist als kurzfristig gegründete lokale Milizen und dass ihre Ideologie sich tief und vielfältig verwurzelt hat. Was genau al-Qaida in Libyen plant, lässt sich nicht beantworten. Doch dass ihr Netzwerk in Libyen heute stärker ist als in den Jahren vor 2011, ist unbestreitbar.

Die außer Kontrolle geratenen Gebiete in Libyen, insbesondere an den Grenzen, haben fraglos dazu geführt, dass Jihadisten in verschiedenen Ländern «wachsen und Einfluss erlangen» konnten, wie es in einem Bericht des «Special Operations Command in Africa» (SOCAFRICA) der US-Armee heißt (SOCAFRICA 22.10. 2016, 2). Ein Beispiel hierfür ist auch Ägypten. Während sich die ägyptischen jihadistischen Kräfte lange Zeit dem IS verschrieben hatten, setzte auch hier 2017 eine erste spürbare Veränderung ein: Im Oktober 2017 war es zu einem der schwerwiegendsten Zwischenfälle der letzten Jahrzehnte gekommen, als ein Antiterroreinsatz schief lief und die Sicherheitskräfte unter Beschuss von Terroristen gerieten, wobei dreißig Polizisten getötet wurden. Bei dem Hauptverantwortlichen handelte es sich wahrscheinlich um Hesham Ashmawi (Abu Amir al-Muhajir), einen ehemaligen ägyptischen Soldaten. Ashmawi war, nachdem er aus dem aktiven Dienst wegen seiner Radikalisierung entlassen worden war, zunächst führendes Mitglied einer ägyptischen Terrorgruppe, die 2015 al-Baghdadi die Treue schwor und seitdem unter dem Namen «Islamischer Staat – Wilayat Sinai» (Verwaltungseinheit Sinai) auftritt. Ashmawi, dessen Loyalität jedoch al-Qaida gilt, gründete daraufhin seine eigene Gruppierung (al-Murabitun) und wich nach Libyen aus, von wo er in Ägypten, Libyen selbst und wohl auch Tunesien aktiv sein soll (Albawaba 03.06.2017 und 26.10.2017).

11. Ostafrika und al-Shabab

Somalia, Kenia, Tansania

Nachdem Bin Laden 1991 mit seinen Kämpfern aus Afghanistan im Sudan angekommen war, folgten ihm bis 1993 immer mehr seiner Anhänger (Bergen 2003, 122). Die Expansion von dort in andere Teile Ostafrikas lag auf der Hand, schließlich war Bin Laden es gewohnt, die Dinge, die er anpackte, groß zu denken. Hinzu kam, dass der Sudan zwar ein gutes Land zur Vernetzung und für Geschäfte war, jedoch keine Trainingslager auf dem eigenen Territorium haben wollte. Bin Laden schickte mehrere seiner besten Männer und Vertrauten in die Länder des östlichen Afrikas, etwa nach Somalia, Tansania und Kenia. In Nairobi bildete al-Qaida eine eigene Ostafrika-Zelle, welche die Planung und Umsetzung des ersten verheerenden Anschlags gegen die USA 1998 übernehmen sollte (s.u, vgl. auch Soufan 2011, 41–42).

Dem damaligen al-Qaida-Sicherheitschef Abu Hafs al-Masri (Muhammad ʿAtef) wurde aufgetragen, die Kontakte in Somalia selbst aufzubauen (Bergen 2003, 112). Dort war 1991 Präsident Siad Barre gestürzt worden, es folgte ein Bürgerkrieg, der den Zerfall des Landes einleitete. Seitdem gilt Somalia als «failed state», als gescheiterter Staat, der für al-Qaida aus mehreren Gründen interessant war: Es handelte sich um ein Territorium ohne staatliche Kontrolle, Waffen waren weithin verfügbar, islamistische Bündnispartner waren fest verankert, und die Stationierung von US-Truppen bot die Chance, die USA direkt anzugreifen. Abu Hafs sollte die somalischen Milizen kennenlernen und sie im Kampf gegen die USA unterstützen.

1992 hatte die UNO ein friedenssicherndes Mandat erlassen. Die US-Regierung unter Präsident George H. W. Bush mobilisierte 28 000 Soldaten, von denen die ersten am 9. Dezember 1992 in Somalia ankamen (Bergen 2003, 111–112). Zwei Jahre zuvor waren bereits 500 000 US-Soldaten nach Saudi-Arabien verlegt worden, und die USA positionierten nun zusätzlich im Jemen und in Somalia, an den Toren zum Roten Meer, ihr Militär – in der Sicht al-Qaidas alles Teil eines Plans, die islamische Welt zu unterwerfen, und Grund, die USA direkt anzugreifen (Bergen 2003, 112; Wright 2008, 231; Scheuer 2011, 73, 86). Eine prompte Reaktion war das erste Bombenattentat al-Qaidas gegen amerikanische Interessen: Ziel war ein von US-Soldaten genutztes Hotel in Aden/Jemen, von welchem weitere GIs nach Somalia verbracht werden sollten; allerdings waren die Soldaten zur Anschlagszeit bereits nicht mehr vor Ort.[1]

Ganz im Sinne von Bin Ladens Gedanken, eine international agierende «Eingreiftruppe» zu schaffen, bildeten erfahrene al-Qaida-Kämpfer Somalis aus. Ein weiterer hochrangiger al-Qaida-Mann, der ab 1993 zusammen mit Abu Hafs neue Trainingscamps aufbaute, war der Militärausbilder Saif al-ʿAdel (Brown 2008, Weisfuse 2016 und Watts 2007). Somalia wurde eine Zeitlang der wichtigste Stützpunkt al-Qaidas in Ostafrika außerhalb Sudans.

Insbesondere ein Ereignis wirkte inspirierend auf al-Qaidas Strategen: Am 3. Oktober 1993 wurden zwei US-Militärhubschrauber über Mogadischu abgeschossen. Bei dem Absturz und der anschließenden Rettungsaktion, die in einem kompletten Desaster endete, wurden 18 Soldaten getötet, einige Leichen wurden anschließend durch die Straßen Mogadischus geschleift. Es war genau das eingetreten, was Mustafa Hamid als goldene Chance vorausgesehen hatte, als er amerikanischen Truppen vor Ort mit einem in Schussweite befindlichen Adler verglich (HDB AFGP-2002–600053). Bis heute ist nicht geklärt, wer die Hubschrauber abschoss, doch laut al-Qaida-Legende waren es ihre eigenen Kämpfer, wie die Führer der Organisation stolz verkündeten (Bergen 2003, 111–113; Scheuer 2011, 90).

Die in dieser Zeit in Somalia geknüpften Kontakte sollten sich für al-Qaida nach 2011 noch als wichtig erweisen (s. u.), doch eine längerfristige Präsenz baute die Organisation zunächst nicht auf. Clan-Denken, kriminelle Netzwerke und Warlords, die schwache ideologische Resonanz in der Bevölkerung und das äußerst gefährliche Terrain eines völlig zerfallenden Staates machten al-Qaida schwer zu schaffen – letztlich die gleichen Gründe, die für das Scheitern der UNO-Bemühungen mitverantwortlich waren (Watts et al. 2007, Kapitel 2). Offenbar betrachtete al-Qaida mit dem Verlassen des Sudans 1996 Somalia und Ostafrika auch nicht mehr als oberste Priorität (Hansen 2013, 17). Zudem erwies sich Kenia als teure Versorgungsroute (Watts et al. 2007, 19–20).

Ein weiterer Rückschlag für al-Qaida in dieser Zeit war der Tod von Abu ʿUbaida al-Banshiri (geb. 1950) am 21. Mai 1996 (Wright 2008, 312), dem engen Vertrauten Bin Ladens. Der Afghanistan-Veteran hatte sich in Kenia eine neue Identität aufgebaut und zusammen mit Wadi al-Hag und dessen Sekretär Fazul ʿAbdullah Muhammad (alias Fazul Harun) eine al-Qaida-Zelle eingerichtet. Er starb bei einem Fährunglück auf dem Victoriasee.

Zwei Jahre später gelang jedoch ausgerechnet der von al-Banshiri ins Leben gerufenen Zelle in Kenia der erste bemerkenswerte Coup al-Qaidas. Am 7. August 1998 – exakt acht Jahre, nachdem die ersten US-Soldaten im Zuge der Golfkrise Saudi-Arabien betreten hatten – erschütterte eine Detonation gewaltigen Ausmaßes die Hauptstadt Nairobi. Ein saudischer Selbstmordattentäter namens Jihad Muhammad ʿAli al-Makki, den sie «ʿAzzam» oder «Jihad ʿAli» nannten, hatte seinen mit einer Tonne Sprengstoff beladenen Lastwagen in einem außer Kontrolle geratenen Plan gegen die Außenmauer der US-Botschaft gefahren (Bergen 2003, 141–157; Burke 2007, 158–178; Wright 2008, 363–376). Mehrere Gebäude wurden schwer beschädigt, insgesamt starben 213 Menschen, 4600 weitere wurden verletzt. Bilder der blutüberströmten Überlebenden gingen an diesem Tag um die Welt. Die Anschlagsplanung hatte in den Händen der al-Qaida-Zentrale und von Mitgliedern des ägyptischen «Islamischen Jihad» gelegen.

Simultan zu dem Anschlag in Kenia ereignete sich auch in Tansanias Hauptstadt Daressalam eine Explosion vor der dortigen US-Botschaft, elf Menschen kamen ums Leben und 85 weitere wurden verletzt. Ebenso wie der Anschlag in Kenia trug diese Tat keine einheimische Handschrift: Der verantwortliche Planer für diese Tat war derselbe Ägypter, der auch für die konkrete Planung des Nairobi-Anschlags zuständig war, und auch derjenige, der den Sprengsatz in einem LKW zur Botschaft fuhr, war Ägypter (Bergen 2003, 148–151; Burke 2007, 177; Wright 2008, 366). Die einzige Festnahme im Zusammenhang mit diesem Anschlag war jedoch ein Tansanier namens Khalfan Khamis Muhammad, der umfänglich aussagte, aber in der Befehlskette al-Qaidas so weit unten stand, dass er nicht einmal den Namen der Organisation kannte (Bergen 2003, 149). Die späteren Ermittlungen ergaben zweifelsfrei die Urheberschaft al-Qaidas, doch diesmal stritten Bin Laden und al-Zawahiri jede Verantwortung ab (Wright 2008, 381). Vermutlich hing dies mit den Angriffen der USA auf al-Qaida in Afghanistan zusammen, die Bin Laden gegenüber seinen Gastgebern, den Taliban, in Erklärungsnot brachte (vgl. Kapitel 5, S. 63).

Al-Qaida in Kenia blieb auch nach dem 11. September 2001 gefährlich: 2002 wurden bei einem Anschlag nördlich von Mombasa 15 Personen bei einem Anschlag gegen israelische Touristen im Paradise Hotel, dessen Eigentümer ebenfalls Israeli war, getötet. Fast zeitgleich schossen Terroristen zwei SA-7-Raketen auf ein israelisches Flugzeug ab, das gerade vom Flughafen Mombasa aus startete. Dieser Angriff schlug zwar fehl, doch hatte al-Qaida unter Beweis gestellt, dass die Gruppe auch vier Jahre nach dem Nairobi-Anschlag noch über beachtliche operative Fähigkeiten in Kenia verfügte. Im Unterschied zu 1998 hatten 2002 lokale al-Qaida-Mitglieder die Angriffe geplant und ausgeführt, was bereits ein Hinweis auf die grundlegende Veränderung der Organisation nach 2001 war (Hansen 2013, 24–25).

Neben Sudan, Somalia und Kenia versuchte al-Qaida auch in andere Länder Ostafrikas zu expandieren: nach Äthiopien, Dschibuti, Eritrea, Tansania und Uganda. Die Bemühungen scheiterten jedoch weitestgehend (vgl. Shinn 2011, 58–68), teilweise an Banalitäten, wie den hohen Lebenshaltungskosten in Dschibuti (Watts 2007, 20), teilweise an sich verändernden politischen Gegebenheiten, wie in Eritrea, oder an unzuverlässigen Partnern vor Ort. Insgesamt aber wusste al-Qaida die Region Ende der 1990er-Jahre erfolgreich als Transit- und Logistikdrehscheibe zu benutzen, wie Charles R. Stith, der damalige US-Botschafter in Tansania, bestätigte:

> Afrika ist ein Gebiet der Welt, in dem amerikanische Interessen am verletzlichsten sind ... Die Bedrohung der US-Interessen in Afrika ist real. Die Fingerabdrücke Bin Ladens und seiner Kohorten sind auf dem gesamten afrikanischen Kontinent sichtbar. (Stith 2010, 59)

Al-Shababs Aufstieg in Somalia

In den anarchischen Wirren des somalischen Bürgerkrieges traten Islamisten als ordnende Kräfte auf. Anders als die kriminellen Banden oder die Clans galten sie, ähnlich wie die Taliban in den 1990er-Jahren in Afghanistan, als unabhängig und gottgefällig. So entstanden ab 1994 diverse islamische Gerichte, zunächst in Mogadischu, später auch in anderen Landesteilen, die ein Mindestmaß an Rechtsprechung herstellen sollten, was ihnen mit dem Aufbau eigener Milizen auch gelang (Barnes & Hassan 2007). Nach 2001 rückten die «Union der Islamischen Gerichte» (UIG), zu der sich die islamischen Gerichte zusammengeschlossen hatten, in den Fokus der Antiterrormaßnahmen der USA. Doch auch im Bündnis «Alliance for Restoration of Peace and Counter-Terrorism», das die Amerikaner mit einigen Warlords sowie auch kriminellen Elementen 2006 geschlossen hatten, gelang es nicht, gegen die Islamischen Gerichte vorzugehen.

Eine Übergangsregierung, die 2005 mit Unterstützung des Nachbarlandes Äthiopien gegründet worden war und in der Kleinstadt Baidoa ihren Sitz hatte, erwies sich, wie auch ihre Vorgänger, als komplett ineffektiv. So gelang es ihr nicht, das von ihr beanspruchte Territorium zu befrieden, geschweige denn zu kontrollieren. Dazu fehlte ihr insbesondere der Rückhalt der lokalen Machthaber und der Bevölkerung. In Mogadischu hingegen stellte die «Union Islamischer Gerichte» zumindest ein Mindestmaß an Sicherheit her. Im April 2006 übernahm sie die vollständige Kontrolle über Mogadischu und damit auch über wichtige Einnahmequellen, wie den Seehafen El-Maʿan, der wie auch der Flughafen wieder in Betrieb genommen wurde. Viele Somalis begrüßten nach sechzehn Jahren der Unsicherheit und Instabilität die einheitliche Kontrolle ihrer Stadt und hofften nun auf ein Mindestmaß an Sicherheit und Verlässlichkeit.

Auf der anderen Seite befürchteten die USA, dass eine Art afrikanische Taliban die Macht im ganzen Land übernehmen könnte, und verdächtigten zudem die UIG, al-Qaida-Leuten Schutz zu bieten. Äthiopien wiederum war wegen Operationen der Union im äthiopisch-somalischen Grenzgebiet besorgt. Über die UNO erreichten die beiden Staaten eine Resolution zur Stationierung einer Friedenssicherungsmission. Der radikale Teil der UIG, wozu auch Führer der gerade gegründeten al-Shabab zählten (s. u.), setzte Äthiopien daraufhin ein Ultimatum, die Truppen bis zum 12. Dezember 2006 aus Somalia abzuziehen. Als dies nicht geschah, gaben al-Shabab-Kommandeure am 19. Dezember 2006 den Befehl, Baidoa anzugreifen (Hansen 2013, 46–47). Der Vorstoß scheiterte.

Offiziell gegründet wurde «Harakat al-Shabab al-Mujahidin» (Bewegung der Mujahidin-Jugend) im August 2006, auch hier entstanden aus einem Netzwerk, in dem Veteranen des afghanischen Jihad eine wichtige Rolle spielten, ebenso wie Funktionäre al-Qaidas in Ostafrika (siehe Hansen 2013). Die Shabab stellten den radikalsten Flügel der UIG und es gelang ihr, die eigenen Leute in wichtigen Funktionen der UIG zu positionieren.

Nach dem Einmarsch der äthiopischen Truppen musste sich al-Shabab immer weiter zurückziehen, die Situation zu Beginn 2007 sah düster aus. Doch im Untergrund lebte die Organisation weiter und restrukturierte sich. Zwei Jahre lang führte al-Shabab gegen die äthiopischen Truppen und die Übergangsregierung einen Guerilla-Krieg, bis sich die ermüdeten äthiopischen Verbände schließlich Anfang 2009 über die Grenze zurückzogen. Al-Shabab vertrat einerseits zwar eine anti-nationalistische Ideologie, betonte die Gemeinsamkeit aller Muslime und stellte den Kampf gegen ausländische Soldaten in den Kontext des globalen Krieges zwischen den Mächten des Glaubens und des Unglaubens, ganz im Sinne al-Qaidas. Andererseits wurde die Miliz auch als Verteidiger der Nation Somalias und als Widerstandskämpfer gegen die «Invasoren» wahrgenommen, was ihr zusätzlichen Zulauf bescherte (Hansen 2013, 62–63). Die UIG konnte zwar durch die Intervention der USA und Äthiopiens zerschlagen werden, doch ein mächtigerer und radikalerer Gegner der USA und ihrer Verbündeten war nun in Gestalt von al-Shabab erstarkt.[2]

Geschickt wusste al-Shabab die Schwächen der Übergangsregierung, die Korruption der schlecht bezahlten Polizeikräfte und die Unzufriedenheit in der Bevölkerung für sich zu nutzen. Die Miliz zeigte ein geschlossenes, transnationales und trans-ethnisches Bild nach außen und vertrat eine ausformulierte Ideologie, was sie von den anderen Kampfverbänden, die zumeist auf Clan-identität basierten, unterschied (Hansen 2013, 49–72). Und so stieg al-Shabab zwischen 2007 und 2010 zur erfolgreichsten Rebellenmiliz Somalias auf, erlangte territoriale Kontrolle über Städte (auch große Teile Mogadischus) und Landstriche, wo sie ihre eigenen Polizeitruppen aufstellte, Recht sprach und durchsetzte, sich um soziale Belange kümmerte sowie Steuern und Abgaben eintrieb – kurz: sie machte sich einen Namen als Law-and-

Order-Truppe, was ihr die Unterstützung der Bevölkerung einbrachte (Hansen 2013, 84–92, 73–102; Anzalone 2014, 20).³ Dabei hatte die Organisation wohl nicht mehr als 5000 Kämpfer, der innerste Führungskreis bestand aus etwa 8–10 Männern sowie einem beratenden Gremium (Schura) mit 35–45 Mitgliedern (Hansen 2013, 83). Neben dem militärischen Arm spielte der Geheimdienst der Shabab, *amniyat* genannt, eine wichtige Rolle bei der Herrschaftssicherung, insbesondere durch Androhung und Ausführung von Gewalt gegen politische Gegner und deren Unterstützer (Hansen 2013, 83).

Zunehmend verortete sich al-Shabab nun im Rahmen des globalen Jihad. Schon ab Ende 2006 hatten sich ihr auch internationale Jihadisten angeschlossen, aus afrikanischen, arabischen und asiatischen Ländern, aber auch aus den USA und Europa (Shinn 2011, 70; Hansen 2013, 41–43 und 134–135).⁴ Einige der neuen Mitglieder traten aktiv in den «Medien-Jihad» ein, etwa der Schwede «Abu Usama» (Hansen 2013, 13) oder der US-Bürger Omar Shafik Hammami (daher sein Kampfname Abu Mansoor al-Amriki), auf dessen Kopf das FBI 5 Millionen Dollar Belohnung aussetzte, der aber später vom Shabab-Geheimdienst ermordet wurde (Anzalone 2014, 21–22; ders. 2017, 68–69). Außerdem verbreitete al-Shabab über al-Qaida-Internetforen ihre Propaganda, und die «Globale Islamische Medienfront» (GIMF), eine Medieneinheit zur Übersetzung von al-Qaida-Propaganda in diverse Sprachen, verbreitete auch al-Shabab-Veröffentlichungen unter ihrem Label (Hansen 2013, 59).

Der damalige Anführer der al-Shabab, Ahmad Abdi Godane (geb. 1977, gest. durch einen US-Luftangriff im September 2014), machte keinen Hehl aus seinen Sympathien für al-Qaida und erklärte der Organisation und Bin Laden 2010 gegenüber seine Loyalität.⁵

Im Februar 2011 ging die Übergangsregierung in Mogadischu zusammen mit der sie stützenden AMISOM gegen al-Shabab in die Offensive, die sich angesichts der Übermacht im August aus der Hauptstadt geschlagen zurückziehen mussten, was den Beginn einer Reihe weiterer territorialer Verluste markierte. Auch die Intervention kenianischer Truppen – in Kooperation mit somalischen Einheiten – ab Oktober 2011 unter dem Namen «Linda Nchi» («Schützt das Land») schwächte al-Shabab kurzfristig. Mitten in dieser schwierigen Phase erschien am 14. Februar 2012 ein Video, in dem Ahmad Godane einen Treueschwur auf al-Zawahiri leistete. Erst mit diesem Schritt wurde al-Shabab der Öffentlichkeit gegenüber als Arm al-Qaidas vorgestellt – Schlussakt einer lang andauernden Inszenierung, bei der Aiman al-Zawahiri, als Nachfolger Bin Ladens, wohl eine entscheidende Rolle spielte, denn schließlich musste er unter Beweis stellen, dass er nun al-Qaida führen und stärker machen konnte.

Bezeichnenderweise kam es in der Folge wieder zu einem steilen Anstieg der Anschläge durch al-Shabab, die nun auch dazu überging, vermehrt Angriffe außerhalb Somalias durchzuführen.

Schon im Juli 2010 hatte man in Ugandas Hauptstadt Kampala einen koordinierten Angriff auf ein Restaurant und einen Rugby-Club durchgeführt, bei dem 79 Menschen starben (Hansen 2013, 96). Am 21. September 2013 griffen Shabab-Terroristen das Westgate Einkaufszentrum in Kenias Hauptstadt an, es gab 67 Tote (McConnell 20.09.2015). Bei beiden Vorfällen ging es al-Shabab um die «Bestrafung» der jeweiligen Länder für ihre Beteiligung an der Mission der Afrikanischen Union in Somalia (AMISOM), welche die Macht der Übergangsregierung sicherstellen oder teilweise überhaupt erst etablieren soll und dementsprechend auch gegen al-Shabab vorgeht.[6] Trotz intensiver Versuche von Nachrichtendiensten Kenias, der USA, Großbritanniens und Israels sowie militärischer Aufklärung konnten diese und viele weitere Attacken nicht verhindert werden. «Alles, was es brauchte, waren vier junge Männer mit einer Bereitschaft zu sterben, vier Sturmgewehre und eine Handvoll Granaten: Low-Tech, Low-Cost, Low-Profile und schwer zu stoppen», beschrieb der in Nairobi arbeitende Korrespondent Tristan McConnell in seiner Analyse des Westgate-Angriffs äußerst zutreffend die erfolgreiche Shabab- und al-Qaida-Strategie (McConnell 20.09.2015).

Die zwei Gesichter von al-Shabab heute

Nachdem islamistische Militanz in Afrika, besonders in Ostafrika, lange mit dem Namen al-Shabab verbunden war, änderte sich dies nach der Ausrufung des Kalifats durch al-Baghdadi im Irak am 29. Juni 2014: Der rasante und für viele überraschende Aufstieg des IS stellte al-Qaida vorübergehend in den Schatten der Aufmerksamkeit. Bald schon wurde die terroristische Bedrohungslage in Afrika vornehmlich unter der Perspektive der mit dem IS verbündeten Gruppe «Boko Haram» in Nigeria betrachtet, während die mit al-Qaida alliierte Shabab einige Jahre wenig Beachtung fand. Dies lag auch daran, dass Boko Haram in den Jahren 2013 und 2014 tatsächlich die tödlichste Terrormiliz auf dem afrikanischen Kontinent war: 11 519 Menschen kamen laut dem Africa Center for Strategic Studies (ACSS) im Jahr 2015 durch Boko Haram ums Leben.[7] Bis 2016 gingen deren Aktivitäten jedoch dramatisch zurück, um 70 Prozent, vor allem infolge verstärkter Maßnahmen der nigerianischen Armee (Kazim und Daher 01.06.2017).

Parallel zum Rückgang der Boko Haram-Operationen stieg al-Shababs Aktivität. Hatte die Gruppe 2015 noch 3046 Todesopfer zu verantworten, so waren es 2016 nach Angaben des ACSS 4281, wahrscheinlich mehr als bei Boko Haram im selben Jahr (3499).[8] Die Miliz befand sich 2017 auf einem vorläufigen Höhepunkt der Aktivitäten. Allein der Bericht der al-Shabab für den Monat Ramadan 2017 (26. Mai bis 24. Juni) listet militärische Operationen für fast jeden Tag auf (Harakat al-Shabab al-Mujahidin, 18.07.2017). Mal handelt es sich um punktgenaue Anschläge gegen feindliche militärische Führer oder Angehörige des Geheimdienstes, mal aber auch um groß angelegte Aktionen, wie etwa den Angriff auf eine Militärbasis in Puntland im Norden Somalias, bei dem zwischen 30 und 60 Soldaten getötet wurden, oder auf ein Pizza-Restaurant in Mogadischu, mit mehr als 30 Todesopfern. Das US-Militär gab im Juni 2017 bekannt, dass die al-Shabab in den vorangegangenen acht Monaten drei Basen der AMISOM in Somalia, welche die im Februar ins Amt gewählte neue somalische Regierung unterstützen soll, mit einer

Überzahl an Kämpfern überrannt habe (United States Africa Command, 11.06.2017).

Insbesondere im Hinterland hat die Miliz außerdem eine Art Schattenregierung gebildet und sorgt dort wieder einmal für ein bis dahin nicht vorhandenes Niveau von Sicherheit und Durchsetzung von Regeln (aktuell dazu Bacon, 06.07.2017; s.a. Hansen 2013).

Die quasi-staatliche Kontrolle einiger Gebiete sichert al-Shabab auch Steuer-Einnahmen und weitere Einkünfte – eine der wichtigsten Voraussetzungen für das Bestehen einer nicht-staatlichen Gewalt. Die Leute in den kontrollierten Gebieten haben einerseits kaum eine andere Wahl, als zu bezahlen, sind andererseits aber auch bereit, für die «Leistungen» der Miliz, etwa gesicherte Straßen, Abgaben zu entrichten (Bacon, 06.07.2017, Hansen 2013, 90–92).[9] Diese Janusköpfigkeit kommt auch in deren eigenen Berichten zum Vorschein, in denen sie militärische Operationen, inklusive der Todesopfer, neben Verteilungszahlen von humanitären Gütern an Bedürftige auflisten (vgl. Harakat al-Shabab al-Mujahidin, 18.07.2017).

Bereits seit 2016, also noch unter Obama, begann die US-Regierung, auf das Wiedererstarken der al-Shabab mit einem erhöhten militärischen Engagement in Somalia zu reagieren. Die Zahl der in Afrika stationierten US-Spezialkräfte stieg von lediglich 1 Prozent 2006 auf über 17 Prozent 2016 (Williams 08.05.2017; Turse 28.05.2017). Neben Bodenoperationen durch Spezialkräfte führten die USA auch mehr Luftangriffe durch (United States Africa Command, 11.06.2017).

Al-Shabab gerät heute insbesondere von zwei Seiten unter Druck: einerseits von einem Block, bestehend aus der somalischen Regierung unter dem recht populären Präsidenten Mohamed Abdullahi «Farmajo» Mohamed (geb. 1962) und seinen afrikanischen Verbündeten sowie dem US-Militär, und andererseits von somalischen Jihadisten unter Führung von Abdulqadir Mumin (geb. 1950), die sich anstatt an al-Qaida am IS orientieren (Anzalone 2017, 73–74). Die jihadistische Bedrohung ist militärisch und quantitativ hinsichtlich der geschätzten Truppenstärke von wenigen Hundert Mann zwar die geringere, aber durchaus ernst zu nehmen, da die Gruppe von Mumin in Puntland einen stärkeren Rückhalt genießt als al-Shabab (Anzalone 2017, 73–74).

Ein wichtiger Schlüssel für einen Niedergang der Miliz liegt in einer politischen Lösung für Somalia und die Region Ostafrika, die dem Land ausreichend Stabilität und Prosperität bringt, um al-Shababs Rekrutierungsstrategien grundsätzlich entgegenzuwirken. Und schließlich könnte sich eine weitere Schwächung für al-Shabab aus dem komplexen Stammes- und Clangefüge ergeben. Sobald hier andere Kräfte, ähnlich den Warlords in den 1990er-Jahren, erstarken, die attraktivere Angebote unterbreiten können, scheint es jederzeit möglich, dass die opportunistisch agierenden Mitglieder der Miliz die Seiten wechseln.

12. Irak: Al-Qaidas Hoffnung, al-Qaidas Albtraum

Al-Zarqawi, der Straßenjihadist
Der Jordanier al-Zarqawi – ein selbst gewählter Nom de guerre mit Bezug auf seine Heimatstadt – wurde 1966 als Ahmad Fadil Nazzal al-Khaleila geboren. Er stammte aus einer Mittelklassefamilie, die dem angesehenen al-Khaleila-Clan angehörte. Ahmad Fadil war in der Schule wenig engagiert und wohl auch intellektuell nicht besonders begabt. Was ihn interessierte, waren Raufereien mit Gleichaltrigen, Fußballspielen und Herumlungern auf der Straße. Der spätere Gründer von al-Qaida im Irak war einer von vielen Jugendlichen in der Industriestadt Zarqa, die einerseits sozial von extrem hoher Arbeitslosigkeit, Armut und Kriminalität sowie andererseits demographisch von den palästinensischen Flüchtlingen gekennzeichnet waren, die sich hier ab den 1950er-

Jahren niederließen.[1] Zarqa war ein Brennglas, in dem sich die vielschichtigen Probleme der arabischen Welt bündelten.

Während des Afghanistankrieges, in dem einige seiner Altersgenossen sich als Freiwillige in den Jihad aufmachten, führte al-Zarqawi ein ganz und gar areligiöses Leben, geprägt von Kriminalität und Alkohol, seine Arme waren voller Tätowierungen, was ihm den Beinamen «Der Grüne Mann» einbrachte.[2] Seine fromme Mutter konnte ihn schließlich von diesem Lebensweg abbringen, indem sie ihm Religion als Ersatz für Kriminalität anbot und ihn in einer Moschee zum Unterricht anmeldete. Er verkörperte damit den Prototyp jener Radikalisierten, die bereits mit dem Gesetz in Konflikt geraten waren, einen aggressiven und gewalttätigen Charakter hatten und sich von genau diesem Aspekt des Jihadismus angezogen fühlten. Ihre Gewalttätigkeit erhielt plötzlich einen tieferen Sinn, war geradezu göttlich vorgesehen.

Innerhalb von nur sechs Monaten radikalisierte sich al-Zarqawi so weit, dass er die Ehe, die er nur zwei Monate zuvor eingegangen war, hinter sich ließ und nach Afghanistan ausreiste. Die erste Station seiner Reise führte al-Zarqawi, wie alle Araber damals, nach Peschawar, wo er 1989 im Dienstleistungsbüro von ʿAzzam und Bin Laden registriert wurde. Den Krieg gegen die Sowjetunion hatte er zwar verpasst, doch beteiligte er sich in den Folgejahren am weiteren Kampf gegen die kommunistische Regierung von Kabul. Er lernte Jihadisten aus verschiedenen Ländern kennen, darunter auch Abu Muhammad al-Maqdisi, ebenfalls jordanischer Staatsbürger (Brisard & Martinez 2005, 17).[3] Aber während al-Zarqawi, kriminell, ungebildet, aggressiv und unberechenbar, mit Kampfeswillen und Mut hervortrat, verschaffte sich der sieben Jahre ältere al-Maqdisi, ein intellektueller Büchernarr und feinsinniger religiöser Diskutant, mit seiner schnellen Auffassungsgabe und seiner Wortgewandtheit Respekt. Trotz aller Gegensätze entstand zwischen den beiden eine enge Beziehung, die jedoch keinesfalls konfliktfrei blieb. So wie in jeder gewalttätigen politischen Bewegung waren die intellektuellen Jihadisten in gewisser Weise auf die Grobschlächtigen angewiesen und umgekehrt. Al-Zarqawi ließ sich vor allem im Sada-Camp militärisch ausbilden, das mit al-Qaida in Verbindung stand. Aber die «Talentsucher» al-Qaidas hatten zunächst offenbar kein Interesse an ihm (Brisard & Martinez 2005, 25).

Nach dem Fall von Kabul kehrte al-Zarqawi 1993 zurück nach Jordanien, wo al-Maqdisi bereits ein Jahr zuvor angekommen war. Zusammen gründeten sie eine militante Gruppe, die sich «Baiʿat al-Imam» (Treueeid an den Imam) nannte. Allerdings flog die Zelle dank der bis heute starken staatlichen jordanischen Antiterrorkräfte schnell auf Das ungleiche Paar fand sich nun gemeinsam im Gefängnis wieder. Für al-Zarqawi wurde das Gefängnis zu seiner «Universität des Jihad». Mit seiner Straßengangerfahrung erwarb er sich den Respekt der Mitgefangenen und wurde zum «Amir» (Anführer) der inhaftierten Jihadisten. Nach einer Generalamnestie im Jahr 1999 anlässlich der Thronbesteigung von König Abdullah II. nutzte al-Zarqawi die Chance, sich über Pakistan wieder nach Afghanistan abzusetzen, wo er in Kandahar im Dezember 1999 ankam.

Das frühe Verhältnis zu Bin Laden

Es gibt zwei Versionen zum ersten Treffen zwischen al-Zarqawi und Bin Laden. In der Erinnerung von Saif al-ʿAdel, dem früheren Sicherheitschef al-Qaidas, war die Begegnung keineswegs von Sympathie gekennzeichnet (Fishman 2016, 18). Zu unterschiedlich waren die Charaktere, die aufeinandertrafen. Auf der einen Seite der angesehene saudische Millionär und religiöse Purist, der jedoch die verschiedenen islamischen Gruppen schätzen gelernt hatte, auf der anderen Seite der tätowierte jordanische Straßenjihadist, der bereits zu dieser Zeit dazu tendierte, große Teile der Muslime, insbesondere Schiiten, als Abtrünnige und Ketzer zu brandmarken.[4] Außerdem hatte er schon seit seiner Kindheit ein Problem, sich unterzuordnen, was Bin Laden wiederum nicht akzeptieren konnte. Kurz gesagt: Al-Zarqawi war nicht der Wunschkandidat al-Qaidas. Bin Laden selbst korrigierte aber 2010 die Version von Saif al-ʿAdel und spielte, nachdem ja al-Zarqawi ein bedeutender Bestandteil des al-Qaida-Netzwerkes geworden war, die Differenzen zwischen ihnen beiden herunter (Fishman 2016, 18).

Auf jeden Fall brachte al-Zarqawi etwas ein, an dem al-Qaida interessiert war: sein Netzwerk, überwiegend bestehend aus Männern aus Palästina, Libanon, Syrien und Jordanien. Al-Qaidas Mitglieder waren hingegen bisher zumeist Ägypter und Golfaraber sowie einige Nordafrikaner. Es war al-ʿAdel, der diesen Wert al-Zarqawis erkannte und sich für ihn einsetzte (Weiss & Hassan 2015, 12), auch bei den Taliban, obwohl al-Zarqawi den Warlords äußerst kritisch gegenüberstand und ihnen unislamische Praktiken vorwarf. Al-ʿAdel stattete ihn finanziell aus und ermöglichte ihm so, im Westen Afghanistans sein eigenes Trainingscamp aufzubauen, ohne dass er Bin Laden einen Treueschwur geleistet hatte. Der Jordanier war so einerseits im Kontrollbereich der Taliban und Bin Ladens, andererseits weit genug weg von Kandahar, damit sie sich nicht in die Quere kamen. Das Camp gab al-Zarqawi die Möglichkeit, sein Netzwerk – welches nun «Jund ash-Sham» (Armee der Levante) genannt wurde – zu erweitern und sich als künftiger Führer einer eigenständigen al-Qaida-Sektion zu positionieren. Allerdings musste er diese Infrastruktur nach den Anschlägen vom 11. September 2001 und den darauf folgenden Angriffen der Vereinigten Staaten im Zusammenspiel mit der Nordallianz (siehe Kapitel 7, S. 80) aufgeben und fliehen. Er setzte sich zunächst mit anderen al-Qaida-Mitgliedern nach Kandahar ab, floh dann über Pakistan in den Iran und gelangte schließlich, nach Absprache mit al-ʿAdel, im Frühjahr 2002 in den Irak.

Dieser war – wie auch andere führende Jihadisten, etwa Yusuf al-ʿUyairi, der zentrale Mann al-Qaidas in Saudi-Arabien – zu der Zeit schon überzeugt, dass die USA den Irak angreifen und das Regime Saddam Husains stürzen würden, worin man eine einmalige Gelegenheit für jihadistische Gruppen sah (Fishman 2016, 22–23; Hegghammer 2010, 173). Al-Zarqawis Flucht führte ihn in die kurdischen Gebiete des Nordirak, wo ihm eine radikale Gruppe namens «Ansar al-Islam» (Unterstützer des Islams) Schutz und Unterstützung gewährte. Ansar al-Islam hatte Kontakte zu al-Qaida und zu anderen Jihadisten in Syrien, Libanon und Palästina. Die Miliz kontrollierte zudem ein etwa fünfhundert Quadratkilometer großes Gebiet, in dem sie der Bevölkerung ähnlich strikte Regeln aufzwangen wie die Taliban in Afghanistan (Weiss & Hassan 2016, 14–15; Fishman 2016, 24). Al-Zarqawi konnte also in ihrem Windschatten unbehelligt weiter an seinem Projekt arbeiten: eine eigene Jihadistenarmee.

Al-Zarqawis Inszenierung des Todes (2003–2006)

Am 21. März 2003 begann der Angriff der USA auf Saddam Husains Irak und schon am 14. April fiel Bagdad. Wieder überfiel eine nicht-muslimische Großmacht ein muslimisches Land, was, so al-Zarqawi, die Beteiligung eines jeden Muslims am Kampf gegen die Invasoren zur Pflicht machte (Mu'assasat al-Furqan o.J., 3). Außerhalb des Iraks reagierten al-Qaida-Anhänger mit einer Anschlagswelle, die mit den Anschlägen von Casablanca im Mai 2003 begann, sich über Riad und Indonesien erstreckte und schließlich im März 2004, also ein Jahr nach der Invasion des Iraks, mit den Anschlägen auf die Regionalzüge in Madrid auch Europa erfasste (Jones 2017, 4; siehe Kapitel 16, S. 195).

Die Mission der amerikanischen Truppen war mit dem Sturz Husains noch lange nicht vollendet, auch wenn Präsident Bush dies auf einem Flugzeugträger den anwesenden Soldaten und der Presse verkündet hatte. Stattdessen sollte nun ein schier nicht endend wollender Krieg im Irak beginnen, dessen Fronten oftmals nicht erkennbar waren und der zahllose Opfer forderte.

Die Gruppen, die nun angetreten waren, die USA zu vertreiben und später die neue Regierung des Irak zu stürzen, hatten unterschiedliche Motivationen und Ideologien (Günther 2014, 95–98; Steinberg 2015, 41–52): Die schiitischen, mit Iran verbündeten Aufständischen attackierten die Truppen der USA und beglichen alte Rechnungen mit dem Apparat des Saddam-Regimes. Die sunnitischen und säkularen Nationalisten wehrten sich gegen die Präsenz der USA und Irans gleichermaßen und kämpften darum, die alten Machtverhältnisse im Land wiederherzustellen. Die internationalen Jihadisten wollten dagegen nach der Vertreibung der USA und der Vernichtung der Schiiten im Irak einen Gottesstaat nach ihren Vorstellungen errichten.

Al-Zarqawis Gruppe, die unter dem Namen «Tauhid wa-l-

Jihad» (Monotheismus und Jihad) bekannt wurde, war anfangs eine von vielen im irakischen Aufstand nach 2003. Ihre ersten großen Anschläge beging die Miliz im Sommer 2003, zunächst gegen die jordanische Botschaft in Bagdad, wenige Tage später lenkte ein Selbstmordattentäter einen mit Sprengstoff beladenen Lastwagen in das Hauptquartier der Vereinten Nationen – eine Taktik, die zum Markenzeichen der Gruppe wurde. Der nächste Schlag richtete sich gegen die Schiiten Iraks. Am 29. August 2003 lenkte al-Zarqawis Schwiegervater einen sprengstoffbestückten Lastwagen in die Autokolonne von Ayatollah Muhammad Bakir al-Hakim. Hakim war ein hoher schiitischer Geistlicher und politischer Aktivist, der wenige Monate zuvor aus dem iranischen Exil zurückgekehrt war. Mit ihm kamen 95 Menschen bei dem Anschlag ums Leben. Es war das erklärte Ziel al-Zarqawis, einen Krieg gegen die verhassten Schiiten Iraks und ihre Schutzmacht Iran zu führen (Steinberg 2015, 53–58).[5] Neben der religiösen Feindschaft stand dahinter auch das Kalkül, Schiiten und Sunniten im Irak gegeneinander aufzuhetzen, um am Ende sich selbst allen Sunniten als einzig verbliebene Hoffnung zu präsentieren.[6]

Al-Zarqawis Anschläge ragten heraus aus dem «Alltag» des Krieges. Sie waren eine Inszenierung des Todes, konzipiert als Nachricht an Freund und Feind, eine Botschaft der Stärke und des Grauens. Seine Selbstmordattentäter erzeugten maximale Opferzahlen und Schäden. Obwohl die Zarqawi-Gruppe noch bis 2005 nur einen Anteil von 14 Prozent an den gesamten Operationen des breiteren Aufstands hatte, war sie für über 42 Prozent aller Selbstmordanschläge verantwortlich (al-Shishani 2005). Diese Art der Anschläge forderte besonders viele Opfer und erzeugte zugleich die Aufmerksamkeit der Presse, so dass al-Zarqawis Gruppe als relevant und mächtig wahrgenommen wurde. Dieser Effekt verstärkte sich mit der Veröffentlichung des Hinrichtungsvideos von Nicholas Berg im Mai 2004: Al-Zarqawi selbst enthauptete den amerikanischen Geschäftsmann vor laufenden Kameras (Günther 2014, 149–150). Die späteren Enthauptungsvideos des Islamischen Staates knüpften also an die von al-Zarqawi begründete «Tradition» an.

Im Frühjahr 2004 gelang al-Zarqawi dann ein weiterer Coup, der zur Gründung von al-Qaida im Irak (AQI) überleitete. «Al-Tauhid wa-l-Jihad» war zwar bekannt geworden, kontrollierte aber so gut wie kein Territorium und befand sich ständig auf der Flucht vor irakischen und amerikanischen Soldaten (Fishman 2016, 52). Deswegen sollte Falluja, die in der berüchtigten Aufstandsprovinz Anbar gelegene Stadt, eingenommen und als Basis genutzt werden. Zu diesem Zweck vereinigte man sich mit anderen Jihadistengruppen zu einem «Mujahidin-Rat». Zehn Monate lang wehte das schwarze Banner des Jihad über Falluja. Erst im November 2004 gelang es den amerikanischen und irakischen Kräften, die Stadt nach zweiwöchigen massiven Kämpfen, bei denen etwa ein Fünftel der Häuser zerstört wurde, einzunehmen. Von 8400 Aufständischen, die im Jahr 2004 im Irak getötet wurden, kamen allein 2174 in der Schlacht von Falluja ums Leben (Weiss & Hassan 2015, 32–37). Trotz oder gerade auch wegen der hohen eigenen Opferzahlen steigerten die Ereignisse von Falluja al-Zarqawis Ansehen enorm und begründeten seine Legende.

Nach langen Vorbereitungen wurde im Oktober 2004 der Anschluss an al-Qaida vollzogen. Bin Laden und seine Kader hatten ein vitales Interesse daran, einen Ableger im Irak zu gründen, wo der direkte Kampf mit den amerikanischen Bodentruppen Prestige und Machtgewinn versprach. Al-Zarqawi wiederum profitierte dadurch, dass nun Bin Laden und al-Zawahiri – die anerkanntesten Autoritäten unter den Jihadisten – sich für ihn aussprachen und ihre Anhänger aufforderten, sich «Al-Qaida im Irak» anzuschließen (Fishman 2016, 58–60).[7] Die al-Qaida-Zentrale hatte schlichtweg keine andere Wahl, als auf al-Zarqawi zu setzen, auch wenn er ein unberechenbarer Faktor blieb. Al-Zawahiri und auch al-Zarqawis ehemaliger Weggefährte und Mentor Abu Muhammad al-Maqdisi versuchten den «Amir» der irakischen al-Qaida mit Lob und Ratschlägen auf Linie zu bringen. Der Rückhalt aus der Bevölkerung sei die «stärkste Waffe der Mujahidin» (Brief al-Zawahiri an al-Zarqawi, 09.07.2005), daher müssten unnötige zivile Opfer und eskalierende Angriffe auf die irakischen Schiiten zurückgefahren werden.

Doch al-Zarqawi verfolgte zielstrebig seinen Plan, den Irak in eine Hölle des Bürgerkriegs entlang konfessioneller Identitäten zwischen Sunniten und Schiiten zu verwandeln. Am 22. Februar 2006 wurde in Samarra der den Schiiten heilige al-Askari-Schrein durch Sprengladungen fast komplett zerstört, was eine Welle der Gewalt auslöste: Straßenkämpfe, gezielte Ermordungen, Vertreibungen der jeweils anderen Konfessionsgruppe aus gemischten Ortschaften sowie Angriffe auf Moscheen beider Glaubensrichtungen (Haddad 2011, 180–187).

Kurz zuvor, im Januar 2006, hatte al-Qaida im Irak den Zusammenschluss mit weiteren jihadistischen Gruppierungen unter der Flagge des «Schura-Rates der Mujahidin im Irak» bekanntgegeben (Günther 2014, 174–178). Denn al-Zarqawi geriet zunehmend unter Druck: Die anti-schiitische Gewalt stieß nicht nur innerhalb al-Qaidas auf Ablehnung, auch sunnitische Stämme sahen sich von den Radikaljihadisten drangsaliert und zeigten Bereitschaft zur Kooperation mit der irakischen Regierung und den USA (Günther, 170–174).

Al-Zarqawi hatte kaum Zeit, sein Projekt der Einheitsfront im Irak unter Führung al-Qaidas fortzusetzen: Im Juni 2006 spürte das US-Militär ihn auf und tötete ihn mittels einer drohnengestützten Rakete. Al-Qaida veröffentlichte anschließend ein Video, in dem Bin Laden seine Trauer kundtat und al-Zarqawi pries.[8] Der «Ritter des Islam» und «Befehlshaber derjenigen, die das Martyrium suchen», wie seine Anhänger al-Zarqawi nannten, war tot, doch seine Organisation entwickelte sich zu einer immer bedrohlicheren Macht im Irak.

Unter dem Kommando des Islamischen Staats (2006–2010)

Auf den Jordanier al-Zarqawi folgte Abu Ayyub al-Masri alias Abu Hamza al-Muhajir, ein Ägypter und langjähriger Gefährte Aiman al-Zawahiris. Im Oktober 2006 rief al-Masri zusammen mit anderen kleineren Jihadgruppen den «Islamischen Staat im Irak» (ISI) aus und stellte al-Qaida im Irak formell unter dessen Kommando. An der Spitze des ISI stand nun ein Mann mit dem Kampfnamen Abu ʿUmar al-Baghdadi. Dahinter verbarg sich der

Iraker Hamid al-Zawi, ein ehemaliger Polizist. Er übte sein Amt als Führer des ISI wohl eher nominell aus, während die tatsächliche Macht bei al-Masri lag (McCants 2016, 31–42; Steinberg 67–72). Durch die irakisch-ägyptische Doppelspitze sprach ISI sowohl Sympathisanten mit nationaler als auch solche mit globaler Ausrichtung an, während die al-Qaida-Führung mit al-Masri ihren Mann positioniert hatte. Zugleich tat sich aber auch ein Problem auf, das später – während des Bruches zwischen al-Qaida und ISIS 2013/2014 – noch relevant werden sollte: Al-Masri schwor Abu ʿUmar al-Baghdadi die Treue, war aber zugleich Bin Laden unterstellt (Weiss & Hassan 2015, 62–64).

Der Name «Islamischer Staat» deutete bereits an, dass der Ansatz dieser Gruppe ein deutlich anderer sein würde, als der von al-Qaida bis dato:[9] Es wurden Schattenminister für unterschiedliche Ministerien – u. a. Landwirtschaft, Gesundheit, Krieg – berufen, und mit dem eigenen Staatsanspruch tolerierte ISI keine rivalisierenden aufständischen Gruppierungen mehr neben sich.

Es war al-Zawahiri selbst, der al-Zarqawi bereits im Sommer 2005 dazu ermuntert hatte, auf die Herstellung eines politisch beherrschten Territoriums, eines Emirates, hinzuarbeiten. Dieser Staat sollte den Grundstein für spätere islamische Staaten im Irak, der Levante und Ägypten und das daraus zu schaffende Kalifat bilden (Brief al-Zawahiri an al-Zarqawi, 09.07.2005). Al-Qaida war also nicht grundsätzlich gegen die Errichtung einen islamischen Staates, vielmehr war dies erklärtes Ziel und Zweck sämtlichen Handelns der Organisation – sofern man sich der Unterstützung der lokalen Bevölkerung sicher war. Die Differenzen mit al-Zarqawi und den irakischen Jihadisten ergaben sich vielmehr aus deren brutalem Vorgehen gegen die Bevölkerung und der Entfremdung von dieser, wodurch das so greifbare Ziel eines eigenen Staates wieder zu entgleiten drohte.

Im Laufe des Jahres 2008 ließen die interkonfessionellen und interethnischen Spannungen im Irak nach, und ein nationales Bewusstsein trat wieder in den Vordergrund (Haddad 2011, 200–201). Sunnitische Stämme und auch einzelne Rebellen hatten begonnen, mit dem US-Militär zu kooperieren, um der Bedrohung durch al-Qaida und ISI begegnen zu können. Die US-Kräfte hatten im Januar 2007 um 20 000 Soldaten aufgestockt, die dann gezielt dort eingesetzt wurden, wo jihadistische Gewalt am virulentesten auftrat (Kirdar 2011, 5). Dazu bildeten sich die sunnitischen Stammesmilizen, bekannt als «Erweckungsbewegung» (*sahwa*) (Günther 2014, 266–273), 2009 hatten sie bereits 100 000 Mann (Kirdar 2011, 5). Diese Milizen trugen maßgeblich dazu bei, die Sicherheitslage zu beruhigen und ISI und al-Qaida die Schutzräume zu entziehen. Der «Zarqawismus», ISI und al-Qaida im Irak hatten ihren Zenit überschritten und viele Sympathien verspielt. Ende 2009 hatte ISI alle vormals gehaltenen Gebiete verloren, aber durch ihre terroristischen Anschläge starben im Jahr 2010 immer noch jeden Monat 300 Menschen (Fishman 2011, 4–5; McCants 2016, 42).

Doch die Kader und Fußsoldaten des ISI gerieten zunehmend unter Druck: Bei einer vormaligen Gesamtstärke von geschätzt 15 000 Personen waren zu Beginn des Jahres 2008 bereits 8800 al-Qaida-Mitglieder gefangen und weitere 2400 getötet worden, zudem versiegte der Strom an ausländischen Kämpfern zusehends (Kirdar 2011, 5). Im Juni 2010 waren 34 der 42 wichtigsten Kader der irakischen al-Qaida getötet oder verhaftet und die Kommunikation mit der al-Qaida-Zentrale in Pakistan zusammengebrochen (Lewis 2013, 9). Im April des Jahres 2010 gelang es den USA schließlich, die beiden Führer des ISI, Abu ʿUmar al-Baghdadi und al-Masri, aufzuspüren und zu töten.

Der al-Qaida-Zentrale in Pakistan war bewusst, dass den irakischen Brüdern die Situation zu entgleiten drohte und dass al-Masris autoritärer und von Gewaltexzessen begleiteter Führungsstil sich als ineffektiv und kontraproduktiv erwiesen hatte. Zudem war das Verhältnis der ausländischen Kämpfer zu den Einheimischen gespannt und die Kommunikation zwischen den Verantwortlichen im ISI lief nur schleppend (McCants 2016, 39–45). Doch lösen wollte und konnte sich Bin Laden von dem problematischen Verwandten nicht, denn schließlich war man noch immer eine «Familie» – und es gab auch schlicht keine Alternative.

Der Weg zum Kalifat (2010–2014)

Es waren nicht nur die Strategie und beständigen Strukturen des Islamischen Staats, die sein Revival förderten, sondern ebenso die Schwäche der irakischen Staatsführung, die im Jahr 2010 mehr mit sich selbst beschäftigt war als mit der Terrorismusbekämpfung, sowie die US-Strategie für den Wiederaufbau des Landes (Steinberg 2015, 75–76). Sunniten hatten zunehmend das Gefühl, von einer amerikanisch-iranischen Allianz übervorteilt zu werden. Entgegen allen Zusagen waren nur weniger als die Hälfte der Mitglieder der sunnitischen Stammesmilizen, die gegen den ISI gekämpft hatten, bis Juli 2010 in eine reguläre Beschäftigung überführt worden (Fishman 2011, 14). Begünstigend für den ISI kam der 2008 eingeleitete amerikanische Truppenabzug hinzu, der im Dezember 2011 abgeschlossen war. Mit Blick darauf verlagerten die Aufständischen ihren Fokus von amerikanischen Zielen auf die irakischen Sicherheitskräfte (McCants 2016, 80). Im Kampf um die Kontrolle des künftigen Irak war eine entscheidende Phase eingetreten.

Die Jihadisten boten zumindest einem Teil der enttäuschten Iraker, darunter auch ehemaligen Mitarbeitern der Sicherheitskräfte und Geheimdienste, eine Perspektive, die Kämpfer erhielten Bezahlung und Macht. Außerdem hatte der ISI 2009 ein Büro für Stammesangelegenheiten ins Leben gerufen, was den Angehörigen der sunnitischen Stämme und ihren Milizen längerfristig Rückhalt gab.

Nach 2010 agierte der ISI zunehmend professionell und weitsichtig, was zumeist der gesteigerten Präsenz von ehemaligen Angehörigen der irakischen Sicherheitskräfte in den Reihen des ISI zugeschrieben wird (hierzu siehe Whiteside 2017). In der Tat gab es einige bedeutende militärische und strategische Führer des ISI, die bereits im Militär, der Polizei oder den Geheimdiensten Saddam Husains gedient hatten. Doch steckte dahinter weder ein heimliches «Come-back» der irakischen Baath-Partei, noch war der ISI bloß ein religiöser Mantel für die früheren Regimeangehörigen. Auch in anderen al-Qaida-Zweigen und sonstigen jihadistischen Gruppen finden sich immer wieder ehemalige Angehörige staatlicher Sicherheitskräfte. Ein erstaunliches Phänomen, das sich vermutlich eher mit deren Waffenaffinität und Bereitschaft zum Einsatz militärischer Mittel zur Konfliktlösung erklären lässt als mit einem durchdachten Plan zur Infiltrierung und Nutzbarmachung jihadistischer Organisationen. Zudem hatten sich viele der ehemaligen irakischen Sicherheitskräfte bereits zu Zarqawis Zeiten aus Überzeugung al-Qaida im Irak angeschlossen. Die Verstärkung mit Militärs und Nachrichtendienstlern aus dem Irak und ihr Vorrücken an die Spitze der Organisation um das Jahr 2010 brachten dem ISI in der Tat einen Zuwachs an Wissen und Kontakten. Die Organisation ging nun zunächst dazu über, in wellenartigen Operationen inhaftierte Mitglieder des ISI aus den Gefängnissen im Irak zu befreien. Dabei halfen Insider-Informationen und Polizeiuniformen, die Zugänge zu geschützten Gebäuden verschafften (Fishman 2011, 14).

Die Führung hatte mittlerweile Ibrahim Awwad al-Badri (geb. 1971) übernommen, der sich unter dem Namen Abu Bakr al-Baghdadi im Sommer 2014 zum neuen «Kalifen» ausrufen sollte.[10] Al-Badri stammte aus der unteren Mittelschicht des Irak und hatte bereits früh Kontakte zu salafistisch-jihadistischen Kreisen. Als einer der wenigen Führer al-Qaidas hatte al-Badri einen religiösen Werdegang, sogar mit einem Doktortitel in islamischen Studien. Menschen, die ihm in seinen jungen Jahren begegnet waren, beschrieben ihn als intellektuell, ruhig und besonnen, jedoch auch als fanatisch und reaktionär in religiösen Fragen. Bereits Ende 2003 hatte er eine eigene islamistische Miliz gegründet, die gegen die Amerikaner im Irak kämpfen sollte. Wegen dieser Aktivitäten wurde er 2004 im «Camp Bucca» interniert, das zur Kontaktbörse der IS-Funktionäre wurde. Unter anderem machte al-Baghdadi dort auch den Syrer al-Jaulani (geb. 1981) zu seinem Gefolgsmann, der wegen seiner Terroraktivitäten mit der Zarqawi-Gruppe inhaftiert wurde.

Für das Wiedererstarken des ISI kam nun als weiterer «Glücksfall» der Konflikt in Syrien hinzu. Al-Baghdadi hatte al-Jaulani bereits im Sommer 2011 dorthin entsandt, um einen Ableger des ISI in Syrien aufzubauen (siehe Kapitel 13, S. 161). Doch al-Jaulanis neue Organisation «Jabhat al-Nusra» (s. u.) machte sich schließlich von al-Baghdadi unabhängig (Lister 2017, 119–183). Erzürnt schickte der irakische ISI-Chef seinen Vertrauten «Haji Bakr», einen ehemaligen irakischen Geheimdienstoffizier, nach Syrien, um dort als Gegengewicht zu al-Jaulani zu fungieren und eine neue Gruppierung ins Leben zu rufen, die al-Baghdadis Befehl unterstehen sollte. Im April 2013 wurde dann der «Islamische Staat im Irak und Syrien» (ISIS) ausgerufen, der sich zum heftigsten Rivalen al-Qaidas entwickeln sollte. Al-Baghdadis Truppen konnten sich im Osten Syriens festsetzen und zugleich im Irak weitere Schlachten für sich entscheiden.

Im Juni gelang ISIS der größte und wichtigste Sieg: die Einnahme der Millionenstadt Mosul. Sie spielte bereits vor Ausrufung des Kalifats eine wichtige Rolle für die Jihadisten, diente etwa als logistischer Knotenpunkt, über den ein Großteil der ausländischen Kämpfer geschleust wurde (Fishman 2011, 10). Schon Anfang des 20. Jahrhunderts galt Mosul als Sitz eines möglichen arabischen Kalifats. Nun, hundert Jahre nach Abschaffung des Osmanischen Kalifats 1924, sollte diese Idee tatsächlich umgesetzt werden: Am 29. Juni 2014 erklärte sich al-Baghdadi zum «Kalifen». Gleichzeitig sollte ISIS fortan nur noch «Islamischer Staat» heißen, womit die territoriale Begrenzung aufgehoben wurde. Der IS erklärte nun jede Gruppe, die sich seinem Herrschaftsanspruch nicht unterwarf, als illegitim und feindlich, womit insbesondere jene Jihad-Milizen gemeint waren, die weiterhin unabhängig oder al-Qaida-verbunden waren. So wurden selbst Jihadisten, die jahrelang die Wiedereinführung des Kalifats forderten, wie Abu Muhammad al-Maqdisi, Abu Qatada in London oder Aiman al-Zawahiri, zu den erbittertsten Gegnern der Herrschaft al-Baghdadis.

Der IS hatte vom Irak aus nach Syrien expandiert, und die Gebietsgewinne in Syrien wirkten sich wiederum positiv auf seine Stärke im Irak aus. Er hatte, in seiner Wahrnehmung und Außendarstellung, die künstlichen Grenzen des Kolonialismus überwunden und die Gedanken islamischer Reformer zur Wiedererrichtung des Kalifats in die Realität umgesetzt. Dass weder die internationale Staatengemeinschaft noch die Muslime der Welt diesen «Staat» oder das «Kalifat» anerkannten, störte den IS nicht weiter, es bestärkte seine Vertreter sogar in der Annahme, als auserwählte Gruppe auf dem rechten Pfad zu sein. In weiteren Ländern der muslimischen Welt, etwa Libyen, Ägypten, Somalia, aber auch Afghanistan und Pakistan, fing eine neue Generation von Jihadisten an, sich an dem Kalifat-Projekt zu beteiligen, und gründete eigene IS-Ableger. Doch in ihrer Hybris hatten die IS-Strategen den gemeinsamen Willen und die Macht der Feinde, die sich der IS durch seine Brutalität, seine Kompromisslosigkeit und sein Sektierertum in aller Welt gemacht hatte, schlicht unterschätzt. Der IS verlor im Lauf der Jahre 2015 und 2016 in Syrien und Irak fast sein gesamtes Territorium. Auch in anderen Ländern, etwa Libyen, gerieten die IS-Truppen unter Druck und mussten sich oftmals geschlagen zurückziehen. Heute ist weiterhin auf dem Nord-Sinai und in Afghanistan eine nennenswerte IS-Präsenz zu verzeichnen, wenn auch die Gefahr des IS überall dort, wo er bereits Bestand hatte, nicht gebannt ist. Viele IS-Kader konnten fliehen und sich absetzen. Ihr Wille und wohl auch ihre Fähigkeit, bei nächster Gelegenheit zurückzuschlagen, bestehen zunächst weiter.

13. Syrien: Zwischen nationalem und globalem Jihad

Jihad von Aleppo bis Damaskus (ab 2003)

Im Jahr 2000 starb Präsident Hafiz al-Asad, der das Land dreißig Jahre lang mit rigidem links-nationalistischem Kurs geführt hatte. In den 1960er- und 1970er-Jahren war es immer wieder zu islamistischen Aufständen gegen sein Regime gekommen; 1982 wurden sie in der Schlacht von Hama, die in einem Massaker mit 20 000 bis 30 000 Toten endete, endgültig niedergeschlagen.[1] Ab

1994 hatte Hafiz al-Asad seinen Sohn Bashar systematisch zum künftigen Präsidenten aufgebaut.[2] Kurz nach dessen Machtübernahme sah es so aus, als würde er einen politischen Wandel einleiten und den gefürchteten Repressionsapparat des Vaters zurückschrauben. Der «Damaszener Frühling» (2000–2001), im Zuge dessen politische Häftlinge freikamen und sich Ansätze eines offenen gesellschaftlichen Dialogs zeigten, war allerdings bald vorbei, und eine erneute Phase der Repression setzte ein, begleitet von einer zunehmenden Privatisierung der Wirtschaft, allerdings zu Gunsten des Machtzirkels um die al-Asad-Familie und ohne breitere Wirkung auf den Wohlstand der Bevölkerung.

Außenpolitisch pflegte al-Asad weiterhin die Beziehungen zum Iran und zur libanesischen Hizbollah. Zudem bot Damaskus der palästinensischen Hamas die Möglichkeit, dort ihre Zentrale zu unterhalten. In der Phase nach dem 11. September geriet Syrien aufgrund dieser Verbindungen und des weiterhin geltenden Kriegszustandes zwischen Syrien und Israel auf die Liste der «Schurkenstaaten», wie sie George W. Bush nannte. Zu diesen zählten auch Irak, Iran, Libyen und Nordkorea. Die Invasion des Irak 2003 und der Sturz Saddam Husains wurden daher von der syrischen Regierung aufmerksam verfolgt, denn es bestand durchaus die Sorge, dass Syrien das nächste Ziel amerikanischer Interventionspolitik sein könnte. Getreu dem Motto «Der Feind meines Feindes ist mein Freund» tolerierte al-Asad daher, dass Syrien immer mehr zur Drehscheibe für ausländische Jihadisten avancierte, die sich am Widerstand gegen die Amerikaner im Irak beteiligen wollten (Lister 2017, 31–47; Weiss & Hassan 2015, 100–113; Burke 2011, 171). So entstanden während der späteren 2000er-Jahre Netzwerke an der syrisch-irakischen Grenzregion zwischen Schmugglern, Kriminellen und Jihadisten, die für den Aufstieg von Jabhat al-Nusra und dem Islamischen Staat in diesen Gebieten nach 2012 die Grundlagen bilden sollten.

Bereits früh wusste al-Qaida um das Potenzial Syriens für ihren Kampf. Der langjährige Kader Saif al-ʿAdel verfasste 2005 ein Strategiepapier, in dem er sieben Schritte auf dem Weg zum Kalifat vorgab (Fishman 2016). Dabei ging es auch um die Bedeutung

Syriens als Schlachtfeld für die Jihadisten, denn er ging davon aus, dass die Regierung Bashar al-Asads im Falle einer Revolte nicht von den USA unterstützt werden würde (Fishman 2016, 37), und darum, wie sich der Aktionismus al-Zarqawis effektiv nutzen ließe. Saif al-ʿAdels Überlegungen wurden mit erstaunlicher zeitlicher Übereinstimmung Wirklichkeit. So sah al-ʿAdels Plan vor, zwischen 2007 und 2010 vom Irak aus jihadistische Netzwerke in Syrien und im Libanon aufzubauen (Fishman 2016, 34–36); zwischen 2013 und 2016 sollte dann das Kalifat ausgerufen werden.

Die Netzwerke zwischen Irak und Syrien hatten weiter Bestand, als in Syrien im März 2011 die ersten Proteste gegen Bashar al-Asad begannen. Zwar hatten diese keinen jihadistischen oder extremistischen Hintergrund, doch witterte al-Qaida ihre Chance, nun den Jihad in Syrien wieder aufzunehmen.[3] Im August 2011 entsandte Abu Bakr al-Baghdadi Emissäre vom Irak nach Syrien, um den Aufbau einer eigenen Organisation vorzubereiten, vor Ort leiten sollte dies al-Baghdadis Vertrauter und Statthalter in der Provinz Ninive, Abu Muhammad al-Jaulani.[4]

Fünf Wochen zuvor war die Freie Syrische Armee als militärische Antwort auf die Repression des al-Asad-Regimes gegründet worden, was den Beginn der militärischen Eskalation im Syrienkonflikt markierte. Im Januar 2012 trat dann der syrische Arm al-Qaidas, «Jabhat al-Nusra li-Ahl al-Sham» – Front zur Unterstützung der Einwohner Syriens, unter Führung von al-Jaulani an die Öffentlichkeit.

Die Nusra-Front (2012–2016)

Der Name war sorgfältig gewählt: Er signalisierte, dass man gekommen war, um zu helfen, nicht um zu herrschen. Das Volk steht über den Interessen der Organisation, die selbstlos ihre Kräfte zur Verteidigung der Schutzlosen auffährt – diese Botschaft sollte stets im Vordergrund stehen. Der zusätzliche Titel der neu gegründeten Front «Organisation der al-Qaida auf dem Boden der Levante», der sich öfters auf Flaggen und Emblemen fand, fiel dabei gar nicht weiter auf. Schon im Gründungsvideo machte Jabhat al-Nusra (JaN) jedoch auch deutlich, dass für sie der Jihad in

Syrien Teil eines größeren Kampfes um die Vorherrschaft der Islamisten in der Region war (Lister 2017, 59–60). «Unsere Ziele sind nicht auf Syrien beschränkt. Unser gegenwärtiger Kampf findet jedoch in Syrien statt», sagte Abu Firas al-Suri (1950–2016), einer der früheren al-Qaida-loyalen Kader der Nusra-Front.[5] Ab Mitte bis Ende 2012 wurde eine zunehmende Anzahl ausländischer Kämpfer in ihren Reihen aufgenommen (Lister 2017, 91–92).

Al-Zawahiri war in die Planungen zur Gründung von «al-Qaida in Syrien» eingeweiht. In Detailfragen hatte Kern-al-Qaida jedoch wenig bis keine Kontrolle über die Entscheidungen ihres Ablegers, über den al-Baghdadi sich die Macht sichern wollte. Später sollte sich zeigen, dass die Loyalitäten der JaN-Mitglieder sich zwischen al-Jaulani und al-Zawahiri einerseits und al-Baghdadi andererseits teilten. In den Monaten nach der Gründung etablierte sich JaN als Teil der syrisch-islamistischen Rebellenszene. Das Knowhow der al-Qaida-Leute in Guerilla-Taktiken wurde von den anderen Milizen gerne angenommen, zumal al-Jaulani zunächst keine Ambitionen zeigte, die anderen Gruppen unter seine Kontrolle zu bringen, im Gegensatz zum «Islamischen Staat in Syrien und Irak» (ISIS), der im April 2013 durch al-Baghdadi ausgerufen wurde. Zuvor war es zu Verstimmungen zwischen al-Baghdadi und al-Jaulani gekommen, da Letzterer sich als direkt al-Zawahiri unterstellt und somit als al-Baghdadi ebenbürtig ansah. Der Konflikt spitzte sich weiter zu, bis es im Winter 2013/14 zur militärischen Eskalation zwischen ISIS und JaN kam. Auch mächtige Rebellengruppen, insbesondere «Ahrar al-Sham» (Die freien Männer Syriens), hatte sich ISIS zu diesem Zeitpunkt zu Feinden gemacht.

Geschickt hatte al-Zawahiri einige Getreue nicht nur bei der Nusra-Front untergebracht, sondern auch bei Ahrar al-Sham, wo sein wichtigster Vertrauter in Syrien zu jener Zeit, Abu Khalid al-Suri (Muhammed al-Bahaiya, 1963–2014) einer der militärischen Führer war (Lister 2017, 107–109). Abu Khalid war zusammen mit Abu Musʿab al-Suri (Mustafa Setmariam Nasar)[6] schon an den Aufständen in Syrien in den 1970er- und 80er-Jahren beteiligt gewesen. Danach stieg Abu Musʿab (geb. 1958) zu einem der wichtigsten al-Qaida-nahen Querdenker auf und legte den Grundstein für die Idee des dezentralen Jihad kleiner Zellen in verschiedenen Ländern. Aufgrund seiner Verhaftung 2005 spielte Abu Mus'ab im syrischen Bürgerkrieg keine aktive Rolle. Abu Khalid hingegen trat nach der Eskalation Anfang 2014 öffentlich mit einer Reihe von Botschaften gegen den IS in Erscheinung.[7] Im Februar 2014 wurde er bei einem Bombenattentat getötet, was die «Ahrar al-Sham» ISIS anlasteten und zum *casus belli* machten. In der Folge musste sich ISIS zwar aus den nördlichen Gebieten um Aleppo zurückziehen, konnte sich dafür im Nordosten Syriens, insbesondere in den Kurdengebieten, und im Frühsommer auch in Dair al-Zaur, der strateisch wichtigen, da an den Irak angrenzenden Region, festsetzen, während JaN und andere Rebellengruppen sich auf den Norden, Westen und Süden des Landes konzentrierten.

Al-Zawahiri versuchte nun, Jabhat al-Nusra mit loyalem und langjährig bekanntem Personal zu verstärken, so dass ab 2014 diverse Afghanistan-Veteranen und al-Qaida-Mitglieder, oftmals Syrer wie Abu Firas al-Suri oder Abu Hammam al-Suri, nach Syrien zurückkehrten. Im März 2015 kamen zudem einige wichtige al-Qaida-Kader im Zuge eines Gefangenenaustauschs aus iranischem Hausarrest frei (siehe Kapitel 15, S. 186). Die Gruppe reiste anschließend nach Syrien, wo sie als Verbindungsleute zwischen der lokalen jihadistischen Bewegung und der Zentrale in Pakistan eine gewisse Aufsichtsfunktion ausübten.

Loslösung von al-Qaida? Jabhat Fath al-Sham (2016–2017)

Ebenfalls im März 2015 wurde eine neue Allianz jihadistischer Gruppen gegründet: «Jaish al-Fath», die «Eroberungsarmee», innerhalb derer den Akteuren der Nusra-Front eine zentrale Rolle zukam. Die vereinte «Eroberungsarmee» konnte schon bald Idlib, die Hauptstadt der gleichnamigen Provinz, einnehmen, was Euphorie unter ihren Anhängern auslöste und Jabhat al-Nusra fest in diesem Gebiet verankerte. Es sollte der vorläufige Höhepunkt für die islamistischen Milizen in ihrem Kampf und ein kurzer Moment des Triumphs sein.

Bereits in der zweiten Jahreshälfte 2015 wendete sich das Blatt in Syrien zu Ungunsten der Opposition. Ein Brennpunkt war Aleppo, die Großstadt im Norden Syriens, deren östlicher Teil von Rebellenkräften gehalten wurde. Ab November 2015 begann die syrische Armee mit russischer Unterstützung eine Großoffensive auf Ost-Aleppo, in dem sich damals nach Schätzungen der UNO 250000 bis 300000 Menschen aufhielten. Zwar gelang es Jaish al-Fath im August 2016, den Blockadering des Regimes zu durchbrechen, doch im Dezember 2016 wurden die Rebellen schließlich aus Aleppo vertrieben.

Angesichts ihrer zunehmenden Misere rückten die syrischen Rebellen näher zusammen, was das Ende der Nusra-Front einläutete. Die Verbindung mit al-Qaida war zum einen hinderlich, wenn es darum ging, ausländische Geldgeber und Unterstützer zu finden, was für das Überleben der Bürgerkriegsmilizen entscheidend ist. Zum anderen wurde man zur Zielscheibe von Antiterrormaßnahmen, insbesondere den gefürchteten Drohnenangriffen. Unter dem Druck, militärisch und politisch isoliert zu werden (Lister 18.05.2017), traf das Führungsgremium der JaN die – intern umstrittene – Entscheidung, sich von al-Qaida zu lösen. In einer Videobotschaft vom 28. Juli 2016 trat Abu Muhammad al-Jaulani erstmals unmaskiert vor die Kamera und verkündete die Umbenennung in «Jabhat Fath al-Sham» (JFS) – «Front zur Eroberung Syriens». Dieser Schritt geschehe nach Absprache mit und Billigung durch Aiman al-Zawahiri höchstpersönlich; der Hinweis war al-Jaulani wichtig, da er einen Treueeid auf al-Zawahiri abgelegt hatte und nun nicht als eidbrüchig (wie IS-Führer Abu Bakr al-Baghdadi) gelten wollte.

Anders als von der JaN und ihren Anhängern bewusst gestreut, hatte al-Jaulani selbst an keiner Stelle explizit einen «Bruch» mit al-Qaida verkündet, sondern lediglich gesagt, dass die neu gegründete Front «keinerlei Verbindung mit ausländischen Organisationen» habe. Dies ließ mehrere Interpretationen zu, und entsprechend groß war zunächst die Verwirrung innerhalb der jihadistischen Szene: War die Loslösung von al-Qaida einvernehmlich vollzogen worden oder nicht?

In einem kurz zuvor erschienenen Video[8] hatte Ahmad Hasan Abu al-Khair al-Masri (1957–2017), der hierin erstmals als Stellvertreter von al-Zawahiri präsentiert wurde, erklärt, dass von nun an die Einheit der Mujahidin ausschlaggebend sein müsse und nicht die Rücksichtnahme auf eine bestimmte Organisationsform, womit al-Qaida gemeint war. Der «Jihad einer Elite» müsse nun zum «Jihad der islamischen Nation» werden. Al-Qaida sei bereit, man habe den Segen von Aiman al-Zawahiri.

Kurz nach der offiziellen Umbenennung erklärte dagegen Mostafa Mahamed, ein in Ägypten geborener Australier, der als «Abu Sulayman al-Muhajir» lange Zeit als inoffizieller Sprecher der JaN galt (Jones, Ward & Abdelaziz 02.08.2016):

> Mit der Bildung von Jabhat Fath al-Sham sind wir völlig unabhängig. Das heißt, wir berichten niemandem, wir erhalten unsere Richtlinien nicht [mehr] von externen Organisationen.

Der Name «al-Qaida» sei kein Erfolgsfaktor mehr für die Nusra-Front, es sei hinderlich, sich an eine Gruppe zu klammern (Hussain, 23.08.2016).

Eigentlich entsprach dies auch den Ideen von Usama Bin Laden, Aiman al-Zawahiri und anderen al-Qaida-Ideologen, wonach der Jihad unabhängig von Personen und Organisationen geführt werden müsse. Die Loslösungsdebatte innerhalb der Nusra-Front war vermutlich längst zu al-Zawahiri durchgedrungen. Denn ebenfalls schon vor der offiziellen Verlautbarung hatte al-Zawahiri in einem Video betont, wie dringlich die Einheit der «Mujahidin» in Syrien jetzt sei, eine Frage von «Leben und Tod» (Video, *Unfuru li-l-Sham*, Mai 2016). Wichtiger als die Organisation sei das Erlangen der Macht:

> Bei Gott: Wir [als al-Qaida] streben nicht nach Herrschaft, vielmehr streben wir nach der Herrschaft der Scharia. Wir wollen nicht die Muslime regieren, sondern wir wollen als Muslime vom Islam regiert werden.

Auch wenn in dem Fath al-Sham-Gründungsvideo noch Ahmad Salama Mabruk (alias Abu al-Faraj al-Masri, 1956–2016), langjähriger Vertrauter al-Zawahiris und laut Pentagon «einer der hochrangigsten Führer der al-Qaida in Syrien» (Pressemitteilung des Pentagon NR-347–16, 03.10.2016), demonstrativ neben al-Jaulani gesessen hatte, so kristallisierte sich in den folgenden Monaten immer mehr heraus, dass die al-Qaida-Loyalisten ihre Heimat nicht mehr unter al-Jaulani sahen.

Einige wichtige al-Qaida-Köpfe – wie Abu Muhammad al-Maqdisi oder Abu Khair al-Masri, der Stellvertreter al-Zawahiris in Syrien – hatten den Plänen al-Jaulanis wohl zunächst zugestimmt, dies aber später revidiert (Bunzel 29.03.2017; Hamming 24.10.2017). Der ihnen vermittelte Eindruck, dass die Verbindung zu al-Qaida weiterhin bestehen sollte, sei falsch gewesen. Und die erhofften Vorteile, wie eine größere Einheit der syrischen Rebellen unter Jabhat Fath al-Sham, seien ausgeblieben.

Al-Zawahiri schwieg zu dieser verworrenen Lage. Erst ein Jahr und vier Monate nach der «Lösung der Verbindung» (*fakk al-irtibat*) sollte er sich mit einer deutlichen Botschaft zu Wort melden (*fa-la-nuqatiluhum bunyanan marsusan*, 28.11.2017).

Ganz offensichtlich war der Loslösungsprozess intern chaotisch abgelaufen, waren die Kommunikationswege al-Qaidas in Syrien im Jahr 2016 äußerst schwierig und Hierarchien und Meldewege nur bedingt unter den Beteiligten abgestimmt. Al-Jaulani konnte somit die Führungskader um al-Zawahiri geschickt gegeneinander ausspielen und vollendete Tatsachen schaffen. Er hatte nun den Spielraum, Allianzen mit eher national gesinnten Kräften in Syrien einzugehen und sich auch Unterstützung aus dem Ausland zu sichern, womit er sich als wichtiger, unabhängiger Akteur der syrischen Rebellenszene positioniert hatte.

Die neue Rebellenallianz: Hay'at Tahrir al-Sham (seit 2017)

Aus der verheerenden Niederlage der Rebellen im Dezember 2016 in Aleppo versuchte Russland, politisches Kapital für das von ihm unterstützte al-Asad-Regime zu schlagen, und initiierte die Friedensgespräche von Astana in Kasachstan. Daran nahmen Russland, die Türkei und Iran, Vertreter der syrischen Regierung und ausgewählter Rebellengruppen statt. In der ersten Runde im Januar 2017 einigten sich die Teilnehmer unter anderem auf ein Vorgehen gegen die Jabhat Fath al-Sham (JFS) und den Islamischen Staat. Entsprechend aufgebracht reagierte JFS, die nun diejenigen Milizen attackierte, die sich an den Verhandlungen von Astana beteiligt hatten.

Als weitere Reaktion auf die Gespräche riefen mehrere islamistische Rebellengruppen am 28. Januar 2017 das «Komitee zur Befreiung Syriens» (Hay'at Tahrir al-Sham, HTS) aus, in dem auch Jabhat Fath al-Sham aufging. Als «Amir» der Gruppe wurde zunächst nicht Abu Muhammad al-Jaulani, sondern Hashim al-Shaikh (Abu Jabir) gewählt. Er war bis 2015 oberster Kommandant der «Freien Männer Syriens» (Ahrar al-Sham) gewesen. Erst nachdem sich HTS im August 2017 in der für die Rebellen wichtigen Provinz Idlib militärisch gegen den Rivalen Ahrar al-Sham durchsetzen konnte, trat al-Shaikh von seinem Posten zurück. Er machte damit den Weg frei für al-Jaulani, der nun die Befehlsgewalt über HTS, jetzt die unumstrittene Rebellenmacht in Syrien, innehatte.

Anders als zunächst angenommen, war HTS nicht bloß die Fortsetzung von Jabhat Fath al-Sham respektive Jabhat al-Nusra. Im «Komitee» waren auch Gruppen vertreten, die zuvor die türkische Operation in Syrien «Schutzschild Euphrat» (24.08.2016–29.03.2017) unterstützt oder gebilligt hatten. Die Haltung zur Türkei, dessen politisches System die hartgesottenen Jihadisten auch unter Erdoğan als «ungläubig» ablehnen, wurde zu einer trennenden Linie zwischen Qaida-Loyalisten und HTS-Führungsfiguren (Bunzel 29.03.2017). Als einer der wichtigsten alten Nusra-Kader trat Sami al-'Uraidi (geb. 1973), ehemals Scharia-Beauftragter unter al-Jaulani, kurz nach der Gründung von HTS unter massiver Kritik aus dem «Komitee» aus (Hamming 24.10.2017).

Das Bemühen der HTS, sich als eigenständige Organisation ohne Anbindung an al-Qaida zu positionieren, versetzte deren Zentrale in Pakistan in Sorge (Lister 18.05.2017). Mit einer Ansprache im Oktober 2017[9] kritisierte al-Zawahiri, dass man sich auf ein politisches Spiel eingelassen habe, dessen Ziel es sei, die Gunst der USA zu gewinnen. Der Wille zum Kompromiss und zur Kooperation habe sich jedoch in der Vergangenheit für die islamistische Bewegung stets als Fehler entpuppt und die Islamisten geschwächt. Gottes Gesetze ließen keine Kompromisse zu, und dementsprechend sei der einzige Weg der des kompromisslosen Jihad, wie al-Qaida ihn führe. Zudem sei die zunehmend nationale Ausrichtung des syrischen Jihad falsch, die einzige Siegeschance bestehe in einer internationalen Zusammenarbeit der Jihadisten, da man mit einer ebenso international agierenden Koalition, bestehend aus dem Westen, Israel, Russland, China und dem Iran, konfrontiert sei.

Am 27. November geschah etwas, das kaum einer für möglich gehalten hatte und worüber es innerhalb von HTS zum Streit kam: Milizionäre der HTS in Nordsyrien nahmen al-Qaida-Aktivisten fest, darunter Abu Julaibib al-Urduni, einen Weggefährten Abu Musʿab al-Zarqawis im Irak und Gründungsmitglied von Jabhat al-Nusra (United Nations, 22.02.2017; Lister 2017, 58–59), sowie den oben erwähnten Sami al-ʿUraidi. Begründung: die beiden al-Qaida-Loyalisten seien «Köpfe der Zwietracht» (Erklärung der HTS, *wa-li-l-quda' kalimat al-fasl*, 27.11.2017).

Nur einen Tag später – die Kommunikation zwischen den syrischen al-Qaida-Mitgliedern und al-Zawahiri lief zu dieser Zeit offensichtlich eng abgestimmt – wurde eine Botschaft des al-Qaida-Chefs veröffentlicht. Zum ersten Mal nahm er deutlich Stellung zur Loslösung des syrischen al-Qaida-Ablegers. Ein Jahr lang habe die al-Qaida-Führung im Stillen versucht, die Konflikte zwischen den Jihadisten in Syrien zu lösen, nun wolle er offen sprechen. Der Jihad in Syrien sei nicht ausschließlich ein nationaler Kampf der Syrer, sagte al-Zawahiri, womit er auch die Ausrichtung von HTS kritisierte. Es sei der «Jihad der gesamten muslimischen Gemeinschaft». Offensichtlich verärgert über den erneuten Bruderkampf unter den Mujahidin in Syrien, über die damit einhergehenden Umbenennungen und Neugründungen sowie gegenseitigen Anschuldigungen sagte er:

Wenn die Einheit verwirklicht worden wäre, so wären wir die ersten Gratulanten und würden auf unsere Verbindung mit ihnen verzichten [die Loslösung von al-Qaida akzeptieren]. Doch alles, was sie taten war lediglich, neue Formationen zu bilden, was die Lage nur noch vertrackter machen wird. Und das Resultat von heute ist Töten, Kämpfen, Beschuldigen und entgegensetzte *fatawa* [Rechtsgutachten] zwischen den Mujahidin, während der Feind Tag für Tag voranschreitet. (*fa-la-nuqatiluhum bunyanan marsusan*, 28.11.2017)

Nach einigen Versuchen, neue al-Qaida-Gruppen in Syrien aufzubauen, denen jedoch allesamt kurze Lebenszeiten beschieden waren, gründete sich im März 2018 «Hurras al-Din» (Die Wächter der Religion). Diverse al-Qaida-Loyalisten haben dieser Gruppe ihre Unterstützung zugesagt, so dass dies tatsächlich eine Fortführung des al-Qaida-Projektes in Syrien sein könnte. Allerdings sind die Zeiten für al-Qaida in Syrien nicht mehr so einfach wie noch zu Beginn des Krieges. Die Fronten sind verworrenener geworden, die Moral der Rebellen ist getrübt und innerhalb des einst geeinten Aufstands gibt es nun schwer zu überbrückende Gräben und Feindschaften. Es ist daher ungewiss, ob und in welcher Form sich al-Qaida in Syrien eine fortbestehende Existenz sichern kann.

14. Der jüngste Ableger auf dem Indischen Subkontinent

Pakistan als Hochburg und Rückzugsgebiet

Die al-Qaida-Zentrale in Pakistan liegt geostrategisch günstig: kurze Wege nach Nord- und Ostafrika, auf die Arabische Halbinsel und in die Levante ebenso wie in den zentral-, süd- und ostasiatischen Raum.[1] Der asiatische Kontinent ist Heimat für

62 Prozent aller Muslime weltweit. In Südasien, wozu Pakistan, Indien und Bangladesch zählen, lebt etwa die Hälfte der asiatischen Muslime, insgesamt über 500 Millionen Menschen, davon 200 Millionen allein in Pakistan.[2] Neben al-Qaida sind viele weitere jihadistische Gruppierungen mit einem lokalen Profil seit Jahren in Pakistan und Bangladesch aktiv. Teilweise handelt es sich um Milizen, die in relativer Übereinstimmung mit den Staatsinteressen handeln, zum Teil vom pakistanischen Geheimdienst ISI gefördert, dabei aber trotzdem Kontakte zu al-Qaida unterhalten; in anderen Fällen sind es jedoch Aufständische, deren Aktivitäten sich gegen die Regierungen der jeweiligen Länder richten, etwa die «Tahreek-e Taliban Pakistan», die pakistanischen Taliban.

Al-Qaidas Verhältnis zur pakistanischen Regierung und zum Militär war seit ihrer Gründung 1988 gespalten: Einerseits kam es immer wieder zu Spannungen, wenn internationaler Druck auf Pakistan ausgeübt wurde, härter gegen die Militanten vorzugehen, wie etwa ab 1995 durch Ägypten. Damals sprengten die ägyptischen Jihadisten um al-Zawahiri die Botschaft ihres Landes in Islamabad (Bergen 2003, 112–113). Ein jüngerer Anlass: 2010 fingen die Amerikaner Nachrichten von al-Qaida aus Wasiristan ab und verlangten wieder einmal von Pakistan, eine weitere militärische Kampagne in den Stammesgebieten durchzuführen. Die pakistanische Armee forderte daraufhin lokale Unterstützer al-Qaidas auf, ihre Telekommunikation einzustellen, um einen Angriff abzuwenden; dies war aber offensichtlich unter den «herumlungernden» Jihadisten aus verschiedenen Ländern, darunter «sogar Deutsche», schwer durchzusetzen.[3]

Andererseits bot Pakistan – sowohl die lokale Islamistenszene als auch einzelne Personen aus Regierungs- und Armeekreisen – doch eine derart freundliche Umgebung, dass al-Qaida nach 9/11 von dort aus die Zügel der Organisation in den Händen hielt. Dabei saß die Führungsriege zumeist in den Stammesgebieten des Westens, nahe der afghanischen Grenze, wo der staatliche Einfluss äußerst schwach ist.[4] Besonders das relativ autonome Wasiristan war lange Zeit sicherer Rückzugsort und Hochburg al-Qaidas und der pakistanischen Taliban – bis zum Höhepunkt der amerikanischen Drohnenkampagne 2008–2010.

Peschawar dagegen war, wie gesehen, über lange Jahre das ideologische und logistische Zentrum der jihadistischen Araber im östlichen Pakistan (siehe Kapitel 3) und bot auch afghanischen Flüchtlingen eine Zuflucht. Nach dem Afghanistan-Krieg verblieb ein Teil der arabischen Freiwilligen, oft mit Familien, in Peschawar, und noch heute hat die Stadt ihre Bedeutung als Grenze zwischen dem «wilden» Wasiristan und dem restlichen Pakistan. Al-Qaida scheint jedoch Verbindungen in diverse pakistanische Regionen zu haben, insbesondere zu Gruppierungen, die in den Kaschmir-Konflikt an der indisch-pakistanischen Grenze involviert sind.

Auch mitten im Zentrum der Hauptstadt Islamabad hatte sich ein radikales Netzwerk in der «Roten Moschee» (*Lal Masjid*) sowie einem dazugehörigen Koranschulen-Komplex angesiedelt, bis das pakistanische Militär im Juli 2007 die Gebäude stürmte, nachdem von dort aus verstärkt Angriffe auch auf den Staat organisiert worden waren.

Auch die Millionenstadt und Handelsmetropole Karatschi im Westen des Landes spielt seit jeher aufgrund ihrer schieren Größe, des dortigen Chaos und der illegalen Strukturen eine wichtige Rolle als logistische Drehscheibe und Versteck für al-Qaida.[5] Dem Chefplaner der Anschläge vom 11. September, Khalid Shaikh Muhammad, diente Karatschi vorher und nachher als Operationsbasis. Hier ermordete er im Januar 2002 aller Wahrscheinlichkeit nach eigenhändig den zuvor in einem Außenbezirk entführten Journalisten des «Wall Street Journal», Daniel Pearl. Auch die ersten Überlegungen al-Qaidas für einen Schlag gegen Spanien – die Bombenattentate auf die Regionalzüge in Madrid 2004 – fanden während eines Treffens in Karatschi im Dezember 2001 statt (Reinares 2016, 100–113). Die Zahl der Festnahmen von al-Qaida-Verdächtigen in Karatschi erreichte im September 2014, zwei Jahre nach der Gründung von al-Qaida auf dem Indischen Subkontinent, einen Höchststand (Rassler 2017a).

Dass al-Qaida vermutlich im ganzen Land Unterstützer hat, zeigten zudem das Abtauchen Bin Ladens nach dem 11. September

2001 und seine Zufluchtsstätte in der Garnisonsstadt Abottabad, wo er quasi unter den Augen des Militärs lebte (siehe Kapitel 8).

Vorbereitungen für einen Regionalableger

Erst im September 2014 rief Aiman al-Zawahiri «al-Qaida auf dem Indischen Subkontinent» (AQIS) aus, die Pakistan, Bangladesch und Indien sowie perspektivisch Myanmar als vornehmliche Operationsgebiete haben sollte (hierzu vgl. Reed 2016 und As-Sahab Media Subcontinent Juni 2017, 1). Warum diese späte Gründung ausgerechnet in al-Qaidas Kerngebiet? Zum einen war al-Qaida eine vornehmlich arabische Organisation geblieben, insbesondere auf der Führungsebene waren keine Afghanen oder Pakistanis vertreten, «Generalmanager» war der aus Libyen stammende ʿAtiyatullah ʿAbd al-Rahman (Burke 2011, 382). Außerdem gab es bereits diverse regionale Islamisten- und Jihadisten-Gruppen in Südasien, so dass der «Markt» gesättigt war. So war die Gründung von AQIS nach Darstellung von al-Zawahiri das Ergebnis intensiver mehrjähriger Verhandlungen mit diversen jihadistischen Gruppierungen, die im südasiatischen Raum operierten und die nun unter dem Banner al-Qaidas antreten sollten. Der Hauptverantwortliche innerhalb al-Qaidas für dieses Projekt war offenbar «Abu Dujana al-Bascha» (Abu Dujana al-Masri), ein Schwiegersohn al-Zawahiris: Er wurde bei einem US-Drohnenangriff im August 2014, also kurz vor der offiziellen Ausrufung von AQIS, getötet (Roggio, 01.02.2016).

Die Gründung von AQIS war somit keine Reaktion auf die Ausrufung des Kalifats durch al-Baghdadi. Ein Ziel war es möglicherweise, sich auf Zeiten vorzubereiten, in denen die al-Qaida-Zentrale nicht mehr von Pakistan aus operieren könnte. Dann wäre dank AQIS, mit lokalen Jihadisten an der Spitze, ein Verbleib von al-Qaida in Südasien möglich (Reed 2016, 6). Eine weitere Erklärung ist, dass al-Zawahiri in seiner neuen Funktion als Oberhaupt al-Qaidas Erfolge vorweisen musste und der Aufbau eines neuen Regionalablegers zweifellos als solcher gelten würde.

Schließlich kam als regionale Motivation für AQIS die Situation in Myanmar (ehemals Burma) hinzu, wo schon seit mehreren

Jahren die Minderheit der Rohingya-Muslime verfolgt wird. Dies wird in jihadistischen Medien intensiv diskutiert und von al-Qaida immer wieder an prominenter Stelle aufgegriffen, etwa in einem al-Qaida-Magazin:

> Wir glauben, dass die Wiederbelebung des Jihad die einzige Hoffnung der unterdrückten Muslime in Kaschmir (Pakistan) und Arakan (Myanmar) ist sowie der einzige Weg, die Verfolgung der Muslime in diesen Regionen zu beenden (Yusuf 2015, 20).

Aktivitäten und lokale Unterstützer

Die Ziele von AQIS sind in einem Gründungsdokument, dem «Code of Conduct», niedergeschrieben. Natürlich geht es vornehmlich um das globale Ziel, ausländische Besatzer aus muslimischen Ländern zu vertreiben und die Herrschaft der Scharia einzuführen (As-Sahab Media Subcontinent, Juni 2017). Als regionaler Bezugspunkt wird explizit hervorgehoben, dass AQIS sich die «Stärkung und Verteidigung des Islamischen Emirats Afghanistan», womit die Taliban gemeint sind, zur Aufgabe gemacht hat. Die Beziehungen zum Islamischen Emirat Afghanistan werden ausführlich erläutert. Da al-Zawahiri einen Treueeid auf den Anführer der Taliban Hibatullah Akhundzadeh abgelegt habe, habe dies der «Amir» von AQIS, ʿAsim ʿUmar, durch seinen Schwur auf al-Zawahiri ebenfalls getan (As-Sahab Media Subcontinent Juni 2017, 4–5). Dies ist insofern erwähnenswert, als sich bald herausstellen sollte, dass der Hauptrückzugs- und Operationsort von AQIS heute in Afghanistan liegt (s. u.).

Direkt nach ihrer Gründung wollte AQIS jedoch mit einem Paukenschlag in Pakistan auf sich aufmerksam machen: Mitglieder der Gruppierung versuchten am 6. September 2014 ein pakistanisches Kriegsschiff vor Karatschi zu übernehmen und damit auch erstmals zur See die militärische Dominanz der USA herauszufordern, wie es in einer Erklärung von al-Qaida heißt:

> Aufgrund ihrer Flottenstärke können Amerika und seine Verbündeten die muslimische Welt in einem militärischen und wirtschaft-

lichen Würgegriff halten, vor allem das Land von Mekka und Medina. Amerikas militärische Fähigkeiten zur See sind das Rückgrat seines globalen Imperiums der Unterdrückung. (...). Die Kampfflugzeuge starten von amerikanischen Marinebasen, um Tod und Zerstörung über den unterdrückten Völkern Afghanistans, Pakistans, Jemens, Iraks und anderer muslimischer Länder regnen zu lassen. Und auch die Kreuzfahrerheere, die gegen das Islamische Emirat Afghanistan [Taliban] kämpfen, werden durch diese Seestreitkräfte logistisch unterstützt. (Resurgence 1/2014, 8–9)

Der anspruchsvolle Plan scheiterte. Die vier Angreifer wurden in ihrem kleinen Boot, mit dem sie Kurs auf die Fregatte *Zulfiqar* nahmen, entdeckt und nach einem Feuergefecht getötet (Hassan & Houreld 01.10.2014). Der Verdacht, dass die Angreifer Mitverschwörer in der Marine gehabt haben mussten, bestätigte sich bald; ein Jahr später wurden fünf Offiziere von einem Marinegericht zum Tode verurteilt, unter anderem wegen des Einschmuggelns von Waffen auf den Marinestützpunkt (Mir 09.06.2016).

In den folgenden Jahren hatte AQIS keine weiteren großen Aktionen zu verzeichnen und erschien fast schon als reine Propagandamaßnahme. Aber im Oktober 2015 kam es in der südafghanischen Provinz Kandahar zu einer mehrtägigen Großoperation mit etwa 200 afghanischen und amerikanischen Spezialkräften und 63 Luftschlägen gegen das größte bisher bekannte al-Qaida-Lager, das sich über 77 Quadratkilometer erstreckte und laut US-Quellen als Ausbildungsstätte von AQIS genutzt wurde (Lamothe 30.10.2015; Schmitt & Sanger 29.12.2015). Die behauptete Kooperation mit den Taliban war also keine bloße Worthülse. Dass bei dem Angriff auf das Lager 163 mutmaßliche al-Qaida-Kämpfer getötet wurden, bewies, dass AQIS tatsächlich Kämpfer in Afghanistan hat und diese auch ausbildet und einsetzt. Das US-Militär vermutet, dass AQIS oft nicht als Organisation in Erscheinung tritt, wenn ihre Mitglieder an der Seite lokaler Taliban-Gruppen in einem Guerilla-Krieg kämpfen und im Gegenzug dafür Schutz und Unterstützung der lokalen Milizen erhalten

(Gartenstein-Ross, 14.04.2017). Anfang Dezember 2017 wurden in drei afghanischen Provinzen rund 80 AQIS-Mitglieder getötet, darunter auch wichtige Kader wie die Nummer zwei der Organisation, Omar Khattab (alias Omar Mansour) (Joscelyn, 05.06.2017).

Ab Sommer 2017 zeigte sich, dass al-Qaida auch in der Lage war, jüngere Aktivisten aus der Region Südasien zu gewinnen. Zunächst trat die «Jamaʿat Ansar al-Shariʿa Pakistan» – «Gruppe der Unterstützer der Scharia in Pakistan» (JAS) in Erscheinung, sie kann als al-Qaida-nahe Gruppierung verstanden werden. JAS hat bereits einige Anschläge in Pakistan, hauptsächlich in Karatschi, gegen Ziele aus dem Sicherheitsapparat durchgeführt (Hashimi 22.07.2017) und in einem Bekennerschreiben verkündet, al-Qaida in Pakistan wiederbeleben zu wollen (Zahid 24.08.2017).

Im Juli 2017 trat dann erstmals «Ansar Ghazwat-ul-Hind», «Unterstützer des Indien-Feldzugs» (AGH), in Erscheinung. Sie legt zwar den Fokus auf das von Indien besetzte Kaschmir-Gebiet (Ansar Ghazwat-ul-Hind Statement No. 1, Juli 2017), kritisiert jedoch die nationale Ausrichtung vieler in Kaschmir aktiver anti-indischer Gruppen (Safi 27.07.2017) und stellt, ganz im Sinne al-Qaidas, den lokalen Konflikt in den Kontext eines kosmisch-apokalyptischen Krieges zwischen Glauben und Unglauben, zwischen Gut und Böse. So sagte der bei seiner Ernennung erst 23-jährige Anführer der AGH, Zakir Rashid Bhat alias Zakir Musa: «Ich sehe viele Leute in Kaschmir, die an einem Krieg des Nationalismus teilnehmen, der im Islam [jedoch] verboten ist» (Safi 27.07.2017).

Dass al-Qaida sich als Organisation für den ganzen Indischen Subkontinent versteht, zeigte ihre Propaganda-Kampagne vom Herbst 2017 mit Bezug auf Myanmar. Dabei wurde insbesondere die Untätigkeit der Weltgemeinschaft hervorgehoben sowie die politische Instrumentalisierung von Menschenrechten im Interesse der westlichen Staaten. Ein Kader von al-Qaida auf der Arabischen Halbinsel, Khalid al-Batarfi, sagte dazu in einer Ansprache:

Gleich, was sie über die Charta der Menschenrechte sagen – diese gilt lediglich für die Ungläubigen. Und wären die Buddhisten gegen Juden und Christen vorgegangen, so hätten wir ihre Reaktionen und Verurteilungen gesehen. (al-Batarfi 09.09.2017)

Die Muslime können sich laut al-Qaida lediglich aufeinander verlassen, von außen komme ihnen keine Unterstützung zu. Konflikte wie in Myanmar waren und sind für al-Qaidas Propaganda und Strukturen stets ein Gewinn, da sie der Organisation Stärke und neuen Zulauf bringen.

Zuletzt konnten AQIS und die mit ihr verbundenen Kleingruppen auch von Dissidenten des Islamischen Staats profitieren, die nun die Reihen al-Qaidas verstärken (Zahid 24.08.2017). Der IS machte in seinen Expansionsbestrebungen nicht vor den Hochburgen al-Qaidas in Afghanistan und Pakistan halt und verkündete im Januar 2015 die Gründung der «Provinz» Khorasan,[6] wobei er aber nicht wesentlich über seine Hochburg in der Provinz Nangarhar hinauskam. Zudem befindet sich der IS in Afghanistan nicht nur im Konflikt mit dem Staat und der Gesellschaft, sondern auch mit den mächtigen Taliban und den mit diesen verbündeten Milizen. Obwohl er immer wieder durch besonders blutrünstige Aktionen versucht, Angst und Schrecken zu verbreiten, gelang es al-Baghdadis Gefolgsleuten bislang nicht, eine starke und nachhaltige Präsenz in der Region Südasien zu etablieren. Der Taliban-Verbündete al-Qaida hat bislang die Oberhand gegenüber dem IS behalten und kann weiterhin auf Bündnispartner und Strukturen zurückgreifen. Al-Zawahiris Strategie, das IS-Phänomen als kurzlebig zu betrachten und sich nicht aus der Ruhe bringen zu lassen, scheint zumindest hier aufgegangen zu sein.

15. Iran und al-Qaida

Die USA und der Erzfeind Iran

«Es begann als ein leises, mehrheitlich nicht wahrgenommenes Grollen von Anschuldigungen in einigen Zirkeln Washingtons» – mit diesen Worten beschrieb der amerikanische Nachrichtensender *abc-News* die Stimmung gegen Iran, der nach dem 11. September 2001 bezichtigt wurde, al-Qaida zu unterstützen oder zumindest zu tolerieren (abc-News 22.05.2002). US-Präsident Bush hatte direkt nach 9/11 Saddam Husain in Verdacht, verantwortlich für die Anschläge zu sein, an zweiter Stelle stand Iran (Kean & Hamilton 2004, 334). Ab 2003 nahm die Irak-Intervention Iran etwas aus dem Fokus der USA. Die vom US-Kongress beauftragte 9/11-Untersuchungskommission kam dann jedoch in ihrem Report zu dem Schluss, dass zwischen Iran und al-Qaida durchaus Verbindungen bestünden, die insbesondere nach Bin Ladens Rückkehr nach Afghanistan aufgebaut wurden (Kean & Hamilton 2004, 240–241). Hinsichtlich der möglichen Verwicklung Irans in die Anschläge vom 11. September 2001 blieb der Bericht jedoch vage (Kean & Hamilton 2004, 241). Dennoch hielten sich die manchmal vorsichtig, manchmal deutlicher formulierten Behauptungen im öffentlichen und politischen Raum, Iran habe al-Qaida wissentlich bei der Vorbereitung der Anschläge vom 11. September unterstützt. Ein New Yorker Richter kam in einer Zivilrechtsklage sogar zu dem Urteil, dass Iran Schadensersatz an die klagenden Hinterbliebenen von Opfern der Anschläge vom 11. September zahlen müsse.[1]

Im öffentlichen Diskurs der USA lag es durchaus nahe, dem Erzfeind Iran eine Kooperation mit dem neuen Erzfeind al-Qaida zu unterstellen, schließlich ist die jüngere Geschichte Irans und der USA stark belastet. Aus iranischer Sicht gehen die schwierigen

Beziehungen zu den USA auf den CIA-unterstützten Putsch gegen die Mossadegh-Regierung 1953 zurück, während im Diskurs der USA die iranische Revolution 1979 als entscheidende Zäsur gesehen wird, die Reza Shah als damals wichtigsten amerikanischen Verbündeten im Nahen und Mittleren Osten stürzte und ein Regime an die Macht brachte, das in den USA keinen Partner, sondern eine imperialistische Großmacht sah. Die Besetzung der US-Botschaft 1979, die Unterstützung der USA für Saddam Husain im opferreichen Iran-Irak-Krieg (1980–1988) sowie der Aufbau der Hizbullah durch Iran während des libanesischen Bürgerkriegs (1975–1990) verschärften die Spannungen auf beiden Seiten. 1984 erklärten die USA die Islamische Republik Iran erstmals zu einem «State Sponsor of Terrorism», also einem Staat, der Terroristische Organisationen logistisch unterstützt. In der Tat gehört die Unterstützung von Gruppen, die durch die USA oder die EU als terroristisch eingestuft werden, seit Gründung der Islamischen Republik zum außenpolitischen Kernrepertoire. So finanzierte und rüstete Iran die Hamas und Hizbullah gegen Israel und seit dem Fall Saddam Husains diverse schiitische Milizen, die auch US-Ziele im Irak angriffen. Umgekehrt wirft Iran den USA vor, «terroristische» Gruppen zu unterstützen, zuletzt etwa im Syrien-Konflikt, in dem die USA sunnitischen Rebellengruppen gegen Asad logistische Hilfe zukommen ließen.

Ab 2009, so Vorwürfe der USA, habe Iran es al-Qaida erlaubt, eine wichtige Verbindungsroute für Gelder und Personen über Iran in Richtung Südasien und Syrien zu unterhalten (United States Department of State Publication Bureau of Counterterrorism 2015, 286). Vorwürfe, die sich auf spätere Zeiträume beziehen, betonen hauptsächlich eine zu lasche Haltung iranischer Strafverfolgungsorgane gegenüber den im Land befindlichen, zum Teil auch inhaftierten al-Qaida-Mitgliedern. (United States Department of State Publication Bureau of Counterterrorism 2015, 286)

Frühe Kontakte zum Iran

Sunnitische und schiitische Islamisten verband zunächst mehr, als sie trennte. Die Entfremdung zwischen ihnen begann erst in den

Jahren nach der iranischen Revolution 1979 und stand in direktem Zusammenhang mit den folgenden politischen Entwicklungen. Hierzu zählten der erste Golfkrieg, also der Krieg zwischen dem persisch-schiitischen Iran und dem arabisch-sunnitischen Irak 1980–1988, die Unterstützung Irans für das Asad-Regime in Syrien, das sich im Kampf mit sunnitischen Aufständischen befand, sowie die stetig zunehmende Konkurrenz zwischen Iran und Saudi-Arabien um die Rolle der führenden Regionalmacht, in der Religion als Machtfaktor eine entscheidende Rolle spielte. Salafistische Ideen und damit auch anti-schiitische Agitationen gewannen in diesem Kontext immer mehr an Bedeutung innerhalb der sunnitischen Islamistenbewegung.[2]

Al-Qaidas Ideologie enthielt Einflüsse sowohl der pan-islamisch orientierten Weltanschauung und Methode der Muslimbruderschaft als auch der puristischen Religionsauslegung der Wahhabiten und Salafisten, und so waren einige Mitglieder dem revolutionären Iran gegenüber aufgeschlossen und betonten eher die Gemeinsamkeiten, insbesondere die Feindschaft zu den USA, Israel, Pakistan, Saudi-Arabien und anderen konservativen arabischen Staaten, während andere dezidiert anti-schiitisch argumentierten (Haykel 2013). Insbesondere die erste Generation um Bin Laden und al-Zawahiri gehörte tendenziell zum Iran-offenen Flügel, während Angehörige der zweiten und dritten al-Qaida-Generation, etwa Abu Mus'ab al-Zarqawi stärker von den anti-schiitischen Ideen der Wahhabiten und Salafisten beeinflusst waren. Für Bin Laden galt es, diese Befindlichkeiten zu berücksichtigen. So soll der al-Qaida-Chef über logistische Routen nach Iran nachgedacht, den Plan jedoch aus Furcht vor den salafistisch gesinnten «Jugendlichen» bei al-Qaida wieder verworfen haben (Hamid & Farrall 2015, 104).

Die 9/11-Kommission der USA beschrieb Kontakte zwischen al-Qaida-Mitgliedern und iranischen Staatsvertretern seit 1991/92. Diese sollen sich zunächst im Sudan ab 1991 oder 1992 im Rahmen eines ersten Austausches ergeben haben. So sollen al-Qaida-Operateure nach Iran und ins Bekaa-Tal im Libanon eingeladen worden sein, um dort im Umgang mit Sprengstoffen geschult zu werden (Kean & Hamilton 2004, 61). Dies scheint durchaus möglich, da Iran diverse terroristische Gruppierungen, die gegen die USA ausgerichtet waren, unterstützte. Allerdings, so Daniel Byman, der an dem Report der 9/11-Kommission mitarbeitete, gab es zwischen al-Qaida und Iran in den 1990er-Jahren keine ideologische Partnerschaft, sondern eher ein gegenseitiges Beschnuppern (Interview mit Byman am 16.03.2017; vgl. auch Byman 2012). Zu jener Zeit war al-Qaida nicht einmal den US-Sicherheitsbehörden ein Begriff, und es ist anzunehmen, dass Bin Ladens Gruppe auch gegenüber iranischen Offiziellen nicht als «al-Qaida» aufgetreten ist, sondern als loser Zusammenschluss von gleichgesinnten Afghanistan-Veteranen.

Am 1. November 2017 wurden durch die CIA über 470 000 zusätzliche Dokumente zu al-Qaida veröffentlicht. Unter all den Daten stieß ausgerechnet ein 19 Seiten umfassender Bericht aus dem Jahr 2007 auf das Interesse von Analysten und Medien, da hierin ein schlagender Beweis für die Kooperation zwischen al-Qaida und Iran gesehen wurde.[3] Sicher handelte es sich hierbei nicht um einen Zufall, denn just zu jener Zeit verschärfte die Trump-Administration gemeinsam mit Saudi-Arabien und Israel den Ton gegenüber Iran und versuchte, die Weltgemeinschaft hinter sich zu bringen. Doch der Inhalt des Berichts ist weit weniger brisant, als verschiedentlich dargestellt. Ein anonymes al-Qaida-Mitglied, vermutlich aus den mittleren Rängen, bestätigt darin, wie schon zuvor bekannt, Kontakte zwischen den Akteuren in den 1990er-Jahren und Angebote iranischer Stellen an al-Qaida zur Unterstützung mit Waffen und Logistik für terroristische Anschläge gegen amerikanische Ziele am arabischen Golf. Letzten Endes wurde allerdings festgestellt, dass Iran und al-Qaida zwar in den USA einen gemeinsamen Gegner hatten, damit die Gemeinsamkeiten jedoch schon endeten.

Zwischen Iran und al-Qaida als Organisation kam es in den 1990er-Jahren zu keiner nennenswerten Kooperation. Exemplarisch dafür ist der Tankstopp der Maschine, die Bin Laden und die verbliebenen al-Qaida-Mitglieder vom Sudan nach Afghanistan bringen sollte, in Shiraz/Iran. Mustafa Hamid zufolge, der mit Bin

Laden im Flugzeug saß, teilten die Sudanesen den Iranern fälschlicherweise mit, die Fluggäste seien sudanesische Diplomaten auf dem Weg nach Afghanistan (Hamid & Farrall 2015, 208; bin Laden 2009, 142–134). Ein letzter Kontaktversuch seitens iranischer Sicherheitsdienste soll nach dem Anschlag auf die USS *Cole* im Jemen im Oktober 2000 erfolgt sein, was Bin Laden mit Blick auf seine saudischen Unterstützer aber ablehnte (Kean & Hamilton 2004, 240).

Hausarrest für Bin Ladens Anhänger

Der Sturz des Taliban-Regimes Ende 2001 führte zu einer neuen regional-politischen Konstellation. Iran verfolgte zunächst eine «Politik der offenen Tür» gegenüber den aus Afghanistan fliehenden ausländischen Kämpfern, wie der ägyptische Taliban-Berater Mustafa Hamid es ausdrückte, der selbst zu den Geflohenen gehörte (Hamid in Farrall 14.1.2011; vgl. auch Abu Ghaith in McHugh et al. 03.06.2013, 7). Allerdings überquerten viele al-Qaida-Mitglieder die Grenze auch illegal, teilweise nutzten sie Iran nur als Durchgangsstation. Einige al-Qaida-Mitglieder, wie Saif al-ʿAdel, hatten sich zunächst nach Pakistan abgesetzt, mussten von dort aber wegen des zunehmenden Drucks der Amerikaner auf die pakistanische Regierung fliehen (Soufan 2017, 100–103). Die offene Geste der iranischen Behörden war jedoch keineswegs ohne Hintergedanken geschehen, vielmehr wurden die Geflohenen vom iranischen Nachrichtendienst ins Visier genommen und ihr Netzwerk aufgeklärt. Dies führte dazu, dass die Iraner in Wellen zwischen 2002 und 2003 in der Lage waren, «98 Prozent» der Araber festzunehmen oder abzuschieben (Hamid in Farrall 14.1.2011). Lediglich Personen, von denen die iranische Regierung annahm, es könne sich um (auch für die USA) wichtige Mitglieder al-Qaidas oder des «Ägyptischen Islamischen Jihad» handeln, behielt man im Lande.

Für diese Strategie gibt es mehrere Erklärungen. Möglicherweise sollten die unter Hausarrest gestellten oder inhaftierten Kader als Faustpfand in Verhandlungen mit Regierungen der Region oder auch den USA dienen (Hamid in Farrall 14.1.2011). Vielleicht hatten die USA ab 2002 aber auch intensiven Druck auf Iran ausgeübt (Fishman 2016, 22–23). Dies deckt sich mit der Aussage des aus Kuwait stammenden ehemaligen al-Qaida-Sprechers Sulaiman Abu Ghaith, wonach die iranischen Behörden ihm gegenüber angegeben hätten, dass seine Festnahme in Absprache mit den USA geschehen sei (Abu Ghaith in McHugh et al. 03.06. 2013, 16). In der Tat erfolgte die erste Verhaftungswelle gegen al-Qaida-Mitglieder im Februar 2002, nur einen Monat nachdem US-Präsident Busch Iran auf die «Achse des Bösen» gesetzt hatte (CNN, 25.05.2003). Auch mit Saudi-Arabien kooperierte Iran und lieferte im August 2002 16 saudische al-Qaida-Mitglieder aus (The Guardian, 12.08.2002).

Schließlich bietet sich auch eine innenpolitische Erklärung der iranischen Repressionen an: die Sorge um die innere Sicherheit und Angst vor einem inländischen Terrorismus, der das Land destabilisieren würde. Denn es gab im ethnisch diversen Iran bereits mehrere Unruheherde: zum einen die Kurden in der westlichen Provinz Kordestan, wo sich iranische Sicherheitskräfte in Konfrontation mit sunnitischen Aufständischen befinden (Iran Project 03.08.2016); zum anderen die religiös-ethnische Minderheit der wirtschaftlich marginalisierten Belutschen im Südosten Irans, unter denen immer wieder Revolten aufflammen.

Einige der prominentesten Mitglieder al-Qaidas, die in der letzten Festnahmewelle am 23. April 2003 aufgrund «politischer Entscheidungen» in Iran inhaftiert wurden, waren die militärischen Planer Saif al-ʿAdel und Abu Muhammad al-Masri, der Zawahiri-Getreue Abu Khair al-Masri sowie der bereits erwähnte Sulaiman Abu Ghaith (Soufan 2017, 103). Abu Ghaith zufolge saßen die Gefangenen zunächst ohne Anklage ein Jahr und acht Monate in einem Geheimdienstgefängnis in Teheran. Danach hausten sie auf einer Art Kasernengelände, wo sie sich zwar frei bewegen durften, ihnen jedoch in den ersten vier Jahren jegliche Kommunikation nach außen untersagt war (Abu Ghaith in McHugh et al. 03.06.2013, 8–9). Einige hatten ihre Frauen dabei, seit Mitte der 2000er-Jahre befanden sich dort auch Familienangehörige Bin Ladens, darunter seine Tochter Iman und fünf seiner Söhne, in

Gewahrsam. Später wurden sie mit einer zweiten, vornehmlich nordafrikanisch geprägten Gruppe von al-Qaida-Mitgliedern zusammengelegt, in der sich unter anderem Abu Hafs al-Mauretani befand.

Im Laufe der Jahre wurden die Haftbedingungen lockerer, die Freiräume für die einzelnen Gefangenen waren aber wohl unterschiedlich, einige hatten sogar Zugang zu einem Computer mit Internetanschluss. Der in der Hierarchie al-Qaidas hoch stehende Saif al-ʿAdel soll relativ große Freiheiten genossen haben, so dass es ihm auch unter Hausarrest möglich war, ein «produktives Mitglied der al-Qaida-Führung zu bleiben» (Fishman 2016, 29). Er verfasste einen 42-seitigen «Masterplan» zur Errichtung eines Kalifats, den er außer Landes schmuggeln ließ, und kommunizierte durch einen Boten weiterhin mit al-Qaida-Mitgliedern in Saudi-Arabien und Pakistan.

Mustafa Hamid, Schwiegervater von Saif al-ʿAdel und selbst unter einem recht lockeren Hausarrest stehend, besuchte andere Inhaftierte etwa alle drei Monate (Abu Ghaith in McHugh et al. 03.06.2013, 14). Hamid war es auch, dem Abu Ghaith sein mit Abu Hafs al-Mauretani abgestimmtes Manuskript «20 Ratschläge auf dem Weg des Jihad» mitgab, das sich vornehmlich gegen die Methodiken al-Zarqawis im Irak richtete (Abu Ghaith in McHugh et al. 03.06.2013, 8–9). Zugleich gab Abu Ghaith jedoch den Entwurf auch Usamas Tochter Iman Bin Laden mit, die im März 2010 aus dem Iran freikam, nachdem sie zuvor 112 Tage lang Zuflucht in der saudischen Botschaft gefunden hatte.

Auch Abu Hafs al-Mauretani konnte sich über die mauretanische Botschaft in Teheran retten (Abu Ghaith in McHugh et al. 03.06.2013, 13–14). Sulaiman Abu Ghaith sollte erst Anfang 2013 entlassen und mithilfe von Schmugglern in die Türkei verbracht werden.[4] Wichtige Kader wie Saif al-ʿAdel, Abu Muhammad al-Masri und Abu Khair al-Masri blieben weiter unter Arrest, allerdings teils auf eigenen Wunsch, da sie Repressionen in ihrem Heimatland Ägypten im Falle ihrer Rückkehr fürchteten und Iran sie in kein Drittland reisen lassen wollte (Abu Ghaith in McHugh et al. 03.06.2013, 15). Im März 2010 veröffentlichte

Khalid Bin Laden, ein weiterer Sohn von Usama, einen offenen Brief an ʿAli Khamenei, den iranischen Revolutionsführer. Hierin nimmt Khalid auf diverse, aber allesamt erfolglose Unterhandlungen mit iranischen Stellen zur Freilassung der Inhaftierten Bezug und erbittet noch einmal inständig, «unsere schwachen und unterdrückten Familien unter Ihrer Obhut» zu entlassen (GIMF 12.03.2010).

Ein ambivalentes Verhältnis

Durch den Sturz Saddam Husains 2003 fand die seit den 1970er-Jahren bestehende Unterdrückung der schiitischen Bevölkerung Iraks durch eine vorwiegend sunnitisch dominierte Herrschaftspartei ihr Ende, und das Machtgefüge in der Region änderte sich nunmehr erstmals deutlich zu Gunsten Irans und seiner Verbündeten. Im Vorfeld der ersten Wahlen im Irak 2005 warnte daher der jordanische König Abdullah II., ein Repräsentant des alten Machtgefüges aus konservativ-autoritären Herrschern, vor einem «schiitischen Halbmond», der sich schon bald von Iran über Irak bis nach Libanon spannen könnte. Ägypten, Saudi-Arabien, aber auch Israel, nahmen damals den Ball auf und appellierten an die USA, den Druck auf Iran zu erhöhen, um dessen offenbar unaufhaltsamen Aufstieg zur Regionalmacht zu stoppen. Die allseits geschürten Ressentiments gegen Iran sorgten auch dafür, dass die extrem anti-schiitische Rhetorik von Abu Musʿab al-Zarqawi, dem Führer des 2004 gegründeten al-Qaida-Ablegers im Irak, auf fruchtbaren Boden fiel. Hier zeichnete sich bereits einer der entscheidenden Brüche der sektiererischen Zarqawi-Schule gegenüber der «klassischen» al-Qaida ab. Bin Laden warnte noch im Oktober 2007 vor einer Konfrontation mit Iran:

> Hinsichtlich eurer Drohungen an den Iran. ... Ihr habt euch nicht mit uns über diese gefährliche Angelegenheit beraten, die unsere aller Interessen berührt. ... Ihr wisst, dass Iran unser Hauptkorridor für Geld, Personen und Botschaften ist, und zudem gibt es da auch noch die Angelegenheit der Gefangenen [al-Qaidas im Iran]. (Brief Bin Ladens an «Karim», 18. Oktober 2007)[5]

Der Ausbruch des Syrien-Krieges 2011 brachte eine erneute massive Veränderung im Spiel der Kräfte: Bislang hatte Iran in der Levante Milizen wie Hamas oder Hizbullah unterstützt, die nicht gegen sunnitische Akteure, sondern hauptsächlich gegen Israel vorgingen. Nun aber griff die Iran-orientierte Hizbullah auf Seiten Bashar al-Asads gegen die sunnitischen Aufständischen ein, außerdem wurden immer mehr iranische Militärberater in Syrien gesichtet, und auch iranische Kämpfer der Revolutionsgarden, Freiwillige sowie afghanische Flüchtlinge, die das Regime in Teheran mehr oder weniger zum Frontdienst in Syrien gezwungen hatte, verstärkten die Reihen des syrischen Militärs. Damit stand Iran nun selbst in einem offenen Konflikt mit sunnitischen Milizen. Gegen die Islamische Republik wurde von den Anti-Asad-Kräften, darunter auch der al-Qaida-Ableger Jabhat al-Nusra, zunehmend scharf und religiös agitiert.

Dennoch habe Iran al-Qaida erlaubt, ihre Mitglieder aus den Gebieten in Afghanistan und Pakistan über Iran nach Syrien zu schleusen, so die Vorwürfe zweier grundverschiedener Gegner al-Qaidas, nämlich der US-Regierung einerseits und des IS andererseits (U.S. Department of the Treasury 28.07.2011; al-Lubnani in al-Naba Nr. 19/2016). Laut US-Behörden hatte al-Qaida schon ab Mitte der 2000er-Jahre regelrechte Botschafter im Iran, die mit den dortigen Stellen Kontakt hielten und eine «Pipeline» aufgebaut hatten, über die Gelder und Menschen zwischen der arabischen Welt und Südasien transferiert wurden (U.S. Department of the Treasury 28.07.2011). Der wichtigste Protagonist in dem iranischen al-Qaida Netzwerk soll damals der Syrer Ezedin ʿAbdel ʿAziz Khalil (Yasin al-Suri, geb. 1982) gewesen sein, der zum einen für den Transfer von Finanzmitteln aus der Golfregion nach Afghanistan und Pakistan zuständig war und zum anderen Verhandlungen mit iranischen Stellen über weiterhin inhaftierte al-Qaida-Funktionäre und ihre Familien führte (U.S. Department of the Treasury 28.07.2011).

Sowohl das US-Finanzministerium als auch IS-Quellen beschreiben das Verhältnis Irans zu al-Qaida als unterstützend. Ein ehemaliger al-Qaida-Aktivist, der aus Pakistan über Iran nach Syrien und Irak reiste, um sich dem Islamischen Staat anzuschließen, beschreibt Irans Rolle als Drehscheibe, als sich al-Qaida-Kämpfer aus dem von Drohnen heimgesuchten Wasiristan in das neue Kampfgebiet Syrien absetzten (al-Naba Nr. 19/2016). Al-Qaida soll demzufolge in Iran diverse «Safe-Houses» haben, wo sich die Reisenden zunächst aufhalten. Die iranischen Behörden seien informiert gewesen und ließen die Nachschubbewegungen in Richtung Syrien kontrolliert zu; also dorthin, wo Iran zu jenem Zeitpunkt bereits selbst mit Militär im Kampf gegen Jabhat al-Nusra und andere Aufständische aktiv war (al-Naba Nr. 19/2016, 8). Al-Lubnanis Aussagen wurden von einem Autor der al-Qaida, Abu Karima al-Khurasani, spöttisch abqualifiziert (al-Khurasani 2016). Auch dass ʿAtiyatullah al-Libi, einer der wichtigsten al-Qaida-Führer nach 2001, sich im Iran frei und mit Wissen des iranischen Geheimdienstes habe bewegen können, weist al-Khurasani strikt zurück.

Bezüglich ihrer im Iran inhaftierten Gesinnungsgenossen entschloss sich al-Qaida letztlich, zu handeln statt zu verhandeln: Bereits 2008 hatte al-Qaida einen iranischen Diplomaten in Peschawar entführt, um damit im Iran einsitzende Mitglieder und Familienangehörige Bin Ladens freizupressen (Byman 2012, 28; Bergen 2012, 7).[6] Nun, im Juli 2013, entführte der schlagkräftige Regionalarm al-Qaida im Jemen den iranischen Diplomaten Nour-Ahmad Nikbakht in Sanaa (Al-Jazeera 05.03.2015), und nur ein halbes Jahr später erschossen Unbekannte ebenfalls in Sanaa den Mitarbeiter der iranischen Botschaft ʿAli Asghar Assadi (BBC 18.02.2014). Nach einem zähen Nervenspiel zwischen «iranischen Soldaten, Geheimdienstministerium und Außenministerium» (Al-Jazeera 05.03.2015) wurde Nikbakht wohl freigelassen, weil Iran und al-Qaida sich auf eine Art Gefangenenaustausch einigten: Im März 2015 verließen nach zwölf Jahren die letzten verbliebenen hochrangigen al-Qaida-Mitglieder ihren iranischen Gewahrsam.[7] Darunter war auch Saif al-ʿAdel, «Gründungsvater» al-Qaidas und in den Worten eines Sicherheitsanalysten «der größte Fisch unter den großen Fischen» (Callimachi & Schmitt 17.09.2015).

Insofern hatte al-Qaida tatsächlich keine Operationen im Iran selbst ausgeführt, sondern den Konflikt gewissermaßen «ausgelagert», möglicherweise um bestehende «Stillhalteabkommen» zwischen Iran und al-Qaida nicht zu gefährden, vielleicht aber auch schlichtweg wegen fehlender operativer Kapazitäten im Iran. Das Combating Terrorism Center, eine an die US-Militärakademie angegliederte Forschungseinrichtung, wertete die ersten freigegebenen Briefe aus, die bei der Durchsuchung von Bin Ladens Haus in Abbottabad nach dessen Tötung durch US-Einheiten aufgefunden wurden. Man kam, was das Verhältnis Iran – al-Qaida betrifft, zu folgender Einschätzung, die sonstigen Darstellungen der US-Regierung widersprach:

> Bezüge [in den Briefen al-Qaidas] zu Iran zeigen, dass die Beziehung nicht eine Art Allianz ist, sondern von indirekten und unerfreulichen Verhandlungen über die Freilassung inhaftierter Jihadisten und ihrer Familien, Mitglieder der Familie Bin Ladens eingeschlossen, geprägt ist. (Lahoud et al., 8)

Wahrscheinlich trifft diese Charakterisierung die komplexe und vielschichtige Beziehung der beiden ungleichen Akteure recht gut. Einerseits kommt Iran strategisch gesehen eine Scharnierrolle zwischen der arabischen Welt und Zentral- und Südasien zu, andererseits hat das Land selbst ein tief sitzendes Problem mit sunnitischen Aufständischen im Land sowie feindlich gesinnten Akteuren in der Region. Es würde aus Sicht des Rational-choice-Ansatzes, der in der Politikwissenschaft zumeist zur Erklärung internationaler Beziehungen bemüht wird, daher nur wenig Sinn ergeben, eine radikal-sunnitische Organisation wie al-Qaida essenziell zu fördern. Vielmehr ist davon auszugehen, dass das Teheraner Regime in al-Qaida ab 2001/2002 einen Parameter entdeckte, den es zu eigenen Zwecken nutzen oder zumindest kontrollieren wollte. Die Haltung Irans gegenüber al-Qaida war dabei stets von innen- und außenpolitischen Faktoren beeinflusst. Zäsuren wie der Fall der Taliban 2001, der Ausbruch des Irak-Krieges 2003 und des Syrien-Kriegs 2011 führten dabei jedes Mal zu einer Neujustierung des Verhältnisses, das sich damit nicht als konstant-ideologisch, sondern als dynamisch-rational beschreiben lässt.

Ebenso pragmatisch wie Iran mit al-Qaida umzugehen scheint, lässt sich dies auch für al-Qaida sagen. Von Seiten ihrer jihadistischen Kritiker aus den Reihen des IS werden daher der Organisation und ihren Führern bis heute eine zu enge Beziehung zu Iran und eine zu lasche Haltung gegenüber Schiiten im Allgemeinen vorgehalten. Der IS demonstrierte schließlich, dass er willens und in der Lage ist, gegen Iran zuzuschlagen, als IS-Kämpfer am 7. Juni 2017 das iranische Parlament sowie das Khomeini-Mausoleum in Teheran attackierten, wobei 17 Menschen getötet wurden.

16. Al-Qaida und Europa

Das Verhältnis al-Qaidas zu Europa lässt sich im Wesentlichen in drei Kategorien beschreiben: Rückzugs- und Logistikraum, Rekrutierung und Mobilisierung (Ziel: Inspiration von Anschlägen, Gewinnen von logistischen und ideologischen Unterstützern) sowie Anschläge (Ziel: Politikveränderung). Die Schwerpunkte änderten sich in den vergangenen drei Jahrzehnten.

Aliens und frühe Netzwerke (1990–2001)
Als die Auseinandersetzungen der 1990er-Jahre mit den autoritären Regimen in den arabischen Ländern fast immer zu Ungunsten der Islamisten verliefen, suchten politische Aktivisten und Aufständische Zuflucht in Europa. Dort hatte man damals noch keine Erfahrung mit der Bewegung des Islamismus, westliche Nachrichtendienste tickten zumeist noch nach den Uhren des Kalten Krieges. Diese Situation wussten Mitglieder ägyptischer, syrischer, algerischer und libyscher jihadistischer Terrorgruppen sowie saudische Salafisten zu nutzen, die sich zu Beginn der 1990er-Jahre in

verschiedenen europäischen Städten niederließen (hierzu u.a. Vidino 2006; Tawil 2010, 111–126; Lacroix 2011, 201–211; Nesser 2015; Mullins 2016). Europa war für sie eine Zufluchtsstätte und wurde zu einem Ort, von dem aus sie ihre Aktivitäten planen konnten. Sie waren nicht in Europa sozialisiert, und die europäischen Gesellschaften interessierten sich noch nicht sonderlich für die Anliegen der Neuankömmlinge. Sie blieben somit sonderbare «Aliens», deren Gefährlichkeit zunächst nicht gesehen wurde. Dies hatte auch damit zu tun, dass Europa als politisch-geographische Einheit in den 1990er-Jahren noch keine Bedeutung für die Jihadisten hatte (Nesser 2015, 134); erst nach der Jahrausendwende wurde die Europäische Union dann als handelnder Block – insbesondere im Bereich der Außen- und Sicherheitspolitik – wahrgenommen. Die ersten Anschläge richteten sich daher auch nicht gegen «Europa», sondern gezielt gegen einzelne Staaten auf dem europäischen Kontinent.

Frankreich kam in dieser Hinsicht eine besondere Rolle zu. Durch die lange koloniale Präsenz Frankreichs in Algerien und einen blutigen Entkolonialisierungskrieg von 1954 bis 1962 saß der Hass bei den dortigen Islamisten gegenüber Frankreich auch in den 1990er-Jahren noch tief (vgl. Nasiri 2006, 60). Selbst die Ausstrahlung französischer TV-Programme nach Algerien über Satellit empfanden Islamisten als kulturelle Aggression neokolonialer Art, die Satellitenschüsseln verspotteten sie als «paradiaboliques» (sinngemäß: Teufelsschirme), in Anspielung auf das französische Wort «parabole» (Satellitenschüssel) (Martinez 2000, 38).

Mit Beginn des algerischen Bürgerkriegs (siehe Kapitel 10, S. 117f.) stieg auch Frankreichs Bedeutung als Heimstätte der größten algerischen Exilgemeinde. Dort stießen die Aktivisten der radikalen «Bewaffneten Islamischen Gruppe» (GIA) zum Teil durchaus auf Sympathien. Die GIA baute von Frankreich aus ein leistungsstarkes, transeuropäisches Netzwerk zur logistischen Unterstützung der Kämpfer in Algerien auf (Vidino 2006, 135–143). Bereits im Oktober 1993 hatte die GIA französische Diplomaten in Algier verschleppt und Ausländer gewarnt, dass diese gezielt getötet würden, sollten sie das Land nicht binnen eines Monats verlassen (Nesser 2015, 72). Ein Jahr später brachte Jamal Zaituni, der neue skrupellose Führer der GIA, den Krieg auf französischen Boden. Das erste sichtbare Signal war der 24. Dezember 1994, als vier GIA-Terroristen in Algier eine Air-France-Maschine – wohlgemerkt hauptsächlich mit muslimischen Algeriern an Bord – mit dem Ziel kaperten, diese in den Eiffelturm stürzen zu lassen (Riedel 2008, 3–4; Nasiri 2006, 82–86). Französische Spezialkräfte stürmten die Maschine bei einem Tankstopp in Marseille und töteten die Entführer, die zuvor drei Geiseln umgebracht hatten. Ein halbes Jahr später, im Sommer 1995, führte die GIA eine Anschlagsserie mit Bomben in Frankreich durch, die sich gegen Metrostationen, Märkte und andere öffentliche Plätze richtete, also bewusst Zivilisten ins Visier nahm. Dabei starben acht Menschen, etwa 200 wurden verletzt (Nesser 2015, 67).

Diese Bombenserie war der Ausgangspunkt für eine neu aufsteigende Bedrohung durch eine bis dahin, zumindest in Europa, unbekannte Form des Terrorismus, weshalb der Terrorismusforscher Petter Nesser im algerischen Bürgerkrieg den wichtigsten Faktor für jihadistische Gewalt in Europa in den 1990er-Jahren sieht (Nesser 2015, 67–68).

Anhänger GIAs und anderer jihadistischer Terrororganisationen nutzten auch Belgien als logistische Drehscheibe zur Unterstützung des Jihad in ihren Heimatländern. Schon ab 1995 deckten belgische Sicherheitsbehörden ein umfangreiches Netzwerk auf. Dabei wurde auch ein wichtiger al-Qaida-Logistiker, der Tunesier Tarek ben Habib Maaroufi (geb. 1965) verhaftet, aber schon ein Jahr später entlassen (Nasiri 2006, 133–134; Riedel 2008, 76–77). In der Folge avancierte Maaroufi zu einem wichtigen Verbindungsmann Bin Ladens in Europa und rekrutierte in Belgien die zwei tunesischen Selbstmordattentäter, die am 9. September 2001 den afghanischen Taliban-Gegner Ahmad Shah Masud ermorden sollten.

London wurde in dieser Zeit zum intellektuellen und logistischen Zentrum der Jihadisten. Einflussreiche Persönlichkeiten wie der Syrer Abu Musʿab al-Suri, der jordanische Palästinenser Abu

Qatada, der Ägypter Abu Hamza oder der Saudi Omar Bakri Mohammed (s. u.) scharten in «Londonistan»[1] Anhänger um sich. Sie entwickelten dort ihre Strategien, sammelten Gelder und transferierten diese an ihre Organisationen, planten militante Aktionen, erstellten und verteilten Propaganda und rekrutierten zunehmend unter jugendlichen Muslimen, hauptsächlich solchen mit pakistanischen Wurzeln.

Unter den GIA-Mitgliedern war auch Rashid Ramda, den die französischen Behörden verdächtigten, mit den Pariser Bombenanschlägen vom Sommer 1995 in Verbindung zu stehen. Zusammen mit den Schwergewichten der jihadistischen Szene, Abu Qatada (Omar Mahmud Osman), einem Unterstützer der extremen Linie des GIA-Führers Jamal Zaituni, und Abu Musʿab al-Suri (Mustafa Setmariam Nasar), gab Ramda nun von London aus das GIA-Sprachrohr «al-Ansar» heraus (Vidino 2006, 138; Nasiri 2006, 58–60; Nesser 2015, 72). Khalid al-Fawwaz, ein 1994 aus Saudi-Arabien geflüchteter Aktivist und Weggefährte Bin Ladens in Afghanistan, leitete das Advice and Reformation Committee (ARC) in Dollis Hill im Nordwesten Londons, sozusagen das europäische Büro al-Qaidas und des Ägyptischen Islamischen Jihad von al-Zawahiri (Mullins 2016, 97–98). Das ARC verbreitete Stellungnahmen gegen das saudische Königshaus, nahm aber auch wichtige logistische Aufgaben für Bin Laden wahr, etwa die Koordination der Anschaffung eines Satellitentelefons. Der Algerier und ehemalige al-Qaida-Camp-Ausbilder Amar Makhlulif (Abu Doha) hatte direkte Verbindung zu Bin Laden. Abu Hamza wiederum pflegte engen Kontakt zu Terroristen im Jemen und spielte von London aus eine beratende Rolle bei der Entführung westlicher Touristen im Jemen Ende des Jahres 1998 (siehe Kapitel 9).

Kurz gesagt: Das Londoner Geflecht war komplex und brandgefährlich. Erst nach 2001 erhielten die britischen Behörden die gesetzliche Grundlage zu intervenieren, denn die britische Auslegung von Meinungsfreiheit erlaubte es auch den Feinden der Demokratie, ihre Hasspredigten und Aufwiegeleien ungehindert und ungestraft zu verbreiten (Tawil 2010, 112–119).

Auch zwischen syrischen islamistischen Regimegegnern, die mittlerweile in Europa lebten, hatte sich ein Netzwerk gesponnen. Zu dessen Knotenpunkten gehörten der erwähnte Abu Musʿab al-Suri, der in Frankreich, Spanien und Großbritannien gelebt hatte, bevor er 1998 nach Afghanistan übersiedelte, der in Spanien lebende Imad al-Din Barakat, bekannt als «Abu Dahda», sowie der in Hamburg wohnende Mamoun Darkazanli (Abu Iliyas). Letzteren legten die spanischen Behörden eine Verbindung zu den Anschlägen vom 11. September zur Last,[2] was jedoch letztlich nie nachgewiesen werden konnte. Fest steht aber, dass die drei Kader Jihad-Willige in die Ausbildungslager al-Qaidas in Afghanistan vermittelten und Kontakte zwischen jungen Rekruten und Ideologen wie Abu Qatada in London herstellten.

Wenn aus Nachbarn Terroristen werden

In europäischen Großstädten, nicht nur in London, scharten die frühen Jihadisten dann ihre ersten Anhänger um sich, häufig Einwandererkinder, die als Bürger europäischer Länder sozialisiert waren und dementsprechend ein anderes Selbsbtwusstsein und eine kritischere Haltung gegenüber ihren europäischen Heimatländern mitbrachten. Die Jihadisten waren nun also nicht mehr die «Aliens» sondern die «Nachbarn von nebenan».[3] Um das Phänomen zu beschreiben, entstand der Begriff «Homegrown»-Terrorismus, und parallel dazu fand auch das Konzept der «Radikalisierung»[4] zunehmend Beachtung, da sowohl Forscher als auch Sicherheitsbehörden Antworten auf die Fragen suchten, weshalb einige Mitglieder der Gesellschaft Terroristen werden und wie man dies verhindern kann.

Gerade vielen jungen suchenden Menschen bot der Jihadismus eine starke Identität. Eine typische «Karriere» hatte Moazzam Begg (geb. 1968), der später in Guantánamo inhaftiert wurde, da er verdächtigt wurde, Unterstützer der Taliban und al-Qaidas zu sein. Begg war das Kind pakistanischer Einwanderer in Großbritannien und gehörte einer Jugendgang an, ehe er sich in den 1990er-Jahren radikalisierte. Er erinnert sich, dass das einzige, was ihm Halt gab und seine Herkunft irrelevant machte, die Religion war (Begg 2006, 43; hierzu siehe auch Roy 2006; insbes. 121–152). Es fanden sich aber auch schon in den 1990er-Jahren die ersten Konvertiten, die sich schnell dem Jihadismus zuwandten und in al-Qaida-Lagern ausgebildet wurden. Einige von ihnen, wie etwa Christian Ganczarski aus Deutschland oder der Amerikaner Adam Pearlman, wurden mit offenen Armen im Kreise al-Qaidas empfangen und sollten später sehr unterschiedliche, aber wichtige Rollen für das Netzwerk spielen.[5]

Die radikalisierten Jugendlichen entstammten teilweise der Mittelschicht, teilweise waren es aber auch unterprivilegierte Kleinkriminelle, die durch die Zugehörigkeit zur vermeintlich einzig wahren Religion und zur «besten aller Gemeinschaften unter den Menschen» (Koran 3:110) Aufwertung erfuhren. Ein französischer Spion bei al-Qaida in den 1990er-Jahren, der unter dem Namen Omar Nasiri eine Biographie veröffentlicht hat, berichtet über das soziale Milieu solcher Jugendlicher in Brüssel:

> Sie trinken, sie rauchen, sie schnupfen Kokain. In den Augen wahrer Muslime sind sie vollkommen ungläubig. Doch bei der ersten Erwähnung der ‹Umma› oder des ‹Jihad› fühlen sie sich plötzlich wieder dem Islam zugehörig. (Nasiri 2006, 43)

Die Schattenwelten der europäischen Metropolen waren und sind bis heute nicht nur ein fruchtbarer Rekrutierungsboden, sondern die «professionellen» Jihadisten waren stets auch auf die Fähigkeiten von Kriminellen angewiesen, die ihnen Waffen, Sprengstoff und gefälschte Papiere besorgen konnten. In London diente die Finsbury Park Mosque, die seit 1997 unter Kontrolle von Abu Hamza und seinen Getreuen stand, nicht nur als Treffpunkt von Extremisten, sondern auch als Umschlagplatz für Hehlerware und gefälschte oder gestohlene Dokumente (Mullins 2016, 101).

In den frühen 2000er-Jahren entstanden in vielen europäischen Großstädten «radikale Milieus», aus denen die Personen stammten, die nun ihren Weg in die «Jihad-Gebiete» suchten oder in Europa selbst Anschläge begingen oder zumindest planten.[6]

16. Al-Qaida und Europa

Al-Qaidas Drohkulisse (2002–2010)

Europa als geographisch-politische Einheit rückte erst ab dem Spätherbst 2002 in den Fokus von al-Qaida (Burke 2011, 179–236). Der Grund für die zunehmende Drohkulisse, die später auch in konkrete Anschläge mündete, war zum einen die Beteiligung europäischer Staaten am ISAF-Einsatz (ISAF = International Security Assistance Force) unter Führung der NATO in Afghanistan ab Dezember 2001, sodann die Beteiligung diverser europäischer Staaten am Irak-Krieg unter Führung der USA ab März 2003. Da es immer schwieriger geworden war, Rekruten aus westlichen Ländern in al-Qaida-eigenen Camps zu trainieren, versuchte man nun verstärkt, Sympathisanten weltweit zu Anschlägen zu motivieren und ihnen logistische Hilfestellung zu geben, etwa durch die Verbreitung von Handbüchern zur Bombenherstellung über das Internet (Kohlmann 2008). In einem Strategiepapier al-Qaidas von Anfang 2003 wurde die erweiterte Kampagne gegen die USA und ihre Verbündeten quasi angekündigt und rational erklärt:

> Die Erweiterung des Schlachtfelds bringt unschätzbare Vorteile. Der Feind, der sein Land beschützen muss, erkennt, dass er seine großen Interessen in jedem Land schützen muss. Je unterschiedlicher und weiter entfernt die Bereiche, in denen Operationen stattfinden, sind, desto anstrengender wird es für den Feind, desto mehr muss er seine Ressourcen ausdehnen und umso ängstlicher wird er. (Al-Neda Center for Islamic Studies and Research 2003, in: Kohlmann 2008, 98).

Bin Ladens Strategie, die hierarchische Struktur al-Qaidas flexibler zu machen und Sympathisanten entweder lediglich zu inspirieren oder ihnen in einer Art «Auftragstaktik» nur grobe Zielvorgaben zu machen, ging auf. Europa erlebte in den Jahren nach dem Irak-Krieg sein erstes Jahrzehnt des jihadistischen Terrorismus. Allein in Großbritannien fanden 33 Prozent aller islamistischen Straftaten in den Jahren zwischen 2005 und 2007 statt (Stuart 2017).

Der erste große Anschlag der neuen Terror-Kampagne mit dem Ziel Europa kam am 11. März 2004: Vier Regionalzüge in Madrid wurden fast simultan mit zehn Bomben attackiert, 191 Menschen starben.[7] Die Attentäter hatten Verbindungen zu al-Qaida, aber auch zu anderen Organisationen wie der GSPC. Sie schlugen drei Tage vor den Parlamentswahlen zu, bei denen schließlich die konservative Regierung von José María Aznar, einem Unterstützer der Bush-Administration und des Irak-Krieges, abgewählt wurde und die spanischen Sozialdemokraten unter José Luis Rodríguez Zapatero die politische Führung übernahmen. Zapatero, ein Gegner des Irak-Kriegs, kündigte fünf Wochen nach dem Anschlag einen Truppenabzug des spanischen Kontingents aus dem Irak an. In der Öffentlichkeit wurden sowohl das Wahlergebnis als auch der Truppenrückzug als unmittelbares Ergebnis des Anschlags verstanden. Genau diese Wirkung wollte al-Qaida erzielen – nach dem Attentat. Dass das Datum für die Anschläge – ursprünglich als Rache für Festnahmen von Jihadisten in Spanien geplant – bereits vor der Bekanntgabe des Wahltags festgelegt worden war (Reinares 2016, 111–113), erfuhr die Öffentlichkeit nicht. Somit war das Madrid-Attentat ganz klar ein politischer Erfolg für al-Qaida. Mit Kosten in Höhe von etwa 105 000 € war es auch das teuerste Attentat in Europa (ebd., 72).[8] Die Geldmittel beschafften die Terroristen aus Drogengeschäften, teilweise wurden auch Drogen über kriminelle Banden direkt gegen industriellen Sprengstoff getauscht, der aus spanischen Minen gestohlen wurde (Oftedal 2015, 15; Reinares 2016, 72–73).

Einen Monat nach diesen Anschlägen tauchte Europa erstmals als kollektiver Begriff in einer Botschaft Bin Ladens «an die Völker Europas» auf (Nesser 2015, 134). Das Verhältnis zu Europa spitzte sich in den kommenden Jahren weiter zu. Ein entscheidender Moment dabei war 2005 die Affäre um die «Muhammad-Karikaturen» der dänischen Zeitung «Jyllands Posten» (Burke 2011, 229–234). Die Karikaturen wurden von Islamisten in Europa gezielt genutzt, um die Menschen in arabischen Ländern zu Straßenprotesten gegen Europa aufzuheizen. Selbst al-Qaida-kritische Islamisten wie die Muslimbrüder wurden nun in den Konflikt mit Europa hineingezogen.

Den Madrid-Anschlägen folgte eine Aktionswelle von «homegrown» Tätern, die von al-Qaida inspiriert waren und höchstens in einer losen Verbindung mit der Organisation standen. Der erste Anschlag dieser Art traf den holländischen Regisseur Theo van Gogh, der im November 2004 in Amsterdam von dem in den Niederlanden geborenen Mohammed Bouyeri niedergestochen wurde (De Koning 2012). Bouyeri verstand seine Tat als Vergeltung für den islamkritischen Film, den van Gogh zuvor veröffentlicht hatte. Auch hier war also Rache ein wichtiges Motiv.

Eine ähnlich verheerende Anschlagsserie wie in Madrid folgte im Juli 2005 in London: Bei Bombenanschlägen auf eine U-Bahn sowie einen Nahverkehrsbus starben insgesamt 52 Menschen. Wie in Madrid erzeugten die drei Täter, allesamt britische Bürger, deren Eltern aus Pakistan eingewandert waren, ein Bild der Zerstörung, das dann durch die Medien internationale Verbreitung fand. Wie zuvor in Madrid stellte der Irak-Krieg den Rahmen der Handlung. Der Drahtzieher des Attentats, Mohammad Sidique Khan, benannte in seinem Bekennervideo die britische Beteiligung am Krieg als Motiv. Aber die möglicherweise erhoffte politische Wirkung blieb aus. Im Gegenteil, Großbritannien zog keine Truppen zurück, und die Regierung reagierte mit schärferen Antiterrorgesetzen und personellen Aufstockungen in den entsprechenden Einheiten von Polizei und Nachrichtendiensten.

Wer finanzierte solche Anschläge? Die Antwort hierauf fällt erstaunlich einfach aus: Terrorismus muss nicht viel kosten, und es bedarf nicht unbedingt externer Geldgeber. Drei Viertel aller Anschläge in Europa kosteten weniger als 10 000 US-$. Das London-Attentat lag mit geschätzten Kosten von maximal 15 000 US-$ leicht darüber, war aber – wie fast alle Anschläge in Europa – von den Zellenmitgliedern selbst finanziert (Oftedal 2015, 3). Die Kofferbomber, die 2006 in Köln den ersten jihadistisch motivierten Anschlag auf Zivilisten in Deutschland ausführen wollten, kamen mit rund 1000 Euro aus (Oftedal 2015, 59).

Europäische Szene nach 2001

In ganz Europa bildeten sich in den 2000er-Jahren weitere lokale und regionale salafistische und jihadistische Netzwerke. Konvertiten und Jugendliche der zweiten Einwanderergeneration wurden zu Aktivisten, übersetzten jihadistische Schriften und verbreiteten sie mit den neuen technischen Möglichkeiten des Internets schnell und weit.

Vorreiter dieser Entwicklung war wiederum Großbritannien, wo sich um eine Organisation, die sich «al-Muhajiroun» (Die Auswanderer) nannte, eine äußerst aktive und radikale Szene entwickelte, in der sich Briten mit diversen ethnischen Hintergründen zu Hause fühlten. Sie war 1996 von Omar Bakri Mohammed (geb. 1958) gegründet worden, einem Saudi, der sein Heimatland bereits 1986 wegen seiner islamistischen Aktivitäten verlassen musste. Bakris Gruppe in London engagierte sich etwa dafür, Gelder für militante Gruppen in verschiedenen Konfliktregionen wie Palästina, Kaschmir oder Tschetschenien zu akquirieren. Grundsätzlich konnten die Radikalen sich im liberalen Klima Großbritanniens der 1990er-Jahre noch recht frei entfalten (Mullins 2016, 96). 2004 löste Bakri al-Muhajiroun offiziell auf, um einem drohenden Verbot der Gruppe zuvorzukommen (Meleagrou-Hitchens 19.06.2017).

Um das Jahr 2010 jedoch gelang es seinem Nachfolger Anjem Choudary, der als Jurist die britischen Gesetze zu umgehen wusste, das Netzwerk unter dem Namen «Sharia4» wiederaufleben zu lassen und es, quasi als Franchise-Marke, in diverse europäische Staaten zu exportieren, etwa nach Belgien, wo eine der aktivsten und größten «Sharia4»-Gruppen unter der Leitung von Fouad Belkacem (geb. 1982) in Antwerpen entstand (Vidino 2015, 4; Van Vlierden 2016). Die belgische Gruppe hatte wiederum enge Kontakte zum niederländischen Zweig «Sharia4 Holland» sowie zu einem Ableger in Frankreich und auch zu Millatu-Ibrahim (s. u.) in Deutschland (Van Vlierden 2016, 53;). Auch bildeten sich Gruppen wie in Dänemark und Norwegen, die zwar eng mit Choudary verbunden waren, jedoch unter anderen Namen auftraten. Die Mitglieder dieses ersten trans-europäischen Jihad-Netzwerkes waren vor allem Kinder muslimischer Einwanderer der zweiten und dritten Generation, kompromisslos radikal, mit Lust an aggressiver Provokation (Vidino 2015, 4).

In Deutschland wurde die salafistische Szene erstmals in den frühen 2000er-Jahren spürbar aktiv. In Anlaufstellen wie dem Ulmer «Multikulturhaus» oder der Hamburger al-Quds-Moschee trafen sich Gleichgesinnte, zunehmend in Deutschland geborene oder aufgewachsene Muslime der zweiten und dritten Einwanderergeneration sowie Konvertiten und knüpften Netzwerke (vgl. Wiedl 2014). Gegen Ende des Jahrzehnts trennten sich die Wege entscheidender Protagonisten. In der Gruppe «Die wahre Religion» (DWR) schlossen sich ab Mitte der 2000er-Jahre die radikaleren und pro-al-Qaida ausgerichteten Jihadisten zusammen, nicht-jihadistische Prediger wie Hassan Dabbagh, Pierre Vogel oder auch Muhammad Ciftci initiierten eigene Projekte.

Die deutsche Version von Sharia4 entstand um das Jahr 2010, als Anhänger von DWR sich dem Projekt «Salafimedia» anschlossen, welches von dem britischen Jihadisten «Abu Waleed» geleitet wurde (Wiedl 2014, 431–432). Anders als die ursprüngliche Sharia4-Bewegung agitierte die Gruppe nicht auf der Straße, und eine zentrale Figur wie Bakri oder Choudary gab es in Deutschland noch nicht. Im Herbst 2011 entstand dann eine gewaltbereite Gruppe die mehr als nur virtuell aktiv war: «Millatu-Ibrahim», und zwar unter der Führung des damals gerade aus der Haft entlassenen österreichischen al-Qaida-Unterstützers Mohamed Mahmoud (geb. 1985) und des Berliner IS-Anhängers Denis Cuspert (geb. 1975, im Januar 2018 in Syrien getötet). «Millatu-Ibrahim» wurde schon im Mai 2012 verboten, mobilisierte und organisierte jedoch die bald folgenden Syrien-Ausreisewellen maßgeblich, eine Aufgabe, die in anderen Ländern Europas die Sharia4-Gruppen übernahmen.

Es entstanden weitere kleinere Netzwerke um charismatische Führer in vielen Städten Europas: In Brüssel sammelte Khalid Zerkani (geb. 1974) im Stadtteil Molenbeek Anhänger, die ihn aufgrund seiner großzügigen Geschenke «Papa Noel» nannten (Van Ostaeyen Juni 2016; Van Vlierden 2016); in Amsterdam war es zunächst Redouan al-Issa alias Abu Khaled (geb. 1961), der jüngere Anhänger um sich scharte (De Koning 2012, 222), und in Deutschland machte im Zusammenhang mit dem IS zuletzt das Personengeflecht um den irakischen Prediger Abu Walaa (geb. 1984) in Hildesheim Schlagzeilen (Heil, Februar 2017). Diese Netzwerke waren umso gefährlicher, als sie nur schwer zu identifizieren und in sich abgeschottet waren. Sie schickten nicht nur junge Menschen in «Jihad-Gebiete», sondern brachten auch einige der Terroristen hervor, die vor Ort in Europa zuschlugen. So war Abdelhamid Abaaoud (1987–2015), der Koordinator der Anschläge von Paris im November 2015, Mitglied des Brüsseler Zerkani-Netzwerks, und Anis Amri (1992–2016), der im Dezember 2016 einen tödlichen LKW-Anschlag auf einen Berliner Weihnachtsmarkt beging, wies enge Bezüge zu Abu Walaa und insbesondere zu dessen Stellvertreter, dem Serben Boban Simeonović, auf.

Ausreisen in den Jihad

Zu einem quantitativ auffälligen Phänomen entwickelte sich die «Ausreise» oder «Auswanderung» in Jihad-Gebiete erst in den 2000er-Jahren. Dies lag zunächst an der zunehmenden Attraktivität al-Qaidas nach 9/11, sodann an den Kriegen, in denen Jihadisten direkt gegen den Feind kämpfen konnten. So reisten aus Deutschland anfangs vereinzelt Personen nach Tschetschenien, später in den Irak und dann in einer immer höheren Zahl nach Afghanistan aus, die meisten hiervon nach 2008.[9] Einen vorläufigen Höhepunkt erreichte diese Entwicklung in den Jahren 2009 und 2010. Damals handelte es sich um einige Hundert Personen europaweit, davon etwa zweihundert aus Deutschland. Trotzdem wurden so die entscheidenden Weichen für die spätere Syrien-Mobilisierung gestellt. Deutsche knüpften nun Kontakte in Kriegsgebiete zu dort ansässigen Jihadisten, lernten deren Mentalität und Handwerk aus erster Hand kennen. Sie gaben den Gesinnungsgenossen ein lebendiges Beispiel für die «Auswanderung» und motivierten damit andere, es ihnen gleichzutun. Es erschienen nun erstmals in deutscher Sprache Propagandavideos und Schriften von Jihadisten, die in die Konfliktzonen Pakistans ausgewandert waren.

Die wahhabitische Lehre, von der Jihadisten stark beeinflusst sind, untersagt es den Gläubigen, sich ohne Grund in einem «Gebiet des Unglaubens» aufzuhalten, also dort, wo nicht nach den Lehren des Islams gelebt und nach den Regeln der Scharia gerichtet wird. Diese Vorschrift wird auch von nicht-militanten Salafisten vertreten, wie dem in Saudi-Arabien lebenden, gebürtigen Syrer Muhammad Salih al-Munajid (geb. 1960), der die einflussreiche Seite *Islamqa.info* betreibt. Seine Stellungnahmen wurden unter anderem auch vom Internetauftritt des deutschen Netzwerks «Die wahre Religion» übernommen. Im Oktober 2010 etwa wurde davor gewarnt, dass sich kein Muslim für den «Aufenthalt in einem Land der Kuffar» entschuldigen könne, «außer diejenigen, die wirklich schwach und unterdrückt sind und nicht auswandern können, oder diejenigen, die aus einem gültigen religiösen Grund bleiben».[10]

Anhänger des Jihadismus im Westen stehen somit vor der Alternative: Entweder reisen sie aus in ein Gebiet, in dem «mit der Scharia regiert» oder ein rechtmäßiger Jihad geführt wird, oder aber sie unterstützen den Jihad mit den ihnen zur Verfügung stehenden Mitteln oder begehen gar selbst Anschläge. Die Unterstützungsleistungen bestehen oft im Online-Aktivismus, der von einfacher Zustimmung zu bestimmten Ansichten oder Taten al-Qaidas bis hin zur gezielten Verbreitung von Propaganda reicht.

Ab 2011 war die Zahl der ausreisenden jungen Europäer zunächst rückläufig. Mali wurde nach einem kurzen «Hype» 2011–2012 als Jihad-Ziel infolge der französischen Militärintervention gegen al-Qaida Anfang 2013 wieder unattraktiv (siehe Kapitel 10, S. 125). Doch die Entwicklungen in Syrien boten nun eine enorme Chance für die Jihad-Aspiranten: einen eskalierenden Bürgerkrieg und die Gründung eines lokalen al-Qaida-Ablegers (siehe Kapitel 13). Syrien war nicht nur weitaus besser zu erreichen als Mali, zumal in den ersten Jahren, als die Grenze zur Türkei noch durchlässiger war, der dortige Jihad bot auch enormes religiöses Prestige, denn laut islamischer Eschatologie soll in der dortigen Region die Endzeitschlacht zwischen den Armeen des Glaubens und des Unglaubens stattfinden. Syrien mit seiner etablierten Jihad-Infrastruktur wurde damit in kürzester Zeit zum Zielpunkt einer ganzen Heerschar von Kämpfern aus der ganzen Welt, die sich 2012 und 2013 zunächst der Nusra-Front anschlossen. Erst Ende 2013/Anfang 2014, als der Konflikt mit dem neu gegründeten «Islamischen Staat im Irak und Syrien» (ISIS) eskalierte und ISIS schließlich im Juni 2014 das Kalifat ausrief, änderte sich die Präferenz der ausländischen Jihadisten zu Gunsten des nun nahe erscheinenden Gottesstaats.

Trotz der scheinbar massenhaften Mobilisierung von Europäern für die sogenannten «Schlachtfelder des Jihad» (*malahim al-jihad*) bleibt festzuhalten, dass diese in Wirklichkeit zahlenmäßig noch immer überschaubar ist. So sind insgesamt etwa 5000 Europäer zwischen 2012 und 2017 nach Syrien oder in den Irak gereist, dazu noch einige Hundert nach Afghanistan, Pakistan, Somalia oder Tschetschenien. Für Deutschland wurden bis Juni 2017 insgesamt 930 Syrien-Reisende gezählt, davon 20 Prozent Frauen.[11] Von den bis dato gezählten 10 000 Salafisten waren dies also 9,3 Prozent. Wiederum auf die Gesamtzahl der deutschen Muslime gerechnet, deren Anzahl zumeist mit 4,5 bis 5 Millionen Menschen angesetzt wird, fühlte sich nur ein verschwindend kleiner Bruchteil tatsächlich von den intensiven Aufrufen, den Jihad zu unterstützen, angesprochen – ein Umstand, der regelmäßig von Jihadisten beklagt wird.

Konkurrenz zum IS (seit 2011)

Nach dem Arabischen Frühling (siehe Kapitel 10) hat al-Qaida den Schwerpunkt ihrer Aktivitäten auf muslimische Länder und Regionen der arabischen Welt, Afrikas und Asiens gelegt. Europa und die USA spielen zwar noch immer eine wichtige Rolle in Ideologie und Propaganda, stellen aber nicht den zentralen Betätigungsraum dar.

Der «Islamische Staat» hingegen, seit der Bildung der US-geführten Anti-IS-Koalition im Herbst 2014 in Bedrängnis geraten, änderte seine Taktik im Hinblick auf den Westen dramatisch: Bis dahin hatte er seine Anhänger weltweit zu einem Leben im «Kalifat» eingeladen. Nun sollten ausländische Sympathisanten, insbesondere im Westen, versuchen, «hinter den feindlichen Linien» in Europa, Nordamerika sowie in allen Ländern, die Teil der Allianz geworden waren, zuzuschlagen.[12] Das Kalkül dahinter war, den beteiligten Staaten und ihren Bevölkerungen vor Augen zu führen, dass ein Krieg mit dem IS unmittelbare Konsequenzen haben würde. Doch anders als geplant löste sich kein Land aus dem Bündnis, im Gegenteil, die Angriffe auf den IS und die Unterstützung für dessen Feinde vor Ort wurden in den Jahren 2015 und 2016 ständig ausgeweitet. Der IS kollabierte in seinen Kerngebieten, doch die Saat in Europa war ausgelegt, und der Kontinent erlebte eine Welle der Gewalt durch IS-Unterstützer.

Der erste große Anschlag dieser Serie war mit 130 Toten und 683 Verletzten zugleich der verheerendste: An mehreren Orten in Paris (Stade de Fance, Bataclan-Theater, mehrere Bars und Restaurants) schlugen am 13. November 2015 IS-Anhänger zu, die zu diesem Zweck teils aus Syrien zurückgereist waren. Die Attentäter hatten Europas Grenzen von außen betreten, diverse europäische Länder durchfahren oder sich in ihnen aufgehalten, darunter auch Deutschland, vor allem aber Belgien. Dies führte dazu, dass die europäische Sicherheitsarchitektur auf den Prüfstand gestellt wurde, um Schwachpunkte zu identifizieren und Lücken zu schließen. Dennoch konnten weitere Attentate nicht in Gänze verhindert werden. Insbesondere Frankreich und Belgien blieben betroffen: Im März 2016 griffen IS-Terroristen den Flughafen von Brüssel sowie eine Metro-Station mit Sprengstoff an, wobei 32 Menschen starben, und im Juli erfolgte die schwere Lastwagenattacke auf der Strandpromenade von Nizza, bei der 84 Menschen starben. Insgesamt kamen in den Jahren 2014–2016 mehr Menschen durch jihadistische Anschläge in Europa ums Leben (273) als in den zwanzig Jahren zuvor (seit 1994: 267) (Nesser et al. 2016, 3).

Nicht nur die Frequenz, sondern auch die Ausführung der Anschläge änderte sich. Sie wurden teils mit einfachsten Tatmitteln wie Küchenmessern begangen, andere wiederum waren komplexe

Attentate, in denen Handfeuerwaffen mit Sprengvorrichtungen kombiniert wurden, und als ebenfalls effektiv erwies sich schließlich der – übrigens lange vor dem IS von al-Qaida angedachte – Einsatz von Fahrzeugen, wie in Nizza oder in Berlin im Dezember 2016.

Für Aiman al-Zawahiri, den derzeitigen Anführer al-Qaidas, nimmt Europa jedoch aktuell keine entscheidende Rolle ein. Seine Aufrufe konzentrieren sich darauf, die Reihen geschlossen zu halten und sich als legitimer Nachfolger Bin Ladens zu behaupten. Doch al-Qaida bleibt vielschichtig und kann gegebenenfalls auch in Europa zuschlagen oder zumindest Anhänger zu entsprechenden Taten inspirieren. Das letzte Beispiel hierfür waren die Anschläge von Paris im Januar 2015, eine Art frühes Joint Venture von Basismitgliedern al-Qaidas und des IS, das sich so vermutlich nicht wiederholen wird. Während der IS-Sympathisant Ahmedy Coulibaly einen jüdischen Supermarkt überfiel und Geiseln nahm sowie eine Polizistin erschoss, drangen die al-Qaida-nahen Brüder Said und Chérif Kouachi in die Redaktionsräume des Satireblatts «Charlie Hebdo» ein und beginngen ein Massaker unter den dort anwesenden Mitarbeitern; zwölf Menschen starben. Im öffentlichen Bewusstsein werden die blutigen Taten wegen Coulibaly, der in einem Video dem IS-Führer al-Baghdadi die Treue schwor, zumeist mit dem IS in Verbindung gebracht, doch es war al-Qaida auf der Arabischen Halbinsel, die die Kouachi-Brüder ausgebildet hatte und zudem ein Video veröffentlichte, in dem die Taten gerechtfertigt wurden. Dies zeigt, dass einzelne Ableger von Bin Ladens bzw. al-Zawahiris Netzwerk durchaus willens und in der Lage sein können, in Europa Anschläge zu begehen, auch wenn sich al-Qaida derzeit aus strategischen Gründen zurückhält.

Schluss: Die tausend Fronten des Terrors

Die Ausrufung des «War on Terror», mit den Invasionen in Afghanistan und Irak, den verdeckten Kriegen in Jemen, Pakistan oder Somalia, den vielen zivilen Opfern, Inhaftierungen in Geheimgefängnissen und angewandten Foltermethoden, hat dem jihadistischen Narrativ eines Kampfes «des Westens» gegen «den Islam» oder gegen «die Muslime» noch zusätzlichen Brennstoff geliefert. Viele Schritte nach dem 11. September 2001 haben nicht nur ungeheure Mittel aus dem US-Haushalt verschlungen, sondern waren oft ineffektiv, ja sogar kontraproduktiv. Der «Krieg gegen den Terrorismus» hat nicht zu einem Mehr an weltweiter Sicherheit, sondern zu einer Zuspitzung der Lage in vielen Regionen der muslimischen Welt und zu mehr Radikalisierung geführt. Er folgt zudem der Logik und dem Plan Bin Ladens, die USA in einen ewigen Kampf zu verwickeln, in dem die amerikanischen Ressourcen nach und nach aufgebraucht werden. Fünf Jahre nach 9/11 kündigte Bin Laden in einer Videobotschaft an:

> Wir werden damit fortfahren, so Gott will, euch und eure Verbündeten überall zu bekämpfen, in Irak, Afghanistan, Somalia und Sudan, bis wir all euer Geld verschwendet und eure Männer getötet haben und ihr in eure Länder zurückkehrt, geschlagen... (Usama Bin Laden in einem as-Sahab-Video vom Juni 2006[1])

In seiner ersten Rede nach den Anschlägen vom 11. September sagte George W. Bush, dass sein Land angegriffen wurde, weil es «der hellste Leuchtturm für Freiheit und Möglichkeiten in der Welt» sei (Bush 2001). Das immer wieder bemühte Narrativ, die «Feinde der Freiheit» hätten die USA angegriffen, weil diese für freiheitliche Werte stehen, wurde wenig hinterfragt und hat dazu geführt, dass Politiker unterschiedlichster Länder und Parteienzugehörigkeit nach Anschlägen immer wieder fordern, «unsere Art des Lebens» oder «unsere Freiheit» nicht aufzugeben. Ironischerweise wurden jedoch entgegen eben diesen Appellen im Zuge des Antiterrorkampfes sowohl in den USA als auch in der EU Freiheiten sukzessive beschränkt und Befugnisse und Überwachungsmöglichkeiten des Staates gegenüber den Bürgen ausgeweitet. Es soll nicht in Abrede gestellt werden, dass viele der seit 9/11 getroffenen Maßnahmen – etwa Anpassungen der Antiterrorgesetze oder Möglichkeiten zur Finanzermittlung – die Arbeit der Sicherheits- und Strafverfolgungsbehörden erleichtert und den Entfaltungsraum von Extremisten erschwert haben. Doch nicht überall scheinen Freiheit und Sicherheit in einem ausgewogenen Verhältnis zueinander zu stehen. «Sicherheit ist ein Supergrundrecht», hatte 2013 der damalige Bundesinnenminister Hans-Peter Friedrich (CSU) gesagt und damit die sukzessive Verschiebung in der Abwägung zwischen Sicherheit und Freiheit aus seiner Sicht deutlich gemacht. Dieser Logik folgte auch der Schritt der französischen Regierung unter François Hollande nach den Anschlägen vom November 2015 in Paris, als sie den Notstand ausrief, was mit weitgehenden Befugnissen für das Innenministerium und die ihm unterstellte Polizei einherging (siehe hierzu Semsrott 2017). Nicht nur konnten nun ohne richterlichen Beschluss Wohnungen oder Vereinsräume durchsucht und Internetseiten gesperrt werden, sondern es war auf dieser Grundlage auch möglich, Demonstrationen zu verbieten, wie beispielsweise gegen den Weltklimagipfel 2015 oder auch gegen Arbeitsmarktreformen 2017 (Semsrott 2017 und tagesschau.de, 09.06.2017). Ein Gesetz also, das sich klar gegen das demokratische Grundrecht auf freie Meinungsäußerung richtet. Am 14. November 2015 in Kraft getreten, sollte es zunächst auf zwölf Tage beschränkt bleiben, wurde dann aber bis Juli 2017 verlängert. Damit steht weiterhin auch das Abrufen einer jihadistischen Internetseite unter Strafe, ein Straftatbestand, der auch auf Forscher, Journalisten oder Experten, die sich mit Prävention und Deradikalisierung beschäftigen, treffen kann.

Das Postulat, die Demokratie und ihre Errungenschaften nicht aufzugeben, ist richtig. Es besteht allerdings die Gefahr, dass zugunsten vermeintlicher Sicherheit – schließlich erfolgte das Nizza-Attentat im Juli 2016 mit über 80 Toten, während das Notstandsgesetz in Frankreich in Kraft war – Freiheiten schrittweise und durch die Hintertür aufgegeben werden (siehe auch Amnesty International 2017). Das richtige Maß im Kampf gegen Terrorismus zu finden, ist eine unerlässliche Konstante, egal ob es sich bei dem Gegner um al-Qaida oder andere Organisationen handelt (Freeman 2003).

Al-Qaida hatte in den vergangenen fünfzehn Jahren einige Schwierigkeiten zu verkraften, die das Gefüge der Organisation ins Wanken gebracht haben: Bin Laden und viele weitere Kader wurden getötet oder verhaftet; die Organisation hatte aus Sicht mehrerer al-Qaida-Führer mit den Anschlägen vom 11. September einen strategischen Fehler gemacht, der zu enormen Rückschlägen führte und ihr den wichtigsten staatlichen Unterstützer, nämlich das Taliban-Regime in Afghanistan, genommen hat; und zuletzt lief al-Qaida Gefahr, von einem Rivalen aus den eigenen Reihen, dem Islamischen Staat, marginalisiert und verdrängt zu werden.

Auch fällt die Bilanz zu den erreichten Zielen al-Qaidas gemischt aus: Bei den langfristigen Zielen – der Vertreibung der USA aus den muslimischen Ländern, der Vernichtung Israels, dem Sturz arabischer Herrscherhäuser und der Errichtung islamischer Staaten unter dem Dach eines Kalifats – hat die Organisation keine substanziellen Erfolge vorzuweisen. Es ist ihr allerdings gelungen, den USA wirtschaftlichen Schaden zuzufügen und den Preis für den «Krieg gegen den Terrorismus» sowie für die militärische Präsenz in muslimischen Regionen in die Höhe zu treiben. Zudem waren al-Qaidas Fähigkeiten zum Angriff nie linear, sondern nahmen in Wellen zu und ebbten auch wieder ab (Jones 2012, 437). Ihre kurz- bis mittelfristigen Ziele konnte al-Qaida also erreichen, ihre grundsätzlichen Ziele jedoch bislang nicht. Und gerade diese Mischung bietet den Anhängern der Ideologie ausreichend Motivation, den Kampf fortzuführen.

Zwar musste Bin Ladens Nachfolger al-Zawahiri nicht nur die Abspaltung des IS hinnehmen, sondern auch erleben, wie in Syrien die jihadistische Bewegung weiter zersplitterte, trotz all seiner mahnenden Aufrufe zur Einheit. Dennoch gilt al-Zawahiri vielen als Identifikationsfigur, der das Erbe Bin Ladens legitim vertritt. Mögliche Nachfolger für al-Zawahiri, wie etwa Saif al-ʿAdel, stehen ebenfalls bereit, die Geschicke al-Qaidas weiterhin zu lenken.

Trotz aller Schwierigkeiten für die Organisation wäre es verfrüht, ihr Ende oder ihren Niedergang zu verkünden. Denn al-Qaida war stets eine dynamische und flexible Organisation, die sich den wandelnden Gegebenheiten anpasst und diese zu ihren Gunsten zu nutzen weiß. Zudem konnte al-Qaida in verschiedensten Regionen der Welt immer wieder von Bürgerkriegen, schwachen, ineffektiven oder korrumpierbaren Regierungen und damit einhergehenden rechtsfreien Räumen, extremer Ungleichheit in der Gesellschaft, Korruption sowie ethnischen und religiösen Konflikten profitieren. Dieser Nährboden, so scheint es heute, wird auch in Zukunft Bestand haben und könnte den Jihadisten weiteren Treibstoff für ihr Fortbestehen liefern.

Nicht zuletzt steht al-Qaida in der Tradition des militanten Islamismus, einer politischen Bewegung, die sich jahrzehntelang auf unterschiedliche Weise behaupten und immer wieder neue Generationen begeistern konnte. Auch aus diesem Grund scheint die Annahme oder Hoffnung, das Phänomen des Jihadismus und das al-Qaidas werde sich kurzfristig auflösen, unwahrscheinlich. Bis heute, trotz aller internationalen Bemühungen seit dem 11. September 2001, hat al-Qaida als Organisation, Netzwerk und Idee überlebt. Sie wird auch künftig in einer ihrer vielen Erscheinungsformen und an einer der tausend Fronten des Terrors von Bedeutung sein und ihren langen Schatten auf die Konflikte in den muslimischen Regionen werfen.

Dank

Zu meinem besseren Verständnis einiger Sachverhalte und Entwicklungen haben Gespräche mit Experten beigetragen, für deren Zeit und Mühe ich mich an dieser Stelle bedanken möchte, insbesondere bei Alastair Reed (Director International Centre for Counter-Terrorism, Den Haag), Daniel Byman (Georgetown University, Brookings Institution), Daveed Gartenstein-Ross (Foundation for Defense of Democracies), Don Rassler und Paul Cruickshank (Combating Terrorism Center, West Point), Muhammad ʿAli Saif (Member of Senate, Member of Standing Comitte of Interior Matters, Pakistan), Sam Mullins (George C. Marshall European Center for Security Studies). Darüber hinaus bedanke ich mich bei allen Kollegen und Freunden, die einzelne Kapitel in der Entwurfsversion gelesen und mir wertvolle Hinweise aus Lesersicht und aus fachlicher Perspektive gegeben haben, insbesondere bei Tilman Seidensticker und Hazim Fouad.

Anmerkungen

Vorwort
1 Eine Diskussion der Terminologien «Terrorismus» und «Guerilla» findet sich bei Whittaker (2003).
2 https://www.cia.gov/news-information/press-releases-statements/2017-press-releases-statements/cia-releases-additional-files-recovered-in-ubl-compound-raid.html

Einleitung: Das verlorene Kalifat
1 Zur Entstehungsgeschichte des Islamismus vgl. Seidensticker (2014) und zur Geschichte des Jihadismus Maher 2016.

1. Aiman al-Zawahiri: Vom ägyptischen Arzt zum «Weisen der Umma»
1 Zur Lokalgeschichte von Maadi vgl. Raafat 1994.
2 Zu Muhammad al-Zawahiri vgl. Said, Behnam Timo (2013). «Djihadismus nach dem Arabischen Frühling und das Vermittlungsangebot Muhammad al-Zawahiris.» In: Zeitschrift für Außen- und Sicherheitspolitik, 6:3, 429–452.
3 Laut Wright leistete er direkt nach seinem Abschluss 1974 drei Jahre Militärdienst als Chirurg in der ägyptischen Armee. Zayyat hingegen zählt nur seine Abschlüsse in chronologischer Reihenfolge auf und erwähnt den Militärdienst nicht. Möglicherweise wurde der Masterstudiengang im Rahmen des Dienstes belegt.
4 Vgl. z. B. Ibrahim 1980 und neuerlich Gambetta & Hertog 2016.
5 Vgl. al-Zayyat 2004, 35.
6 Vgl. John Calvert (2010). *Sayyid Qutb and the Origins of Radical Islamism.*
7 Zur GI siehe u. a. Kepel 2005.
8 Gaffney hielt sich zwischen November 1977 und August 1979 zu Feldstudien in Ägypten auf und liefert in seinem Buch eine detailliertere Beschreibung einzelner Vorkommnisse.
9 Über 3000 Oppositionelle – darunter auch hochrangige Anführer politischer Parteien, Geistliche muslimischen und christlichen Glaubens, Intellektuelle sowie Gewerkschafter – sollen am 3. September verhaftet worden

sein (Heikal 1983, 231). Der bekannte Journalist Heikal selbst wurde für zwei Monate inhaftiert, aber unter Sadats Nachfolger Husni Mubarak freigelassen.
10 Zur Gamaʿa Islamiya und ihrem Wirken im Ägypten der 1970er-Jahre siehe u. a. Kepel 2005.
11 Al-Zayyat nennt zwei verschiedene Daten in seinen Darstellungen der Festnahme: Während er auf Seite 18 den 23. Oktober angibt, benennt er auf Seite 31 den 15. Oktober als Tag der Verhaftung von Aiman al-Zawahiri.

2. Usama Bin Laden: Vom saudischen Bauunternehmer zum Widerstandskämpfer

1 Sunan Abu Dawud, Buch 37, *Kitab al-Malahim* [Buch der Schlachten], Hadith Nummer 4278.
2 Zur Biographie und zum Werk al-Azdis vgl. Wagemakers 2011.
3 Zu Bin Ladens Vaters siehe Coll 2008, 33–152. Colls umfassende Darstellung der Familie Bin Laden, mit Fokus auf Usama, ist bis heute das Standardwerk.
4 Als Vorname der Mutter Usama Bin Ladens wird zuweilen auch Hamida angegeben.

3. Der Jihad in Afghanistan

1 Die jüngste Schilderung der frühen Anfänge des afghanischen Jihad und der arabischen Mobilisierung findet sich bei Hamid & Farrall 2015. Vgl. zu diesem Thema auch Anas 2002.
2 Für einen Überblick über das Entstehen des Islamismus in Afghanistan vgl. Coll 2005, 110–114 und Burke 2007, 61–71.
3 Der Zeitzeuge und spätere al-Qaida-Mann Mustafa Hamid sieht die Rolle Pakistans im Konflikt eher als destruktiv an und gibt dem pakistanischen Geheimdienst eine Mitschuld an der künstlichen zeitlichen Verlängerung des Kriegsgeschehens (Hamid & Farrall 2015, 39). Zur Rolle Pakistans im Afghanistan-Krieg siehe Yousaf, Mohammad & Mark Adkin (1992), *The Bear Trap*, zu Saudi-Arabiens Coll 2005, insbes. 71–88.
4 Dies berichtete zumindest die Ehefrau von Bin Laden (Bin Laden et al. 2009, 25). ʿAzzams Sohn Hudhaifa hingegen behauptet, sein Vater sei Bin Laden erstmals während der Hajj-Pilgerfahrt 1984 begegnet (Scheuer 2011, 53).
5 Für eine ausführliche Beschreibung der CIA-Aktivitäten in Pakistan zur Zeit des Afghanistan-Krieges siehe Coll 2005 und Gutman 2013.
6 Lt. Scheuer 2011, 53 soll ʿAzzams Schwiegersohn Boudjema Bounoua (ʿAbdullah Anas) ebenfalls Gründungsfigur des Büros gewesen sein
7 Zur «Löwenhöhle» und zur Schlacht von Jaji siehe Wright 2008, 156–157; Tawil 2010, 18–20; Scheuer 2011, 61–64; Hamid & Farrall 2015,

89–105 und Stenersen 2017, 13–20. Vgl. auch die Rede Bin Ladens «In Erinnerung an die Löwenhöhle», in: Miller 2015, 73–76. Als Inspiration für den Namen «Löwenhöhle» dienten Bin Laden zufolge Gedichtverse von Kaʿb Ibn Malik, der zu Zeiten des Religionsbegründers Muhammad wirkte (Bin Laden, in: Miller 2015, 75).

8   Zu der Gründungssitzung siehe Stenersen 2017, 20–25; Hamid & Farrall 2015, 108–112; Bergen & Cruickshank 2012, 3–7; Tawil 2010, 24–27. Für einen Einblick in die Diskussionen um die Gründungssitzung siehe Berger 2012.

9   Die norwegische Forscherin Anne Stenersen beschreibt den Charakter al-Qaidas vor allem als eine militärische Avantgarde, die auf die muslimische Welt ausgerichtet war und deren Mitglieder durch ihre Bereitschaft zur Selbstaufopferung andere Muslime zum Jihad inspirieren sollten (Stenersen 2017, 21).

4. Bin Ladens Heimkehr, Exil und erneute Vertreibung (1989–1996)

1   Zur religiösen Opposition in Saudi-Arabien siehe Lacroix 2011 und Fandy 1999.
2   Zum Komitee siehe Bergen 2003, 120–121 und Wright 2008, 264–265.
3   Zu den Umständen, warum er schließlich ausreisen durfte, gibt es verschiedene Versionen, vgl. Bergen 2003, 108 vs. Gutman 2008, 36; Wright 2008, 220.
4   Zu al-Qaida im Sudan siehe Bergen 2003, 103–123; Wright 2008, 222–301.
5   Zur Internationalisierung siehe Bergen 2003, 116–117.

5. Im Land der Taliban (1996–2001)

1   Zur Kriegserklärung Bin Ladens vgl. Bergen 2003, 126–128.
2   Mit «Taliban» sind hier die afghanischen Taliban gemeint, die von der Tehrik-i-Taliban Pakistan, der pakistanischen Talibanbewegung, zu unterscheiden sind. Zu den afghanischen Taliban siehe Rashid 2011, Fergusson 2010, Strick van Linschoten & Kuehn 2012.
3   AFGP-2002-600321; https://ctc.usma.edu/wp-content/uploads/2013/09/Letter-to-Mullah-Mohammed-Omar-from-bin-Laden-Original.pdf.
4   Burke 2007, 174; Wright 2008, 353; Stenersen 2017, 100–104, 142; zu den einzelnen Trainingscamps, die al-Qaida und andere Jihadisten in Afghanistan in den späten 1990er-Jahren unterhielten, siehe Stenersen 2017, 96–115.

6. Der 11. September 2001

1   Zu den Details der Anschläge siehe etwa Wright 2008 und Kean & Hamilton 2004.

2 Gemeint ist hier wohl das Vetorecht im Sicherheitsrat der Vereinten Nationen, von dem die USA und Russland seit 1945 exzessiven Gebrauch machten.
3 Zu KSMs Involvierung in die Planung siehe Kean & Hamilton 2004, 145–150 und Miniter 2011.
4 Laut Sageman 2004, 107–113, hatten 75 Prozent der Personen, die in das Jihadisten-Netzwerk eingebunden waren, bereits vorher soziale Beziehungen zu anderen Mitgliedern des Netzwerks.
5 Zur Hamburg-Zelle siehe Sageman 2004, 103–107; Kean & Hamilton 2004, 160–169. Weitere wichtige Zellenmitglieder und Unterstützer der späteren Attentäter waren die Marokkaner Mounir el-Motassadeq, Abdelghani Mzoudi und Said Bahaji (deutsche Mutter, marokkanischer Vater).
6 Im Jahr 2016 sollte Haidar Zammar in Propaganda-Videos des «Islamischen Staats» auftauchen, dem er sich mittlerweile angeschlossen hatte.
7 Gemeint ist der Krieg von 1812–1815: die Vereinigten Staaten von Amerika gegen das Königreich Großbritannien.
8 Schon Ende Dezember 2000 war die Unterstützung der Nordallianz als zentrales Element einer Anti-al-Qaida- und Anti-Taliban-Strategie im «Blue Sky»-Papier von CIA und Nationalem Sicherheitsrat der USA aufgetaucht (Kean & Hamilton 2004, 196–197).

7. War on Terror

1 Zu den ersten Wochen des Krieges in Afghanistan nach dem 11. September und der Flucht al-Qaidas siehe Soufan 2017, 91–103
2 Wasiristan war «voll mit verschiedenen Gruppen, Glauben und Methoden, die sich dem Jihad verschrieben hatten» (al-Shamali 2014, 41).
3 https://ctc.usma.edu/posts/al-adl-letter-original-language-2
4 «Die Verwaltung der Wildheit» zur Wiederrichtung des Kalifats oder das Strategiepapier von Saif al-ʿAdel aus dem Jahr 2005 (Fishman 2016, 32–39).
5 Zum Drohnenkrieg gegen al-Qaida siehe u. a. Williams 2013; Bergen & Rowland 2015.
6 Aktuelle und umfassende Dokumentationen von US-Drohnenaktivitäten in Pakistan, Afghanistan, Jemen und Somalia finden sich unter www.newamerica.org/in-depth/americas-counterterrorism-wars/ und www.thebureauinvestigates.com/stories/2017-01-01/drone-wars-the-full-data.
7 Für eine Abhandlung zu den Zielen der Drohnenangriffe siehe Williams 2013, 89–120.
8 Für eine Übersicht zum Verhältnis getöteter Militanter und Zivilisten in Pakistan und Jemen siehe die Angaben der New America Foundation.
9 Angaben für Pakistan 2004–2017: 424–969 (Bureau of Investigative Jour-

nalism) bzw. 245–303 (New America Foundation): für Jemen 2002–2017: 83–127 (BIJ) bzw. 100–131 (NAF).
10 Zur Praxis der Folter durch US-Sicherheitskräfte nach 9/11 vgl. v.a. Sands 2008 und Forsythe.
11 Zu den Opferzahlen siehe https://www.newamerica.org/in-depth/terrorism-in-america/what-threat-united-states-today/.
12 Für eine ausführliche, jedoch bereits ältere Studie zu diesem Thema siehe Stiglitz 2008.
13 Allein die Kriegskosten für die USA seit dem 11. September 2001 bis zum 30. Juni 2017 belaufen sich auf über 1,4 Billionen US-$ (Department of Defense 30.06.2017). Hierin sind die Kosten für die Veteranenversorgung nicht eingerechnet, zu diesen siehe Bilmes 2011.
14 Einen Überblick über problematische Entwicklungen des Anti-Terror-Paradigmas nach 2001 aus rechtlicher Perspektive findet sich in den Beiträgen bei Bianchi & Keller 2008.

8. Jagd auf Bin Laden

1 https://www.dni.gov/files/documents/ubl2017/arabic/Letter%20to%20 sons%20'Uthman%20and%20Muhammad%20(Arabic).pdf.
2 Brief an Hamza Bin Laden, BLB: https://www.dni.gov/files/documents/ ubl2017/arabic/Letter%20to%20son%20Hamzah%20(Arabic).pdf.
3 Brief 'Atiyatullah 'Abd al-Rahmans an Usama Bin Laden, 24.11.2010, BLB: https://www.dni.gov/files/documents/ubl/arabic/Letter%20dtd%20November%2024%202010%20-%20Arabic.pdf.
4 Zu Vorgeschichte, Verlauf und Folgen der Tötung Bin Ladens siehe Bergen 2012. Die nachfolgenden Darstellungen beruhen auf diesem Standardwerk.
5 Rede Obamas «Osama Bin Laden Dead», veröffentlicht am 02.05.2011 unter https://obamawhitehouse.archives.gov/blog/2011/05/02/osama-bin-laden-dead.
6 Der Satellitensender al-Jazeera hat den zunächst unter Verschluss gehaltenen Abbottabad Commission Report öffentlich gemacht. Er ist unter folgender URL abrufbar: http://www.documentcloud.org/documents/724833-aljazeera-bin-laden-dossier.html#document/p1.
7 Der Titel der schriftlichen Botschaft lautet: «Du lebtest lobenswert und starbst als Märtyrer» (06.05.2011). Die mit Juni 2011 datierte Videobotschaft trägt den Titel: «Erklärung zur Nachfolge von Shaikh Usama Bin Laden in der Führung der Gruppe Qa'idat al-Jihad» *(bayan bi-sha'n khilafat al-shaikh Usama Bin Ladin fi 'imarat jama'at Qa'idat al-Jihad).*
8 Zu dieser Gruppe *(ta'ifa zahira* oder auch *ta'ifa mansura)* gibt es zahlreiche Überlieferungen, die sich in Nuancen im Wortlaut unterscheiden, letztlich aber in der Aussage hinsichtlich der auserwählten, kriegerischen Gruppe übereinstimmen.

9 http://www.longwarjournal.org/archives/2012/10/al_qaeda-linked_jiha.php
10 Ein kurzes Profil zu Hamza Bin Laden bietet Soufan (2017).
11 Mit seinen Ansprachen bediente Hamza alle wichtigen Aspekte der al-Qaida-Ideologie, stellte sich in die Tradition seines Vaters Usama und schwor Rache für dessen Tötung.
12 http://www.longwarjournal.org/archives/2016/07/osama-bin-ladens-son-says-al-qaeda-has-grown-despite-a-decade-and-half-of-war.php.

9. Eine feste Säule auf der Arabischen Halbinsel

1 Für einen Überblick über die Geschichte Jemens siehe Clark 2010, 11–146.
2 Aden ist die Hauptstadt der gleichnamigen Provinz in Südjemen, östlich davon liegt die Verwaltungseinheit Abyan. Aden und Abyan sind gemeinsam in einer Überlieferung eines Ausspruchs des Propheten Muhammad genannt, auf den sich Jihadisten heutzutage beziehen: «Aus Aden-Abyan werden 12000 (Männer) ausziehen, die Gott und seinem Propheten beistehen (oder: zum Sieg verhelfen) werden; sie sind die Besten zwischen mir und ihnen.» In der jihadistischen Auslegung handelt es sich um 12000 Kämpfer für die Religion (Mujahidin); vgl. etwa https://darulilm.files.wordpress.com/2012/02/the-hadeeth-of-aden-abyan.pdf).
3 Zu Tariq al-Fadhli und dessen Familiengeschichte siehe Clark 2010, 149–165.
4 Zum ägyptischen Netzwerk im Jemen siehe Johnson 2013, 48–56.
5 Zu «Islamische Armee Aden-Abyan» und al-Mihdhar vgl. Clark 2010, 166–169.
6 Zum Anschlag auf die USS Cole siehe Kean & Hamilton 2004, 190–197.
7 Zu al-Nashiri vgl. Kean & Hamilton 2004, 152–153.
8 Zu al-Rabai'i und der al-Mukalla-Zelle siehe Koehler-Derrick 2011, 33–34.
9 Für einen Pressebericht zu dem Fall siehe Richard Spencer und Allan Hall (17.06.2009), «German victims of Yemeni hostage slaying ‹killed by followers of Zarqawi›», http://www.telegraph.co.uk/news/worldnews/middleeast/yemen/5554858/German-victims-of-Yemeni-hostage-slaying-killed-by-followers-of-Zarqawi.html.
10 Vergleiche dazu den Brief von Nasir al-Wuhaishi an Atiyat Allah vom 08.06.2010, https://www.dni.gov/files/documents/ubl2017/english/Letter%20to%20Atiyah-Allah.pdf.
11 http://mobile.reuters.com/article/worldNews/idUSTRE55G43K20090617.
12 Zu seiner Stellung im Jemen siehe Clark 2010, 223–227.
13 Laut Victoria Clark entsprach es Salih eher, «auf dem Kopf von Schlangen zu tanzen, anstelle Anstalten zu machen, das Reptil zu erledigen» (Clark 2010, 175).

14 Zu den politischen Entwicklungen nach 2011 vergleiche die Berichte Crisis Group Middle East Briefing N°45 (27.03.2015) und zu dem Aufstieg der Huthis Middle East Report N°154 (10.06.2014).

15 Einen eindrücklichen Bericht über ihren Besuch in der Stadt Sanaa nach zwei Jahren Krieg lieferte die Analystin April Longley Alley für die International Crisis Group (15.05.2017): «The Counter-productive Isolation of Proud and Hungry Sanaa».

10. Al-Qaida im Islamischen Maghreb

1 Zum Bürgerkrieg in Algerien und dessen Vorgeschichte ist die anspruchsvolle soziologische Studie von Martinez (2000) zu empfehlen.

2 https://www.dni.gov/files/documents/ubl2017/arabic/Addendum%20to%20the%20report%20of%20the%20Islamic%20Maghreb%20(Arabic).pdf.

3 Zur Entstehung der GSPC siehe Harmon 2014, 55–82.

4 Vgl. Usama Bin Laden, Brief an Abu Musʿab ʿAbd al-Wadud und seine Brüder, BLB, ohne Datum; https://www.dni.gov/files/documents/ubl2017/arabic/Letter%20to%20Abu-Musa'b%20'Abd-al-Wadud%20(Arabic).pdf.

5 Vgl. dazu den Brief der AQIM-Schura vom 03.10.2017; http://hosted.ap.org/specials/interactives/_international/_pdfs/al-qaida-belmoktar-letter-english.pdf.

6 Recherche in der Global Terrorism Database vom 20.10.2017.

7 Zu den Tuareg in Mali und dem Aufstand von 2012 siehe Chivvis 2016, 56–70.

8 Vgl. Sissoko 03.03.2017; Thurston 09.03.2017; Macé 05.03.2017; al-Masra Nr. 42; Lebovich 2017. Im al-Masra-Newsletter werden insgesamt vier Organisationen genannt, allerdings sind zwei davon – das «Sahara-Emirat» unter Führung des algerischen «Emirs» Yahya Abu al-Hammam (Djamel Okacha) sowie al-Murabitun – AQIM zugehörig, weswegen in der Berichterstattung zumeist nur von drei Mitgliedern der neuen Allianz gesprochen wurde.

9 Für einen Überblick zum Arabischen Frühling siehe Perthes 2011. Zur Entwicklung des Jihadismus nach 2011 siehe Lia 2016.

10 Der Titel der Ansprache lautet «Die Ansprache des Märtyrers für den Islam – als den wir ihn betrachten – an die muslimische Umma» und wurde von der al-Qaida-Medienstelle «as-Sahab» im Mai 2011 post mortem veröffentlicht.

11 Ein arabisch-muslimischer Feldherr im 7. Jh., der große Teile Nordafrikas eroberte und die tunesische Stadt Kairouan gründete.

11. Ostafrika und al-Shabab

1 Mitverantwortlich war Fazul Abdullah Muhammad (alias Fazul Harun), Sekretär der al-Qaida-Zelle Ostafrika.
2 Es gehört zur Ironie der Geschichte, dass Sharif Shaikh Ahmad, vormals Führer der «Union Islamischer Gerichte», nach dem Abzug der Äthiopier von 2009 bis 2012 Präsident Somalias werden sollte. US-Außenministerin Clinton sagte bei einem Treffen in Nairobi im August 2009, dass Ahmad die «beste Hoffnung» für Somalia seit langer Zeit sei (Remarks With Somali Transitional Federal Government President Sheikh Sharif Sheikh Ahmed, https://2009-2017.state.gov/secretary/20092013clinton/rm/2009a/08/126956.htm).
3 Zu den Einnahmen von al-Shabab vgl. Hansen 2013, 91–92, 114–115.
4 Zu den westlichen Rekruten vgl. auch Vidino, Pantucci und Kohlmann (2010).
5 Zu Godane vgl. Anzalone 2014.
6 Zum Verhältnis AMISOM – Shabab vgl. Hansen 2013, 100–102.
7 http://africacenter.org/spotlight/map-africa-militant-islamic-groups-april-2017/.
8 Ebda.; die Interpretation des Zahlenmaterials der ACSS-Studie wurde zuletzt kontrovers aus methodischer Sicht diskutiert; nach einer anderen Lesart wäre Boko Haram weiterhin für mehr Todesopfer verantwortlich als al-Shabab (Solomon und Frechette 21.07.2017).
9 Zur Rekrutierung bei al-Shabab siehe auch Botha, Anneli & Mahdi Abdile (September 2014), «Radicalisation and al-Shabaab Recruitment in Somalia», ISS Paper 266.

12. Irak: Al-Qaidas Hoffnung, al-Qaidas Albtraum

1 Zu al-Zarqawi siehe Soufan (2017), 109–160; Fishman 2016, 4–9; Stern & Berger (2015), 13–31; Weiss & Hassan (2015), 1–19; Brisard & Martinez (2005).
2 Die Tätowierungen entfernte al-Zarqawi 1998 im Gefängnis eigenhändig, entweder mit Säure oder mittels einer Rasierklinge, da Tätowierungen als *haram* (verboten) im Islam gelten.
3 Geboren wurde al-Maqdisi in Nablus, Palästina. Seine Kindheit und Jugend verbrachte er in Kuwait und studierte anschließend im Irak. Erst 1992 kehrte er nach Jordanien zurück.
4 Diese Version findet sich beispielsweise bei Weiss & Hassan 2015, 11.
5 Vgl. auch den Brief Zarqawis an Bin Laden, in dem er die Feinde (MB, Kurden, Schiiten, Sicherheitskräfte) benennt; https://2001-2009.state.gov/p/nea/rls/31694.htm.
6 Zu den Hintergründen der ethnisch-konfessionellen Konflikte im Irak siehe

Haddad (2011). Zu Details der anti-schiitischen Propaganda al-Zarqawis siehe Günther 2014, 134–138.
7 https://ctc.usma.edu/posts/zawahiris-letter-to-zarqawi-original-language-2
8 as-Sahab Video «*Ritha' shahid al-umma wa-amir al-istishhadiyin Abi Mus'ab al-Zarqawi*», Juni 2006.
9 Für eine detailreiche Diskussion des Islamischen Staates im Irak siehe Günther 2014, 191–262.
10 Zur Biographie Abu Bakr al-Baghdadis siehe u. a. Weiss & Hassan 2015, 116–120 und McCants 2016, 73–79.

13. Syrien: Zwischen nationalem und globalem Jihad

1 Zu den islamistischen Aufständen der 1960er- und 1970er-Jahre und ihrer blutigen Niederschlagung vgl. bes. Lobmeyer 1995 sowie Lefèvre 2013.
2 Zum Machttransfer an Bashar al-Asad und die anschließenden Entwicklungen siehe Hokayem 2013, Kapitel 1.
3 Zu den Protesten siehe Hokayem 2013, Kapitel 2.
4 Zur Entstehungsgeschichte der Nusra-Front siehe Lister 2017.
5 «1 of 3 Bilal Abdul Kareem Interviews Jabhat Nusra Shura Member Abu Firas», eingestellt am 12.08.2015, abgerufen am 04.01.2018, https://www.youtube.com/watch?v=oRIsR9LXiWU.
6 Zu Abu Mus'ab siehe die umfassende Biographie von Lia 2009. Zu Abu Khalid siehe den Artikel von Lund 24.02.2014 sowie Lister 2017,107–109.
7 Im Mai 2013 hatte Aiman al-Zawahiri bereits an die Führer der beiden verfeindeten al-Qaida-Ableger einen internen Brief geschickt, in dem er Abu Khalid als seinen Stellvertreter vorstellte (22.05.2013). http://s3.documentcloud.org/documents/710588/translation-of-ayman-al-zawahiris-letter.pdf. Dieser Brief kam durch einen «Leak» an den Nachrichtensender al-Jazeera an die Öffentlichkeit (http://www.aljazeera.com/news/middleeast/2013/06/2013699425657882.html).
8 *Kalimat sautiya li-l-shaikh Ahmad Hasan Abu al-Khair*, 28.07.2016.
9 *Sanuqatilukum hatta la takun fitna bi-idhn Allah* (Wir werden euch bekämpfen, bis es keine Zwietracht mehr gibt – mit der Erlaubnis Gottes) (04.10.2017).

14. Der jüngste Ableger auf dem Indischen Subkontinent

1 Zu al-Qaida in Pakistan siehe Zahid 2015; Burke 2011, 329–400 und Rashid 2008, 219–292.
2 CIA Worldfactbook.
3 Aus einem Brief des «Generalmanagers» Mahmud alias 'Atiyatullah 'Abd al-Rahman an Usama Bin Laden, 24.11.2010, BLB, https://www.dni.gov/

files/documents/ubl/arabic/Letter%20dtd%20November%2024%20 2010%20-%20Arabic.pdf.
4 Hierzu Burke 2011, 362–400.
5 Zu Karatschi siehe etwa Burke 2011, 336–340.
6 Eine alte Bezeichnung für das Gebiet, auf dem sich auch das heutige Afghanistan befindet.

15. Iran und al-Qaida

1 Vgl. *Havlish, et al. v. bin Laden, et al.*, Urteil vom 15.12.2011. Richter George B. folgte der Argumentation der Anwälte der Klägerin, es gebe eine direkte «Komplizenschaft» zwischen Iran und Hizbullah mit al-Qaida. Der Autor dieses Buches hat mit mehreren US-Terrorismusexperten gesprochen, die die von Richter Daniels festgestellten direkten und bewussten materiellen und logistischen Unterstützungsleistungen für die 9/11-Anschläge nicht nachvollziehen konnten. Daniel Byman etwa, der nicht nur als Experte am 9/11-Commission-Report mitarbeitete, sondern auch eine eidesstattliche Erklärung für den Havlish-Fall lieferte, steht mit seiner Einschätzung jedoch im Gegensatz zum Urteil aus der Zivilrechtsklage und entspricht eher der vorsichtigen Argumentation des vorliegenden Kapitels (Interview mit dem Autor am 16.03.2017).
2 Eine wichtige Schlüsselfigur war Muhammad Surur Zain al-Abidin (1938–2016), ein syrischer Muslimbruder. Er vereinte das politische Denken der Muslimbrüder mit den puristischen und anti-schiitischen Ansichten der Wahhabiten auf der Arabischen Halbinsel. Von ihm stammt eine frühe Polemik gegen Schiiten, die zu Beginn der 1980er-Jahre in sunnitischen Zirkeln verbreitet wurde: «Die Ära der Majus ist gekommen» *(wa-ja'a daur al-majus)*. Majus (Magier) ist eine abwertende Bezeichnung für iranische Schiiten.
3 Das Dokument trägt keinen Titel und wurde anonym verfasst. Daher wurde auf eine Auflistung im Literaturverzeichnis verzichtet.
4 Der Blog *Longwarjournal.org* hatte 2010 fälschlicherweise die Meldung verbreitet, Abu Ghaith sei bereits freigelassen worden: http://www.longwarjournal.org/archives/2010/09/osama_bin_ladens_spo.php
5 Einsehbar über https://www.dni.gov/
6 Vgl. dazu Saif al-ʿAdels Schrift «Eine Vorlesung über Entführungen» *(Muhadara fi l-Khatf)* aus dem Jahr 2000, die jedoch erst 17 Jahre später veröffentlicht wurde.
7 Im Einzelnen waren die von Iran freigelassenen al-Qaida-Kader: Saif al-ʿAdel, Abu Khair al-Masri (ʿAbdullah Muhammad Rajab ʿAbd al-Rahman), Abu Muhammad al-Masri, Khaled al-Aruri (alias Abu al-Qassam) und Sari Shibab. Vgl. Rukmini Callimachi & Eric Schmitt (17.09.2015), «Iran Released Top Members of Al Qaeda in a Trade», *nytimes.com*.

16. Al-Qaida und Europa

1 Hierzu Mullins 2016, 95–130; Weeks 2016; Tawil 2010, 111–126; Nasiri 2006, 351–425.
2 Barakat wurde zunächst von einem spanischen Gericht verurteilt, jedoch in einer Revision freigesprochen. Gegen Darkazanli kam es nie zum Prozess, da dieser sich gegen seine Auslieferung an Spanien erfolgreich juristisch wehrte.
3 Vgl. den Buchtitel von Rolf Clement und Paul Elmar Jöris (2010), *Die Terroristen von nebenan. Gotteskrieger aus Deutschland* sowie Walker 2008, 276.
4 Zum Konzept und Prozess der Radikalisierung vgl. Neumann 2013 und Neumann 2016.
5 Ganczarski sollte später wegen seiner vermuteten Unterstützung beim Djerba-Attentat auf eine Synagoge im Jahr 2002 verurteilt werden. Pearlman stieg zu einem bekannten Propagandisten al-Qaidas und zum Aushängeschild der Organisation auf.
6 Zum Konzept der radikalen Milieus siehe die Beiträge in Malthaner & Waldmann 2012.
7 Für eine detailreiche Aufarbeitung der komplexen Geschichte der Madrid-Attentate siehe Reinares 2016.
8 Oftedal gibt eine niedrigere Summe von ca. 55 000 € an, was aber immer noch ein enormer Betrag ist (Oftedal 2015, 14).
9 Einen kenntnisreichen Überblick über die deutschen Jihadisten gibt Steinberg 2014.
10 Akzeptiert werden später exemplarisch medizinische Behandlung, Ausbildungszwecke oder Handel. Vgl. Diewahrereligion.eu, Antwort auf Frage 2179. http://www.diewahrereligion.eu/fatwah/?p=462.
11 https://www.verfassungsschutz.de/de/arbeitsfelder/af-islamismus-und-islamistischer-terrorismus/zahlen-und-fakten-islamismus/zuf-is-reisebewegungen-in-richtung-syrien-irak.
12 Das Profil der Tatbeteiligten änderte sich: Waren von 2001 bis 2007 bei 75 % aller gut dokumentierten jihadistischen Vorfälle ein oder mehrere Täter mit Erfahrung in außereuropäischen Kampfgebieten auszumachen, so sank dieser Prozentsatz von 2014 bis 2016 drastisch auf 45 % (Nesser et al. 2016, 8).

Schluss: Die tausend Fronten des Terrors

1 «*Ritha' shahid al-umma wa-amir al-istishhadiyin Abi Mus'ab al-Zarqawi*», Juni 2006.

Literaturhinweise

Abkürzungen bei Angaben von Briefen:
BLB = Bin Laden's Bookshelf
HDB = Harmony Database des Combating Terrorism Center at West Point
SOCOM = US Special Operations Command

Namen die das Präfix «al-» enthalten, sind nach dem ersten Buchstaben des eigentlichen Namens sortiert. Beispiel: al-Zawahiri findet sich unter «Z».

Abbottabad Commission (2013). *Abbottabad Commission Report.*
abc-News (22.05.2002). «Is Iran Supporting Al Qaeda?», *abcnews.go.com.*
ACSRT-CAERT (African Centre for Study and Research on Terrorism) (Februar 2013). *Terrorism Special Edition N.03.*
Amnesty International (2017). *Dangerously Disproportionate: The Ever-expanding National Security State in Europe.*
Anas, Abdullah (2002). *Wiladat al-Afghan al-'Arab. Sira 'Abdallah Anas bain Mas'ud wa-'Abdallah 'Azzam.*
Ansar Ghazwat-ul-Hind (Juli 2017). *Statement No. 1, Foundation of New Movement of Jihad in Kashmir named «Ansar Ghazwat-ul-Hind».*
Anzalone, Christopher (2014). «The Life and Death of Al-Shabab Leader Ahmed Godane», *CTC Sentinel* (7:9), 19–23.
– (2017). «Al-Shabab in Somalia: The Resilience of Al-Qaeda's East African Affiliate», in: Aaron Zelin, *How al-Qaeda Survived Drones, Uprisings, and the Islamic State,* 67–76.
Albawaba (03.06.2017). «What We Know so Far about Hisham Ashmawi», *albawabaeg.com.*
– (26.10.2017). «Is Egypt About to Become the Region's New Al-Qaeda Stronghold?», *albawabaeg.com.*
Ali, Rafid Fadhil (2009). «The Jihadis and the Cause of South Yemen: A Profile of Tariq al-Fadhli», *Terrorism Monitor* (7:35).
As-Sahab Media Subcontinent (Juni 2017). *Code of Conduct. Al-Qaeda in the Subcontinent.*
Atwan, Abdel Bari (2006). *The Secret History of al Qaeda.*
Azdi, Abu Jandal al- (2003). *Usama Bin Ladin. Mujaddid al-Zaman wa-Qa-*

hir al-Amrikan (Usama Bin Laden. Der Erneurer der Epoche und Bezwinger Amerikas).

Bacon, Tricia (06.07.2017). «This is why al-Shabab won't be going away anytime soon», *WashingtonPost.com.*

Barnes, Cedric & Harun Hassan (2007). «The Rise and Fall of Mogadishu's Islamic Courts», in: *Journal of Eastern African Studies* (1:2), 151–160.

Batarfi, Khalid al- (09.09.2017). *Burma: The Forgotten Wound.*

Bayoumy, Yara, Noah Browning & Mohammed Ghobari (08.04.2016). «How Saudi Arabia's War in Yemen Has Made al Qaeda Stronger – and Richer», *reuters.com.*

BBC (18.01.2014). «Yemen: Iran Diplomat Dies in Gun Attack Near Embassy», *bbc.com.*

Begg, Moazzam (2006). *Enemy Combatant: The Terrifying True Story of a Briton in Guantánamo.*

Bergen, Peter (2003). *Heiliger Krieg Inc. Osama bin Ladens Terrornetz.*

– (2006). *The Osama Bin Laden I Know: An Oral History of Al Qaeda's Leader.*

Bergen, Peter & Jennifer Rowland (2015). «Decade of the Drone: Analyzing CIA Drone Attacks, Causalities and Policy», in: Peter L. Bergen & Daniel Rothenberg, *Drone Wars: Transforming Conflict, Law, and Policy*, 12–41.

Bergen, Peter & Paul Cruickshank (2012). «Revisiting the Early Al Qaeda: An Updated Account of its Formative Years», in: *Studies in Conflict & Terrorism* (35:1), 1–36.

Berger, J. M. (2012). *Beatings and Bureaucracy: The Founding Memos of Al Qaeda.*

Bianchi, Andrea & Alexis Keller (Hrsg.) (2008). *Counterterrorism: Democracy's Challenge.*

Bilmes, Linda J. (2011). *Current and Projected Future Costs of Caring for Veterans of the Iraq and Afghanistan Wars.*

Bin Laden, Carmen (2003). *Der zerrissene Schleier. Mein Leben in Saudi-Arabien.*

Bin Laden, Najwa, Omar bin Laden & Jean Sasson (2009). *Growing up Bin Laden. Osama's Wife and Son Take Us Inside Their Secret World.*

Brisard, Jean-Charles & Damien Martinez (2005). *Zarqawi. The New Face of al-Qaeda.*

Brown, Vahid (2008). *A Profile of Saif al-Adel.* https://ctc.usma.edu/posts/a-profile-of-saif-al-adel.

Burke, Jason (2007). *Al-Qaeda. The True Story of Radical Islam.*

Ders. (2011). *The 9/11 Wars.*

Bunzel, Cole (29.03.2017). «Diluting Jihad: Tahrir al-Sham and the Concerns of Abu Muhammad al-Maqdisi», *jihadica.com.*

Bush, George W. (11.09.2001). «Address to the Nation on the September 11 Attacks», in: *Selected Speeches of President George W. Bush 2001–2008*, 57–58.
– (20.09.2001). «Address to the joint session of the 107th congress», in: *Selected Speeches of President George W. Bush 2001–2008*, 65–73.
– (06.09.2006). «Address on the Creation of Military Comissions to Try Suspected Terrorists», in: *Selected Speeches of President George W. Bush 2001–2008*, 409–422.
businessnews.com.tn (01.11.2017). «Khalifa Chibani : AQMI est beaucoup plus présente en Tunisie que Daech!», *businessnews.com.tn.*
Byman, Daniel (2012). «Unlikely Alliance Iran's Secretive Relationship with Al-Qaeda», *IHS Defense, Risk and Security Consulting*, July 2012, 26–33.
– (17.06.2017). «Why Drones Work: The Case for Washington's Weapon of Choice», *brookings.edu.*
Chandrasekaran, Rajiv (25.09.2012). «The Afghan Surge Is Over. So Did It Work?», *foreignpolicy.com.*
Chivvis, Christopher S. (2016). *The French War on Al Qaʻida in Africa.*
CNN (07.08.2016). «al-Maqdisi li-CNN: ‹Bin Baz› sabab tarki li-jamiʻa Mausil… Araftu al-Zawahiri wa-l-Zarqawi bi-Afghanistan wa-lam ubayiʻ al-Qaʻida» (al-Maqdisi zu CNN: «Bin Baz» war der Grund, dass ich die Universität Mossul verließ. Ich lernte al-Zawahiri und al-Zarqawi in Afghanistan kennen, gab [aber] al-Qaida keinen Treueeid), *http://arabic.cnn.com/*
Clark, Victoria (2010). *Yemen: Dancing on the Heads of Snakes.*
Cole, David (2005). *Enemy Aliens: Double Standards and Constitutional Freedoms in The War on Terrorism.*
Coll, Steve (2005). *Ghost Wars. The Secret History of the CIA, Afghanistan, and Bin Laden, from the Soviet Invasion to September 10, 2011.*
– (2008). *Die Bin Ladens. Eine Arabische Familie.*
Committee on Foreign Relations (05.01.2010). *Following the Money in Yemen and Lebanon: Maximizing the Effectiveness of US Security Assistance and International Financial Institution Lending.* http://fpc.state.gov/documents/organization/158485.pdf.
Counter Extremism Project (2016). *Anwar al-Awlaki's Ties to Extremists.*
Craig, Iona (09.03.2017). «Death in Al Ghayil», *theintercept.com.*
Crawford, Neta C. (2016). *Costs of War.*
Cruickshank, Paul & Mohannad Hage Ali (2007). «Abu Musab Al Suri: Architect of the New Al Qaeda», in: *Studies in Conflict & Terrorism*, 30:1, 1–14.
Date, Jack (27.06.2010). «CIA Director Leon Panetta: Serious Problems With Afghanistan War but Progress Being Made», *abcnews.go.com.*

De Koning, Martijn (2012). «Die Radikalisierung des Hofstad-Netzwerkes», in: Stefan Malthaner & Peter Waldmann, *Radikale Milieus. Das soziale Umfeld terroristischer Gruppen*, 215–243.

Department of Defense (30.06.2017). *Estimate of Cost of War Report, As of June 30, 2017*. https://fas.org/man/eprint/cow/201706.pdf.

Dhiyabi, Jamil al- (08.03.2006). «*al-Qarni al-munazzir al-sharʿi li-Bin Ladin yatazzakur muhhatat suʿud hilm ad-daula al-islamiya wa-inhiyarhu fi Afghanistan (al-Qarni, der islamrechtliche Theoretiker Bin Ladens, erinnert sich an Aufstieg und Fall des Traums von einem islamischen Staat in Afghanistan)*», al-Hayat.

Drevon, Jerome (2017). *Managing Jihadist Strategies. Egypt between Armed Militancy and the Ballot Box*. (unveröffentlichte Dissertation)

Edroos, Faisal (11.01.2018). «After al-Qaeda: No Signs of Recovery in Yemen's Mukalla», aljazeera.com.

Enayat, Hamid (2005). *Enayat: Modern Islamic Political Thought*. (Neuauflage der Originalausgabe von 1982).

Eltahawy, Mona (27.01.2017). «Egypt's War on Atheism», nytimes.com.

Fandy, Mamoun (1999). *Saudi Arabia and the Politics of Dissent*.

Farrall, Leah (2017). «Revisiting al-Qaida's Foundation and Early History», in: *Perspectives on Terrorism* (11:6), 17–37.

Fergusson, James (2010). *Taliban. The True Story of the World's Most Feared Guerilla Fighters*.

Fishman, Brian (2016). *The Master Plan. ISIS, Al-Qaeda and the Jihadi Strategy for Final Victory*.

– (2011). «Redefining the Islamic State. The Fall and Rise of Al-Qaeda in Iraq», in: *National Security Studies Program Policy Paper*, New America Foundation.

Fisk, Robert (06.12.1993). «Anti-Soviet Warrior Puts His Army on the Road to Peace», *The Independent*.

Forsythe, David P. (2011). *The Politics of Prisoner Abuse: The United States and Enemy Prisoners after 9/11*.

Freeman, Michael (2003). *Freedom Or Security: The Consequences for Democracies Using Emergency Powers to Fight Terror*.

Gaffney, Patrick D. (1994). *The Prophet's Pulpit. Islamic Preaching in Contemporary Egypt*.

Gambetta, Diego & Steffen Hertog (2016). *Engineers of Jihad. The Curious Connection between Violent Extremism and Education*.

Gartenstein-Ross (2011). *Bin Laden's Legacy. Why We're Still Losing the War on Terror*.

– (2017). «A Strategic History of Hayat Tahrir al-Sham's Formation», in: Aaron Zelin, *How al-Qaeda Survived Drones, Uprisings, and the Islamic State*, 20–31.

– (14.04.2017). «AQIS Fits Into al Qaeda's Global Strategy», *The Cipher Brief*, thecipherbrief.com.

Gerges, Fawaz A. (2012). *Obama and the Middle East. The End of America's Moment?*

GIMF (12.03.2010). «A very important letter from Sheikh Khalid b. Usama b. Ladin to ʿAli Khamenei, the Supreme Leader of Iran regarding a demand for the relase of my family imprisoned in Iran» (datiert auf 01.01. 2010).

Günther, Christoph (2014). *Ein zweiter Staat im Zweistromland? Genese und Ideologie des «Islamischen Staates Irak».*

Gutman, Roy (2013). *How We Missed the Story. Osama bin Laden, the Taliban, and the Hijacking of Afghanistan.*

Gunaratna, Rohan (2002). *Inside AlQaeda: Global Network of Terror.*

Haddad, Fanar (2011). *Sectarianism in Iraq. Antagonistic Visions of Unity.*

Haddad, Mahmoud (1997). «Arab Religious Nationalism in the Colonial Era: Rereading Rashīd Riḍā's Ideas on the Caliphate», in: *Journal of the American Oriental Society* (117:2), 253–277.

Hamid, Mustafa & Leah Farrall (2015). *The Arabs at War in Afghanistan.*

Hamming, Tore (24.10.2017). «What We Learned from Sami al-Uraydi's Testimony Concerning Abu Abdullah al-Shami», *jihadica.com*.

– (20.11.2017). «Abu al-Qassam: Zarqawi's Right-hand Man Who Stayed Loyal to al-Qaida», *jihadica.com*.

Hansen, Stig Jarle (2013). *Al-Shabaab in Somalia: the History and Ideology of a Militant Islamist Group 2005–2012.*

Harakat al-Shabab al-Mujahidin (18.07.2017). *Taqrir al-ikhbari li-shahr Ramadhan 1438* (Bericht für den Monat Ramadan 1438).

Harmon, Stephen A. (2014). *Terror and Insurgency in the Sahara-Sahel Region. Corruption, Contraband, Jihad and the Mali War of 2012–2013.*

Hassan, Hassan (21.09.2017). «Latest al-Qaeda Message Marks Renewed Confidence Against Islamic State», *medium.com/tahrir-institute-for-middle-east-policy*.

Hassan, Syed Raza & Katharine Houreld (01.10.2016). «In Attack by al Qaeda, Lines Blur between Pakistan's Military, Militants.» *Reuters.*

Hashimi, Talha (22.07.2017). «Terror Outfit Ansar-ul-Sharia behind Recent Attacks in Karachi: Sources», *geo.tv.*

Haykel, Bernard (2013). «Al-Qaʾida and Shiism», in: Assaf Moghadam & Brian Fishman (ed.), *Fault Lines in Global Jihad. Organizational, Strategic, and Ideological Fissures*, 184–202.

Heffelfinger, Christopher (2010). «Anwar al-ʿAwlaqi: Profile of a Jihadi Radicalizer», in: *CTC Sentinel* (3:3), 1–4.

Hegghammer, Thomas (2010). *Jihad in Saudi Arabia: Violence and Pan-Islamism since 1979.*

Heil, Georg (Februar 2017). «The Berlin Attack» and the «Abu Walaa Islamic State Recruitment Network», in: *CTC Sentinel* (10:2), 1–11.
Heikal, Mohamed (1983). *Autumn of Fury. The Assasination of Sadat.*
Ibrahim, Saad Eddin (1980). «Anatomy of Egypt's Militant Islamic Groups: Methodological Note and Preliminary Findings», in: *International Journal of Middle East Studies* (12:4), 423–453.
ICT (International Institute for Counter-Terrorism). *Abu Yahya Al-Libi: Profile of an Al-Qaeda Leader.*
International Crisis Group (02.02.2017). «Yemen's al-Qaeda: Expanding the Base», *Crisis Group Middle East Report N°174*.
IPPNW (International Physicians for the Prevention of Nuclear War) (2015). *Body Count. Casualty Figures after 10 Years of the «War on Terror». Iraq Afghanistan Pakistan.*
Iran Project (03.08.2016). «Iran identifies, arrests 102 Takfiri terrorists: Intelligence Ministry», *theiranproject.com*.
(al-)Jazeera (05.03.2015). «Kidnapped Iranian Diplomat Rescued in Yemen», *aljazeera.com*.
Jenkins, Brian Michael (2016). «Fifteen Years on. Where Are We in the ‹War on Terror›?», in: CTC *Sentinel* 9:9, 7–13.
– (24.09.2017). «Bush, Obama, and Trump: The Evolution of U.S. Counterterrorist Policy since 9/11», *International Institute for Counter-Terrorism*, ict.org.il.
Jetter, Michael (2017). «Terrorism and the Media: The Effect of US Television Coverage on Al-Qaeda Attacks», *IZA DP No. 10708*.
Johnsen, Gregory D. (2013). *The Last Refugee. Yemen, al-Qaeda, and America's War in Arabia.*
Jones, Seth G. (2013). *Hunting in the Shadows. The Pursuit of Al Qaʿida since 9/11.*
– (2014). *A Persistent Threat. The Evolution of al Qa'ida and Other Salafi Jihadists.*
– (2017). *Rebuilding the Base: How al-Qaida Could Resurge.*
Jones, Bryony, Clarissa Ward & Salma Abdelaziz (02.08.2016). «Al-Nusra Rebranding: New Name, Same Aim? What You Need to Know», CNN.
Joscelyn, Thomas & Bill Roggio (14.12.2016). «US Military: 250 al Qaeda Operatives Killed or Captured in Afghanistan this Year», longwarjournal.org.
Joscelyn, Thomas (16.12.2015). «An al Qaeda Commander Comes out from the Shadows», longwarjournal.org.
– (05.06.2017). «US and Afghan Forces Target al Qaeda Operatives in 3 Provinces», longwarjournal.org.
Kirdar, M. J. (2011). «Al Qaeda in Iraq», in: *Center for Strategic and International Studies.*

Kean, Thomas H. & Lee Hamilton (2004). *The 9/11 Commission Report: Final Report of the National Commission on Terrorist Attacks Upon the United States.*

Kennedy, Hugh (2016). *The Caliphate.*

Kepel, Gilles (2005). *The Roots of Radical Islam.* (Übs. Neuaufl. d. Originalausgabe von 1984)

Khalidi, Rashid et al. (Hrsg.) (1991). *The Origins of Arab Nationalism.*

Khorasani, Abu Karima (2016). *al-Radd ʿala Abi Ubaida al-Lubnani fi liqahi maʿa majallat an-Naba* (Die Erwiderung auf Abu Ubaida al-Lubnani zu dessen Interview mit der Zeitschrift al-Naba).

Khouri, Mounah Abdallah (1971). *Poetry and the Making of Modern Egypt: 1882–1922.*

Koehler-Derrick, Gabriel (Hrsg.) (2011). *A False Foundation? AQAP, Tribes and Ungoverned Spaces in Yemen.*

Kohlmann, Evan F. (2004). *Al-Qaeida's Jihad in Europe. The Afghan-Bosnian Network.*

– (2008). «‹Homegrown› Terrorists: Theory and Cases in the War on Terror's Newest Front», in: *The ANNALS of the American Academy of Political and Social Science* (618:1), 95–109.

– (2009). «Shabaab al-Mujahideen: Migration and Jihad in the Horn of Africa», in: *NEFA Foundation.*

Lacroix, Stéphane (2011). *Awakening Islam: the Politics of Religious Dissent in Contemporary Saudi Arabia.*

Lamothe, Dan (30.10.2015). «‹Probably the Largest› al-Qaeda Training Camp Ever Destroyed in Afghanistan», *The Washington Post.*

Lahoud, Nelly, Stuart Caudill, Liam Collins, Gabriel Koehler-Derrick, Don Rassler, Muhammad al-ʿUbaydi (2012). *Letters from Abbottabad: Bin Ladin Sidelined?*

Lebovich, Andrew (2017). «AQIM's Formalized Flexibility», in: Aaron Zelin, *How al-Qaeda Survived Drones, Uprisings, and the Islamic State*, 56–66.

Lefèvre, Raphaël (2013). *Ashes of Hama: The Muslim Brotherhood in Syria.*

Lewis, Jessica D. (2013). «Al Qaeda in Iraq Resurgent», in: *Middle East Security Report 14.*

Lia, Brynjar (2009). *Architect of Global Jihad. The Life of Al Qaeda Strategist Abu Musʿab al-Suri.*

– (2016). «Jihadism in the Arab World after 2011: Explaining Its Expansion», in: *Middle East Policy* (XXIII:4), 74–91.

Lister, Charles (2017). *The Syrian Jihad: Al-Qaeda, the Islamic State and the Evolution of an Insurgency.* (2. aktualisierte Auflage der Originalauflage von 2015).

– (18.05.2017). «Al-Qaeda's Turning Against its Syrian Affiliate», *mei.edu.*

Lobmeyer, Hans Günter (1995). *Opposition und Widerstand in Syrien.*

Lund, Aron (24.02.2014). «Who and What Was Abu Khalid al-Suri?», *carnegie-mec.org*.
Macé, Célian (05.03.2017). «Cette vidéo est censée situer le Sahel sur la carte du jihad global», *liberation.fr*.
Maher, Shiraz (2016). *Salafi-Jihadism. The History of an Idea.*
Malthaner, Stefan & Peter Waldmann (2012). *Radikale Milieus. Das soziale Umfeld terroristischer Gruppen.*
Malthaner, Stefan & Klaus Hummel (2012). «Die ‹Sauerland-Gruppe› und ihr soziales Umfeld», in: Stefan Malthaner & Peter Waldmann (2012), *Radikale Milieus. Das soziale Umfeld terroristischer Gruppen*, 245–278.
Maqdisi, Abu Muhammad al- (2013). *al-Wasaya al-ghaliya li-ansar al-shariʿa al-ʿaliya* (Der kostbare Rat für die Unterstützer der erhabenen Scharia).
Martinez, Luis (2000). *The Algerian Civil War, 1990–1998*. (Englische Übersetzung der französischen Originalausgabe von 1998)
(al-)Masra Nr. 42 (Newsletter von al-Qaida auf der Arabischen Halbinsel).
McCants, William (2016). *The ISIS Apocalypse: The History, Strategy, and Doomsday Vision of the Islamic State.*
McConnell, Tristan (20.09.2015). «‹Close Your Eyes and Pretend to Be Dead›. What Really Happened Two Years Ago in the Bloody Attack on Nairobi's Westgate Mall», *foreignpolicy.com*.
McHugh, Brian T., Michael Butsch, Nehad Abusuneima (03.06.2013). Verhör von Sulayman Abu Ghaith. Aktenzeichen 415A-NY-307616–302_U.
Meleagrou-Hitchens, Alexander (19.06.2017). «The Toxic Movement that Brought Terror to London Bridge», *warontherocks.com*.
Miller, Flagg (2015). *The Audacious Ascetic. What the Bin Laden Tapes Reveal about al-Qaʿida.*
Miniter, Richard (2011). *Mastermind. The Many Faces of the 9/11 Architect, Khalid Shaikh Mohammed.*
Mir, Amir (09.06.2016). «Jihadist Penetration of Pakistani Armed Forces May be Deeper than Feared», *Asia Times*.
Morell, Michael (2015). *The Great War of Our Time: The CIA's Fight Against Terrorism – From al Qaʿida to ISIS.*
Muʾassasat al-Furqan (o. J.). *Hiwar maʿa al-Shaikh Abu Musʿab al-Zarqawi.*
Mueller, John (2014). *Overblown: How Politicians and the Terrorism Industry Inflate National Security Threats, and Why We Believe Them.*
Muhajir, Abu Anwar al- (2017) «Sheikh Anwar al-Awlaki and me», in: *Gaidi Mtaani* Nr. 8, 13–18.
Muhammad, Khalid Shaikh (08.01.2015). *A Letter from Khalid Shaykh Muhammad to Barack Obama.*
Mullins, Sam (2016). *«Home-grown» Jihad: Understanding Islamist Terrorism in the US and UK.*

(al-)Naba Nr. 19 (2016). «*Tanzim al-Qaida fi Khurasan intaha tamaman baʿd takhtithi li-l-ghadar bi-d-Daulat l-Islamiya*» (Die Organisation al-Qaida in Khurasan ist nach ihrem Plan des Verrats am Islamischen Staat komplett am Ende), 8–9.

Nasiri, Omar (2006). *Mein Leben bei al-Qaida*.

Nesser, Petter, Anne Stenersen, Emilie Oftedal (2016). «Jihadi Terrorism in Europe: The IS-Effect», in: *Perspectives on Terrorism* (10:6).

Neumann, Peter R. (2013). «The Trouble with Radicalization», in: *International Affairs* 89:4, 873–893.

– (2016). *Der Terror ist unter uns: Dschihadismus, Radikalisierung und Terrorismus in Europa*.

Oftedal, Emilie (2015). *The Financing of Jihadi Terrorist Cells in Europe*.

Pankhurst, Reza (2013). *The Inevitable Caliphate?: A History of the Struggle for Global Islamic Union, 1924 to the Present*.

Perthes, Volker (2011). *Der Aufstand. Die arabische Revolution und ihre Folgen*.

Raafat, Samir (1994). *Maadi 1904–1962: Society and History in a Cairo Suburb*.

Randal, Jonathan (2005). *Osama. The Making of a Terrorist*.

(al-)Rasheed, Madawi, Carool Kersten & Shterin Marat (2015). *Demystifying the Caliphate: Historical Memory and Contemporary Contexts*.

Rashid, Ahmad (2001). *Taliban. Afghanistans Gotteskrieger und der Dschihad*.

– (2008). *Descent into Chaos: How the War Against Islamic Extremism Is Being Lost in Pakistan, Afghanistan and Central Asia*.

Rassler, Don (2017). «Al-Qaeda in South Asia: A Brief Assessment», in: Aaron Zelin, *How al-Qaeda Survived Drones, Uprisings, and the Islamic State*, 77–86.

– (2017 a). «Al-Qaʿida in Pakistan: A Metric Problem?», in: *CTC Sentinel* (10:8), 13–20.

Reed, Alastair (2016). «Al Qaeda in the Indian Subcontinent: A New Frontline in the Global Jihadist Movement?», in: *The International Centre for Counter-Terrorism – The Hague 8, no. 1 (2016)*.

Reinares, Fernando (2016). *Al-Qaeda's Revenge: the 2004 Madrid Train Bombings*.

Resurgence (2014). Issue 1.

Resurgence (2015). Special Issue.

Riedel, Bruce (2008). *The Search for Al Qaeda: Its Leadership, Ideology, and Future*.

Roggio, Bill & Patrick Megahan (30.05.2014). «ISAF Raids Against al Qaeda and Allies in Afghanistan 2007–2013», longwarjournal.org.

Rohde, David (2015). «My Guards Absolutely Feared Drones», in: Peter

L. Bergen & Daniel Rothenberg, *Drone Wars: Transforming Conflict, Law, and Policy*, 9–11.

Roy, Olivier (2006). *Der islamische Weg nach Westen. Globalisierung, Entwurzelung und Radikalisierung.*

Ryad, Umar (2014). «Anti-Imperialism and the Pan-Islamic Movement», in: David Motadel (Hrsg.), *Islam and the European Empires.*

Sands, Phlippe (2008). *Torture Team: Rumsfeld's Memo and the Betrayal of American Values.* (Aktualisierte Auflage)

Safi, Michael (27.07.2017). «Kashmir Militant Leader Announced as Head of New al-Qaida-Linked Cell», *The Guardian*, theguardian.com.

Sageman, Marc (2004). *Understanding Terror Networks.*

al-Salim, Muhammad bin Ahmad (2003). *39 Wasilat li-khidmat al-jihad wa-l-musharaka fihi.* (39 Wege, dem Jihad zu dienen und an ihm teilzuhaben).

Scheuer, Michael (2011). *Osama bin Laden.*

al-Shamali, Abu Jarir (2014). «Al-Qaʿida of Waziristan. A Testimony from Within», in: *Dabiq* Nr. 6, 40–55.

Shapiro, Jacob N. (2013). *The Terrorist's Dilemma: Managing Violent Covert Organizations.*

Shinn, David H. (2011). «East Africa and the Horn», in: Norman Cigar & Stephanie E. Kramer, *Al-Qaida. After Ten Years of War. A Global Perspective of Success, Failures, and Prospects*, 55–81.

Schmitt, Eric & David E. Sanger (29.12.2015). «As U. S. Focuses on ISIS and the Taliban, Al Qaeda Re-emerges», *New York Times.*

Shami, Abu Maysarah al- (2014). «The Qaʿidah of adh-Dhawahiri, al-Harari, and an-Nadhari, and the Absent Yemeni Wisdom», in: *Dabiq* Nr. 6, 16–25.

Shane, Scott (2015). *Objective Troy: A Terrorist, a President, and the Rise of the Drone.*

– (2016). «The Enduring Influence of Anwar al-Awlaki in the Age of the Islamic State», in: *CTC Sentinel* (9:7), 15–19.

Sharp, Jeremy M. (03.03.2011). «Yemen: Background and U. S. Relations», in: *Congressional Research Service 7–5700. CRS Report for Congress.*

Shishani, Murad Batal (2005). «Al-Zarqawi's Rise to Power: Analyzing Tactics and Targets», *Terrorism Monitor* (3:22).

Semsrott, Arne (2017). «Aufgepasst! Liberté toujours? Eher nicht, wenn es um die Sicherheit geht», in: *fluter*, Nr. 62, 11.

Sissoko, Fatima (03.03.2017). «Sahel: Jamaat Nasr al Islam wal Muslimin devient le plus grand groupe djihadiste», revue-afrique.com.

Sivan, Emanuel (1985). *Radical Islam. Medieval Theology and Modern Politics.*

SOCAFRICA (22.10.2016). *Special Operations Command in Africa (SOCAFRICA) Vision 13 Oct 2016.*

Solomon, Salim & Casey Frechette (21.07.2017). «No, al-Shabab is not deadlier than Boko Haram. Here are better numbers», *Monkey Cage*, washingtonpost.com.

Soufan, Ali H. (2011). *The Black Banners. The Inside Story of 9/11 and the War against al-Qaeda.*

– (2017). «Hamza bin Ladin: From Steadfast Son to al-Qaʻida's Leader in Waiting», in: *CTC Sentinel* (10:8), 1–6.

Soufan Group (24.03.2017). «Al-Qaeda Expands in the Sahel», *Intel Brief.*

Steinberg, Guido (2014). *Al-Qaidas deutsche Kämpfer. Die Globalisierung des islamistischen Terrorismus.*

– (2015). *Kalifat des Schreckens: IS und die Bedrohung durch den islamistischen Terror.*

Stenersen, Anne (2017). *Al-Qaida in Afghanistan.*

Stern, Jessica & J. M. Berger (2015). *ISIS. The State of Terror.*

Stiglitz, Joseph E. (2008). *The Three Trillion Dollar War.*

Stith, Charles R. (2010). «Radical Islam in East Africa», in: ANNALS, AAPSS, 632, November 2010, 55–66.

Strick van Linschoten, Alex & Felix Kuehn (2012). *An Enemy We Created. The Myth of the Taliban-Al Qaeda Merger in Afghanistan.*

Stuart, Hannah (2017). *Islamist Terrorism Analysis of Offences and Attacks in the UK (1998–2015).*

Tagesschau.de (09.06.2017). «Ausnahmezustand in Frankreich. Gericht kippt umstrittene Sonderbefugnis.»

Tenet, George (2007). *At the Center of the Storm. My Years at the CIA.*

The Guardian (12.08.2002). «Iran Handed over al-Qaida Members», theguardian.com.

Thurston, Alex (09.03.2017). «The Jihadist Merger in Mali and the Sahara», sahelblog.wordpress.com.

– (07.05.2017). «Who Counts as al-Qaeda: Lessons from Libya», lawfareblog.com.

Turse, Nick (18.05.2017). «The War You've Never Heard of», *Vice News*, news.vice.com.

United Nations (22.02.2017). *Iyad Nazmi Salih Khalil*, https://www.un.org/sc/suborg/en/sanctions/1267/aq_sanctions_list/summaries/individual/iyad-nazmi-salih-khalil.

United States Africa Command (11.06.2017). «U.S. Strike against al-Shabaab Logistics Node», www.africom.mil/media-room/pressrelease/28961/u-s-strike-against-al-shabaab-logistics-node.

United States Department of State Publication Bureau of Counterterrorism (2015). *Country Reports on Terrorism 2014.*

U.S. Department of the Treasury (28.07.2011). *Treasury Targets Key Al-Qa'ida Funding and Support Network Using Iran as a Critical Transit Point.*

U. S. State Department (11.03.2010). *2009 Country Reports on Human Rights Practices,* http://www.state.gov/j/drl/rls/hrrpt/2009/nea/136083.htm.

Van Ostaeyen, Pieter (Juni 2016). «Belgian Radical Networks and the Road to the Brussels Attacks», in: *CTC Sentinel* (9:6), 7–12.

Van Vlierden, Guy (2016). «Molenbeek and Beyond. The Brussels-Antwerp Axis as Hotbed of Belgian Jihad», in: Arturo Varvelli (Hrsg.), *Jihadist Hotbeds Understanding Local Radicalization Processes,* 49–62.

Vidino, Lorenzo (2006). *Al Qaeda in Europe. The New Battleground of International Jihad.*

Vidino, Lorenzo, Raffaelo Pantucci & Evan Kohlmann (2010). «Bringing Global Jihad to the Horn of Africa: Al-Shabaab, the Western Fighters, and the Sacralization of the Somali Conflict», in: *African Security,* 3, 230–234.

Vidino, Lorenzo (2015). Sharia4: «From Confrontational Activism to Militancy», in: *Perspectives on Terrorism,* 9:2, 1–15.

Wagemakers, Joas (2011). «Al-Qa'ida's Editor: Abu Jandal al-Azdi's Online Jihadi Activism», in: *Politics, Religion & Ideology,* Vol. 12, No. 4, 355–369.

– (2012). *A Quietist Jihadi. The Ideology and Influence of Abu Muhammad al-Maqdisi.*

Wagner, Christina (20.01.2017). «Flash-Report Mali: Attentat in Gao», http://www.kas.de/wf/de/33.47699/.

Walker, Clive (2008). «‹Know Thine Enemy as Thyself›: Discerning Friend from Foe under Anti-Terrorism Laws», in: *Melbourne University Law Review,* 32:1, 275–301.

Watts, Clint, Jacob Shapiro, Vahid Brown (2007). *Al-Qa'ida's (Mis)Adventures in the Horn of Africa.*

Weeks, Douglas (2016). «Hotbeds of Extremism: the UK Experience», in: Arturo Varvelli (Hrsg.), *Jihadist Hotbeds Understanding Local Radicalization Processes,* 63–74.

Weiss, Michael & Hassan Hassan (2015). ISIS. *Inside the Army of Terror.*

White House, «Remarks by the President in Address to the Nation on the Way Forward in Afghanistan and Pakistan,» December 1, 2009, https://obamawhitehouse.archives.gov/the-press-office/remarks-president-address-nation-way-forward-afghanistan-and-pakistan.

Whiteside, Craig (2017). «A Pedigree of Terror: The Myth of the Ba'athist Influence in the Islamic State Movement», in: *Perspectives on Terrorism* (11:3).

Whittaker, David J. (2003). *The Terrorism Reader.*

Wiedl, Nina (2014). «Geschichte des Salafismus in Deutschland», in: Behnam T. Said & Hazim Fouad, *Salafismus. Auf der Suche nach dem wahren Islam,* 411–441.

Williams, Brian Glyn (2013). *Predators. The CIA's Drone War on al-Qaeda.*

Williams, Paul D. (08.05.2017). «A Navy SEAL Was Killed in Somalia. Here's What You Need to Know about U.S. Operations there», *Monkey Cage*, washingtonpost.com.

Wright, Lawrence (2008). *Der Tod wird euch finden. Al-Qaida und der Weg zum 11. September.*

Zahid, Farhan (24.08.2017). «The Return of Al-Qaeda to Pakistan», *Middle East Institute*, mei.edu.

– (2015). *The al-Qaeda Network in Pakistan.*

Zaidan, Muhammad Bin Salah al-Din Bin Abd al-Halim (2015). *Silsilat as-siraʿa wa-riyah at-taghir [2]. at-Thaura … al-Istratijiya* (Reihe: Der Kampf und die Winde der Veränderung. Die Revolution … Die Strategie).

al-Zawahiri, Aiman (^{2}2010). *Fursan taht rayat nabiy* (Ritter unter dem Banner des Propheten).

– (02.08.2017). *Take Up the Weapon of the Martyr.*

– (2013). *General Guidelines for Jihad.*

al-Zayyat, Montasser (2004). *The Road to Al-Qaeda. The Story of Bin Laden's Right-Hand Man.*

Zelin, Aaron Y. (2014). «Missionare des Jihads in Libyen und Tunesien», in: Behnam T. Said & Hazim Fouad (Hrsg.), *Salafismus. Auf der Suche nach dem wahren Islam*, 320–349.

Videobotschaften

aiyam maʿa l-imam (Tage mit dem Imam). Mehrteilige al-Qaida-Filmreihe mit Erinnerungen al-Zawahiris an Usama Bin Laden, 2012–2014.
al-bunyan al-marsus (Die feste Struktur). Ansprache des AQIM-Amirs ʿAbd al-Malik Drukdal, 03.12.2015.
fa-la-nuqatiluhum bunyanan marsusan (Lasst sie uns als eine feste Struktur bekämpfen). Ansprache Aiman al-Zawahiris, 28.11.2017.
al-Hall. Risala min al-shaikh Usama Bin Laden ila sh-shaʿab al-Amriki (Die Lösung. Botschaft des Shaikhs Usama Bin Laden an das amerikanische Volk). Ansprache Usama Bin Ladens, September 2007.
kalimat sautiya li-l-shaikh Ahmad Hasan Abu al-Khair (Audionachricht von Shaikh Ahmad Hasan Abu al-Khair). Ansprache von Ahmad Hasan Abu al-Khair, 28.07.2016.
rithaʾ shahid al-umma wa-amir al-istishhadiyin Abi Musʿab al-Zarqawi (Traueransprache für den Märtyrer der Umma und den Befehlshaber der Martyriumsuchenden Abu Musʿab al-Zarqawi), Juni 2006.
sanuqatilukum hatta la takun fitna bi-idhn Allah (Wir werden euch bekämpfen, bis es keine Zwietracht mehr gibt – mit der Erlaubnis Gottes). Ansprache Aiman al-Zawahiris, 04.10.2017.
al-sham amana fi aʿnaq-kum (Sham [Syrien] ist ein auf eure Nacken auferlegtes Gut). Ansprache Aiman al-Zawahiris, Januar 2016.
unfuru li-l-sham (Eilt nach Syrien). Ansprache Aiman al-Zawahiris, Mai 2016.

Zeittafel

Phase 1 (1984–1996): Gründung, Exil im Sudan und
erste Anschlagsversuche gegen die USA

1984	Usama Bin Laden reist das erste Mal von Pakistan nach Afghanistan.
1984, Okt.	Gründung des «Dienstleistungsbüros» von ʿAbdullah ʿAzzam und Usama Bin Laden
1988, Aug.	Gründungssitzung von al-Qaida
1989	Bin Laden kehrt nach Saudi-Arabien zurück.
1989	Im Sudan übernimmt die «Nationale Islamische Front» von Hasan al-Turabi die Macht.
1990, 2. Aug.	Saddam Husain überfällt Kuwait.
1990, 7. Aug.	Die USA beginnen, Truppen nach Saudi-Arabien zu verlegen.
1991	Bin Laden verlässt Saudi-Arabien und geht ins Exil im Sudan.
1992, Dez.	Erster Anschlagsversuch gegen amerikanische Ziele durch al-Qaida-Mitglieder im Jemen
1993	Anschlagsversuch auf das World Trade Center
1995, 25. Juni	Anschlagsversuch auf Husni Mubarak in Äthiopien durch die «Islamische Gruppe»
1995, 18. Nov.	Anschlag des «Ägyptischen Islamischen Jihad» auf die ägyptische Botschaft in Islamabad
1996	Eine eigene Ermittlergruppe bei der CIA wird zur Aufklärung des Netzwerks von Bin Laden eingerichtet; der Name «al-Qaida» wird erstmals bei der CIA bekannt.
1996	Taliban übernehmen die Macht in Afghanistan.

Phase 2 (Mai 1996 – September 2001): Rückkehr nach Afghanistan,
al-Qaida als Organisation nimmt Gestalt an, erste spektakuläre Anschläge

1996, Mai	Bin Laden verlässt den Sudan und zieht nach Afghanistan.

Zeittafel

1996, Aug.	Bin Laden veröffentlicht die «Kriegserklärung an die Amerikaner, die das Land der beiden Heiligtümer besetzen».
1998, Febr.	Gründung der «Globalen Islamischen Front» durch Bin Laden zusammen mit weiteren Jihad-Gruppen und Erklärung des «Jihad gegen die Juden und Kreuzfahrer»
1998, 7. Aug.	Doppelanschläge gegen die US-Botschaften in Kenia und Tansania
2000, 12. Okt.	Anschlag auf die USS *Cole* vor Aden/Jemen
2001, 9. Sept.	Al-Qaida ermordet den Taliban-Widersacher Ahmad Shah Masud.
2001, 11. Sept.	Anschlag auf das World Trade Center und das US-Pentagon

Phase 3 (2001–2011): Flucht aus Afghanistan, Regionalisierung, Krieg gegen al-Qaida, Tod Bin Ladens

2003, 12. Mai	Erster Großanschlag al-Qaidas in Saudi-Arabien; bald darauf nennt sich diese Gruppe «al-Qaida auf der Arabischen Halbinsel» (AQAH).
2003, Frühling	Verhaftungen von al-Qaida-Funktionären im Iran
2004, März	Anschlag auf Regionalzüge in Madrid
2004, Okt.	Gründung von al-Qaida im Irak (AQI) durch Abu Mus'ab al-Zarqawi
2005, 7. Juli	Anschlag auf die Metro und eine Buslinie in London
2005	Bin Laden bezieht das Haus in Abbottabad, in dem er später von NAVY-Seals getötet werden wird.
2006	Die erste AQAH wird aufgelöst.
2006, Aug.	Gründung der Harakat al-Shabab al-Mujahidin in Somalia
2006, 7. Juni	Al-Zarqawi wird im Irak getötet.
2007, Jan.	Gründung von al-Qaida im Islamischen Maghreb (AQM)
2009, 23. Jan.	Wiederbegründung von al-Qaida auf der Arabischen Halbinsel (AQAH) im Jemen
2010, Juni	Bin Ladens Familie kommt im Iran frei.
2011, März–2012, Juni	AQAH kontrolliert Teile Jemens.
2011, April	Gründung von Ansar al-Sharia in Tunesien

2011, 1./2. Mai	In der Nacht Tötung Usama Bin Ladens durch ein Team der Navy Seals
2011, 30. Sept.	Anwar al-Awlaki wird bei einem Drohnenangriff der USA getötet.

Phase 4 (seit 2011): Arabischer Frühling, ISIS, Reorganisation, Abspaltungen, Einheitsfront und Volksjihad

2011, Dez. – 2012, Febr.	Gründung von Ansar al-Sharia in Libyen
2012, Jan.	Jabhat al-Nusra (JaN) gibt Gründung bekannt.
2012, Febr.	Harakat al-Shabab al-Mujahidin in Somalia schließt sich offiziell al-Qaida an.
2012, April–2013, Jan.	Eroberung diverser Städte im Norden Malis durch al-Qaida im Islamischen Maghreb (AQIM)
2012, Dez.	Erste Gründung einer AQIM-Einheit in Tunesien (Katibat ʿUqba bin Nafi)
2013, April	Ausrufung «Islamischer Staat in Syrien und Irak» (ISIS)
2014, Febr.	Kämpfe zwischen ISIS und JaN in Syrien; al-Qaida-Zentrale löst mit offizieller Botschaft jede Verbindung zu ISIS.
2014, Juni	Ansar al-Sharia in Bengasi (Libyen) löst sich zugunsten einer lokalen Koalition auf.
2014, 29. Juni	ISIS ruft ein «Kalifat» aus und benennt sich um in «Islamischer Staat»
2014, 3. Sept.	Gründung von al-Qaida auf dem Indischen Subkontinent (AQIS)
2014, Dez.	Ansar al-Sharia in Darna (Libyen) löst sich zugunsten einer lokalen Koalition auf
2015, April–2016, April	AQAH kontrolliert die jemenitische Hafenstadt al-Mukalla.
2016, 28. Juli	Jabhat al-Nusra benennt sich in Jabhat Fath al-Sham um, ein erster Bruch mit al-Qaida.
2017, 28. Jan.	Jabhat Fath al-Sham geht in dem neuen Bündnis Hayʾat Tahrir al-Sham auf, der vertiefende Bruch mit al-Qaida.
2017, Dez.	Gründung der Jaish al-Badiya durch al-Qaida-Unterstützer in Syrien
2018, März	Gründung von «Hurras al-Din», möglicherweise der neue syrische Arm al-Qaidas

Register der Personen und islamischen Organisationen

Abaaoud, Abdelhamid 199
Abu al-Faraj al-Masri (Ahmad Salama Mabruk) 166
Abu Ayyub al-Masri (Abu Hamza al-Muahjir) 153 ff.
Abu Bakr al-Baghdadi (Ibrahim Awwad al-Badri) 103, 135, 144, 157 f., 161 f., 164, 176
Abu Burhan al-Suri 41
Abu Dujana al-Bascha (auch: Abu Dujana al-Masri) 172
Abu Firas al-Suri 162 f.
Abu Ghaith, Sulaiman 43, 67, 72, 181 ff.
Abu Hafs al-Masri (Muhammad Atif) 37, 47, 70, 81, 136
Abu Hammam al-Suri 163
Abu Hamza al-Masri 191
Abu Julaibib alias Iyad al-Tubaisi (Nazmi Salih Khalil) 168
Abu al-Khair al-Masri, Ahmad Hasan ('Abdullah Muhammad Rajab 'Abd al-Rahma) 165
Abu Khalid al-Suri (Muhammed al-Bahaiya) 162
Abu Laith al-Libi 120
Abu Muhammad al-Maqdisi ('Asim al-Barqawi) 24, 37, 147 f., 152, 158, 166
Abu Mus'ab 'Abd al-Wadud ('Abd al-Malik Drukdal) 121, 127 f.
Abu Mus'ab al-Suri (Mustafa Setmariam Nasar) 43, 76, 162, 190 ff.
Abu Mus'ab al-Zarqawi (Ahmad Fadil Nazzal al-Khaleila) 83, 86, 146–159, 161, 168, 179, 183 f.
Abu Qatada (Omar Mahmud Osman) 124, 158, 191 f.
Abu Sulayman al-Muhajir (Mahamed, Mostafa) 165
Abu 'Ubaida al-Banschiri ('Ali Amin al-Rashidi) 41
Abu 'Umar al-Baghdadi 153 ff.
Abu Walaa 199
'Adel, Saif al- (Muhammad Zaidan) 57, 72, 80 ff., 136, 148 f., 181 ff., 186, 207
Ag Ghali, Iyad 125, 128
Ahmad Hassan Abu al-Khair al-Masri (Muhammad Rajab 'Abd al-Rahman) 165
Al Issa, Redouan (Abu Khaled) 199
Amri, Anis 199
Ansar al-Islam 149
Ansar al-Shari'a (im Jemen) 113–116
Ansar al-Shari'a (in Libyen) 133
Ansar al-Shari'a (in Tunesien) 132
Ansar Ghazwat-ul-Hind 175
'Asiri, Ibrahim al- 110
'Atiyatullah, 'Abd al-Rahman (Jamal Ibrahim Ishtiwi al-Misrati, Sheikh Mahmud) 96, 172
Atta, Muhammad 64, 66, 73 f.
'Aufi, Muhammad al- 109
Awlaki, Anwar al- 111
'Azzam, 'Abdullah 31, 33–44, 70, 112, 147

Banna, Ibrahim Muhammad Salih al- (Ibrahim Abu Salih und Abu al-Hasan al Hashimi) 106
Barakat, Imad al-Din (Abu Dahda) 192
Bhat, Zakir Rashid (Zakir Musa) 175
Belkacem, Fouad 197
Belmokhtar, Mokhtar (Khalid Abu al-ʿAbbas) 122–127
Bin al-Shibh, Ramzi 73 f.
Bin Laden, Carmen 26 f., 29, 32
Bin Laden, Hamza 95 f., 102
Bin Laden, Khalid 93, 99, 184
Bin Laden, Najwa 29 ff., 34, 94 f.
Bin Laden, Usama (Abu Abdullah) passim (Die Kunya «Abu ʿAbdullah» findet sich auf S. 40)
Bin Laden, Yeslam 26
Boko Haram 144
Brigade ʿUqba bin Nafi 132
Bush, George W. 57, 77 f., 80, 82, 84–90, 111, 136, 150, 160, 177, 204

Choudary, Anjem 197 f.
Clinton, Bill 70, 79
Crawford, Susan 88 f.

Dyer, Edwin 124 f.
Darkazanli, Mamoun (Abu Iliyas) 192
Drukdal, ʿAbd al-Malik (Abu Musʿab ʿAbdelwadad) 121, 127 f.

Fadhli, Tariq al- 105 ff.
Fath al-Sada, Amal 93
Fazlullah, Maulana 93

Gamaʿa Islamiya (Islamische Vereinigung) 18, 20, 62, 75
Godane, Ahmad Abdi (Mukhtar Abu Zubair) 142 f.

Groupe Islamique Armé (GIA) 117

Hag Wadi al- 137
Hamid, Mustafa (Abu Walid) 179–183
Hammami, Omar Shafik (Abu Mansoor al-Amriki) 142
Haqqani, Jalaluddin 47, 85
Harithi, Qaʾid Salim Talib Sinyan al- (Abu Ali al-Harithi) 106, 108
Hayʾat Tahrir al-Sham (HTS) 166–169
Hazmi, Nawaf al- 72 f., 77
Hekmatyar, Gulbuddin 44, 48, 58
Hurras al-Din 169
Husain, Saddam 48, 82 f., 149 f., 156, 160, 177 f., 184

Islamische Armee Aden-Abyan 107
Islamischer Jihad im Jemen 105

Jabhat al-Nusra (JaN) 132, 158, 160–163, 167 f., 185 f.
Jabhat Fath al-Sham (JFS) 163–167
Jamaʿat Ansar al-Shariʿa Pakistan 175
Jarrah, Ziad 73 f.
Jaulani, Abu Muhammad al- (Ahmed Hussein al-Shara) 157–166

Khalis, Yunus 58
Khamenei, ʿAli 184
Kherchtou, L'Houssaine 46 f.
Khomeini, Ruhullah 188
Kuwaiti, Abu Ahmad al- (Ibrahim Saeed Ahmad) 92, 97 ff.

Libysche Islamische Kampfgruppe (Libyan Islamic Fighting Group, LIFG) 119

Maaroufi, Tarek ben Habib 190

Mahmoud (Mohamed Mahmoud) 198
Makhlulif, Amar (Abu Doha) 120, 191
Makki, Jihad Muhammad 'Ali al- ('Azzam) 138
Masud, Ahmad Shah 190
Mauritani, Salih al- 120
Mihdhar, Khalid al- 72f., 77
Mihdhar, Zain al-Abidin Abu Bakr al- 107
Mohammed, Omar Bakri 191, 197
Morell, Michael 80, 98
Muhammad, Fazul Abdullah (alias Fazul Harun) 137
Muhammad, Khalid Sheikh (alias Mukhtar) 68–72, 78, 81, 92f.

Nashiri, 'Abd al-Rahim al- 107f.

Obama, Barack Hussein 80, 84–90, 97–102, 112, 145

Qahtani, Muhammad al- 88, 92
Qutb, Sayyid 16f., 33, 69

Rabai'i, Fawaz Yahya Hasan al- 108f.
Rimi, Qasim al- 87, 109
Ramda, Rashid 191

Sabar, Khairiyah 94ff.

Sabar, Siham 93
Sahrawi, Nabil 121
Sayyaf, 'Abdul Rasul 35, 37, 40f., 58, 69
Sharif, Imam 'Abd al-'Aziz al- (Dr. Fadl) 24
Sharif, Khadija 94
Shehhi, Marwan al- 66, 73f.
Shihri, Said 'Ali al- 109
Sidique Khan, Mohammad 196
Simeonovic, Boban 199

(al-)Tauhid wa-l-Jihad 152
Tenet, George 78f.

Walid, Mahfuz Ould al- (Abu Hafs al-Mauretani) 71f.
Wuhaishi, Nasir 'Abd al-Karim al- 109f.

Zammar, Muhammad Haidar 73f.
Zawahiri, Aiman al- 9, 15–24, 34, 37, 39, 53–57, 62, 64f., 68, 80f., 91, 101ff., 106, 116, 120, 122, 128, 130, 138, 143, 152ff., 158, 162–166, 168, 170, 172f., 176, 179, 182, 191, 203, 207
Zawahiri, Muhammad al- 101f.
Zerkani, Khalid 198f.
Zindani, 'Abd al-Majid al- 112
Zoubari, Antar 119f.